I0816371

VÍCTOR y ALVARO
GORDOA

IMAGOLOGÍA

LA CIENCIA DE LA IMAGEN

Todo lo que necesitas saber
para crear tu **Imagen Pública**

AGUILAR

El papel utilizado para la impresión de este libro ha sido fabricado a partir de madera procedente de bosques y plantaciones gestionadas con los más altos estándares ambientales, garantizando una explotación de los recursos sostenible con el medio ambiente y beneficiosa para las personas.

Imagología

Todo lo que necesitas saber para crear tu Imagen Pública

Primera edición: septiembre, 2025

penguinlibros.com

ISBN: 978-607-385-692-8

Impreso en México – *Printed in Mexico*

Creo y creo, así es como avanzo.
Gracias por creer, gracias por crear.

ÍNDICE

PRÓLOGO

Ya son muchos años, los transcurridos desde 1994, para ser exactos, los que llevo ejerciendo profesionalmente la consultoría, la capacitación y la enseñanza en torno al tema de la imagen pública.

El desarrollo del academicismo en torno a los nuevos temas de la Ingeniería en Imagen Pública y de la Imagología, fue producto del enorme hueco cognitivo que encontré cuando deseé cursar estudios de posgrado en un área que, por su gran utilidad, consideré que habría sido ampliamente explorada y que para ese entonces estaría muy desarrollada; pero cuál sería mi sorpresa al descubrir que todas las universidades mexicanas e internacionales que en su momento contacté con el deseo de inscribirme a una maestría para adquirir el conocimiento que ansiaba, me respondieron que no tenían nada al respecto, vamos, que ni siquiera comprendían con claridad de qué les estaba hablando, razón por demás suficiente, para que abandonara mi búsqueda académica, pero no así mi proyecto de estudio, sólo que ahora tendría que empezar desde cero.

Empecé por buscar lo que hubiera disponible en libros y "academias" que llevaran relacionada la palabra IMAGEN y encontré textos ligeros con un enfoque meramente físico o como producto del cumplimiento de un protocolo social esmerado. También habían los que hablaban de imagen de marca o de producto muy basados en la mercadotecnia. El terreno de la comunicación lo abordaban desde el punto de creación de imágenes fotográficas, televisivas o gráficas, pero todos esos campos, aunque respetables, me parecían limitados en su enfoque y me dejaban profundamente insatisfecho. Así que, entre más investigaba, más confirmaba la carencia de textos especializados en la creación y funcionamiento de una imagen pública y de una oferta educativa novedosa que pudieran satisfacer la profunda necesidad humana de ser bien percibido. Había que resolver la problemática que yo había atestiguado en mi época profesional dentro de los medios de comunicación: el terrible divorcio entre el ser y el parecer, entre la esencia y la percepción externa sobre la misma.

Todos somos sabedores de una verdad axiomática: sufrir el rechazo de los demás como consecuencia de una percepción equivocada, significa el fracaso de aquello que pretendemos lograr, disminuyendo las posibilidades de éxito personal, institucional o de emprendimiento cualquiera. ¿Pueden creer que, hasta el surgimiento de mi inquietud por estudiar, nadie hubiera visto la necesidad de explorar el tema desde un punto de vista académico serio? Estoy hablando, querido lector, a nivel mundial, lo que lo convierte en un asunto todavía más increíble.

Tuve entonces que empezar desde cero, puse manos a la obra y después de varios años de investigación, planteamiento de hipótesis, ensayos experimentales, elaboración de tesis, exposición a antítesis y extracción de síntesis, pude por fin publicar mi trabajo dividido en dos volúmenes, el primero dedicado a la Ingeniería en Imagen Pública al que nombré *El poder de la Imagen Pública* y el segundo, éste que tienes en tus manos, titulado *Imagología*, con todo el contenido necesario para crear una imagen pública. Por fin estaban puestas las bases de la ciencia de la imagen, sobre las que descansaría la primera facultad universitaria a nivel mundial especializada en el estudio de la imagen pública, el hueco cognitivo que había encontrado por fin estaba lleno. Surgieron nuevas áreas de estudio como las correspondientes a la imagen interna, a la psicología de la imagen y a cada una de las imágenes subordinadas a la gran imagen personal o institucional, así como de las ramas desprendidas de cada una, creándose así un universo sofisticado de conocimientos integrales, basados todos en ciencia pura.

Toca el turno ahora a mi hijo Alvaro Gordoa, primer doctor en imagen pública en el mundo, actualizar el conocimiento creado por su padre en las postrimerías del siglo XX. Mucho ha cambiado desde entonces, la renovación era necesaria, y los 18 capítulos que dieron origen a las 18 materias de la Maestría en Ingeniería en Imagen Pública, debían actualizarse a lo que hoy se imparte y que nos han convertido en una de las instituciones académicas más reconocidas a nivel mundial. Están ustedes frente a un conocimiento académico que satisface ampliamente la ancestral necesidad primaria de ser bien percibido. Así de simple, así de complicado. Gócenlo tanto como yo lo he hecho.

Con cariño, Víctor Gordoa.

LA IMAGOLOGÍA DE UN VISTAZO

Con el fin de facilitar la lectura, a continuación encontrarás una vista panorámica de los capítulos que conforman el libro, esto te brindará la posibilidad de comprender mejor su estructura y te ayudará a recordar la temática del mismo. A su vez, te darás cuenta de que, si bien el libro está secuenciado, las partes y capítulos pueden leerse de manera individual si lo que deseas es conocer o recurrir únicamente a alguna célula del conocimiento en particular.

El armado del libro respeta el diseño curricular del plan de estudios de la maestría en Ingeniería en Imagen pública, siendo cada una de las seis partes uno de los seis trimestres que la conforman, conteniendo cada una las tres materias que se cursan en ese periodo; teniendo un total de 18 materias, que ahora se convierten en 18 capítulos a tu alcance que te introducirán en el fascinante mundo de la Imagología, la ciencia de la imagen.

PRIMERA PARTE: LO ESENCIAL

El nombre alude a los fundamentos, pero también a la esencia, requisito indispensable para crear una imagen pública. En esta primera parte, conocerás todas las bases del proceso de la percepción, entenderás cómo funciona nuestro cerebro para crear realidades, y aprenderás a reconocer esencias como el requisito indispensable para crear una imagen. Comprenderás que la imagen pública se relaciona más con las neurociencias y con la psicología que con la estética, y aprenderás la metodología para crear y conservar una imagen pública.

1. INGENIERÍA EN IMAGEN PÚBLICA

En el capítulo inicial revisaremos todos los conceptos desarrollados en el libro *El poder de la imagen pública* y ubicaremos la imagología en el contexto de la Ingeniería en imagen pública. Estableceremos definiciones, marcaremos reglas y explicaremos procesos; siendo este capítulo el más fundamental, te dará las bases para entender el resto del libro.

2. PSICOLOGÍA DE LA IMAGEN

Imagen es percepción, por lo que en este capítulo aprenderás los mecanismos físicos y psicológicos que rigen este proceso, y entenderás cómo los estímulos moldean la forma en que pensamos, sentimos y, por lo tanto, nos comportamos. De una manera simplificada y aplicativa, recorreremos las teorías más importantes de las neurociencias y de la psicología social, que nos permiten provocar respuestas emocionales y conductuales en los demás.

3. IMAGEN INTERNA

El respeto de la esencia es el requisito indispensable para crear una imagen pública, por lo que su reconocimiento y respeto es la base para el diseño y producción de estímulos que crearán una imagen pública. Hablaremos de la entrevista a profundidad y de las pruebas de psicodiagnóstico que llevan a la definición del personaje, y reflexionaremos sobre la importancia de la autopercepción en la manera como nos comportamos hacia el exterior.

SEGUNDA PARTE: EL POSICIONAMIENTO

En este apartado conocerás el proceso para investigar, conceptualizar y construir una imagen pública; entendiéndola como una identidad personal o institucional coherente, atractiva y claramente posicionada.

4. AUDITORÍA DE IMAGEN PÚBLICA

La imagen que los demás tienen acerca de una persona o una institución sólo puede conocerse a través de la investigación, por lo que en este capítulo aprenderás a descubrir la percepción que se tiene sobre algo o alguien y a detectar las necesidades de las audiencias. Analizaremos las diferentes técnicas de investigación y reflexionaremos sobre la etnografía aplicada al terreno de la imagen pública. Todo, con el objetivo de interpretar la información y realizar un diagnóstico que ayude a crear estrategias de percepción que solucionen la problemática de imagen.

5. MERCADOTECNIA DE LA IMAGEN

La mercadotecnia y la imagen pública son disciplinas hermanadas, por lo que redefiniremos los conceptos y estrategias de posicionamiento y marca enfocados en la construcción y difusión de una reputación, con el fin de influir en la toma de decisiones de los consumidores. Revisaremos los modelos de la mezcla de la mercadotecnia, y utilizaremos los conceptos básicos de esta ciencia para el desarrollo creativo/conceptual de la identidad. Desde la elección de un nombre hasta las estrategias que generan lealtad, serán motivo de este capítulo.

6. IMAGEN VISUAL

En este capítulo aprenderás a manejar correctamente la semiótica aplicada a los elementos visuales que representarán a una persona o institución. Utilizaremos disciplinas como el diseño gráfico, la fotografía, la creación de empaques y demás artes visuales, para generar estímulos no verbales que crearán o modificarán la percepción hacia algo o alguien y le darán una identidad gráfica.

TERCERA PARTE: EL LENGUAJE

En este apartado conocerás, descifrarás y te capacitarás en el uso de los códigos de comunicación que como humanos utilizamos para expresarnos. Transitaremos por los mundos del lenguaje oral, escrito y corporal, para convertirnos en comunicadores eficaces y transmisores de mensajes efectivos y poderosos.

7. IMAGEN VERBAL

Desarrollar la habilidad de hablar en público es fundamental en la creación de una imagen pública, por lo que resumiremos los conceptos abordados en el libro *El método H.A.B.L.A*, para lograr una comunicación eficaz y aprender a manejar correctamente los códigos de comunicación oral, enfocados en transmitir mensajes con estructura, haciendo uso además de las formas más efectivas para la comprensión del fondo.

8. IMAGEN KINÉSICA

En este capítulo aprenderás a reconocer y manejar los elementos fundamentales del lenguaje corporal, haciendo de éste un código de comunicación no verbal efectivo. Interpretaremos los diferentes elementos que componen la kinésica y corregiremos los vicios desprendidos del uso del cuerpo, mientras desarrollamos las habilidades necesarias para auditar y capacitar con las técnicas más avanzadas del lenguaje corporal.

9. DRAMATIZACIÓN DE LA REALIDAD

Storytelling aplicado a la imagen pública. Aprenderás a crear buenas historias qué contar basadas en la esencia y la historia de la persona o institución. Aprenderás las técnicas para estimular la imaginación de las audiencias con el fin de lograr un mayor índice de comprensión y recordación, de reforzar la credibilidad, de incrementar el interés, de ser más persuasivos y de crear identificación con relatos altamente emocionales.

CUARTA PARTE: EL DESEMPEÑO

El desempeño es llevar el conocimiento a la práctica, por lo que en este apartado experimentarás con las áreas más técnicas de la imagen pública; las que requieren de mayor acción, destreza e interacción con los estímulos. Aprenderás sobre diversas teorías para llevarlas a su ejecución, ajustándose a la realidad de cada persona o institución y persiguiendo un fin reputacional.

10. IMAGEN FÍSICA

Utilizando las investigaciones de la maestra Loren Fernández, pionera en el estudio de la imagen física, nos remontaremos a los orígenes del vestido y la ornamentación, la historia de la moda y la semiótica aplicada al vestuario. Además, en este capítulo encontrarás todo lo necesario para diseñar y producir acertadamente una imagen física, partiendo de los conceptos abordados en el libro *El método P.O.R.T.E* enfocados en el uso del vestuario como código de comunicación no verbal.

11. IMAGEN PROFESIONAL

En este capítulo nos adentraremos al mundo del protocolo para saber manejar los comportamientos adecuados en diversas situaciones. Aprenderás sobre la etiqueta a seguir en cada ocasión, y reflexionaremos sobre la evolución y flexibilidad del protocolo según las esencias y necesidades de las audiencias.

12. IMAGEN AMBIENTAL

Aprenderás a manejar correctamente los estímulos que impactan nuestros sentidos al estar presente en un espacio y que influyen en la percepción que se tiene de las personas e instituciones. Adicionalmente, entenderás que el proceso de percepción ambiental es dinámico y complejo, y que la composición espacial consiste en crear ambientes coherentes, balanceados entre estética y funcionalidad; que produzcan reacciones psicológicas y fisiológicas positivas en los usuarios del espacio.

QUINTA PARTE: LA MASIFICACIÓN

En este apartado aprenderás a extender el conocimiento y la buena percepción hacia una persona o institución, con miras a alcanzar a la mayor cantidad de gente y elevar los niveles de popularidad. Para ello entenderás el uso de los medios de comunicación tradicionales y digitales, y las técnicas más avanzadas para persuadir a las audiencias y ganar credibilidad.

13. IMAGEN AUDIOVISUAL

Aprenderás la importancia de realizar campañas para aumentar la notoriedad y el conocimiento de una persona o institución, difundiendo masivamente y con coherencia su imagen. Entenderás la evolución y uso actual de la publicidad, y te adentrarás en el importante mundo de la imagen digital y la reputación en internet.

14. RELACIONES PÚBLICAS Y MANEJO DE CRISIS

Entenderás la importancia de realizar acciones de comunicación estratégica para generar vínculos con los diferentes públicos, con el objetivo de informarlos, persuadirlos, lograr consenso, fidelidad y mantener una buena imagen pública. Te sensibilizarás sobre la naturaleza de las situaciones que generan problemas para manejarlas oportunamente y así disminuir sus efectos negativos. Además, aprenderás a usar la fuerza de los medios de comunicación para interactuar con ellos y lograr notas positivas.

15. PERSUASIÓN Y PROPAGANDA

Aprenderás sobre el poderoso mundo de la propaganda, encaminada a difundir masivamente y con coherencia la imagen de una persona o institución con el fin de ganar adeptos para persuadirlos. Entenderás las principales estrategias y tácticas para moldear la opinión pública, y te sensibilizarás sobre la importancia de crear una conexión emocional con las audiencias para que nos quieran.

SEXTA PARTE: LA APLICACIÓN

En este último apartado, integraremos todo el conocimiento del libro y lo aterrizaremos a su aplicación en proyectos del sector público y privado; además, veremos las habilidades esenciales para ejercer la consultoría en imagen pública y reflexionaremos sobre la importancia de realizar los trabajos con una gran ética profesional.

17. IMAGEN POLÍTICA

Aprenderás sobre el proceso de creación o modificación de la imagen pública de un personaje político en campaña o en funciones. Aplicaremos los conocimientos adquiridos en el libro a la emisión de estímulos que conforman la percepción hacia un candidato, partido o gobernante, y revisaremos las técnicas tradicionales de marketing político y las formas más novedosas de comunicación social.

18. IMAGEN INSTITUCIONAL

Aprenderás sobre el proceso de creación o modificación de la imagen pública de una organización con o sin fines de lucro, partiendo de la definición de esencia institucional. Aplicaremos los conocimientos adquiridos en el libro a la emisión de estímulos que conforman la percepción hacia una institución y sus miembros y revisaremos las técnicas tradicionales de comunicación organizacional y las formas más novedosas de comunicación corporativa.

19. FILOSOFÍA DE LA IMAGEN

Este capítulo es vital pues la filosofía de la imagen es el alma de la profesión. Las herramientas de la imagen pública son muy poderosas y ejercen un gran poder de influencia en las audiencias. Sin el acotamiento de la ética y los valores humanos, se corre el riesgo de que su uso más que constructivo sea destructivo. Además, para cerrar, fomentaremos el espíritu de pertenecer al gremio de la consultoría en imagen pública, y veremos el amplio campo de desarrollo profesional que existe explotando la ciencia de la imagen.

Disfruta mucho el aprendizaje y el efecto transformador de la ciencia de la imagen. ¡Te damos la bienvenida al fascinante mundo de la Imagología!

PRIMERA PARTE:
LO ESENCIAL

1
INGENIERÍA EN IMAGEN PÚBLICA

INTRODUCCIÓN A LA "PRECUELA"

En este primer capítulo, sintetizaremos algunos de los conceptos más importantes expuestos en el libro *El poder de la imagen pública* de Víctor Gordoa, y aunque daremos el máximo para seguir y entender todos los conocimientos de esta obra, es preciso aclarar que de ninguna manera sustituye su lectura, pues *El poder de la imagen pública* contiene mucho más, y es el texto introductorio al fascinante mundo del manejo de la percepción. Aunque siendo puristas, aquel primer libro fue realmente el segundo, y éste, *Imagología*, es figurativamente el primero, sin importar que se haya publicado después. Te lo explicamos:

En la industria del cine, cuando el director decide hacer la segunda parte de una película exitosa, se dice que hizo la secuela. Pero, últimamente, ha surgido el término cinematográfico que se refiere al hecho de que un director presente en películas posteriores la primera parte de la historia. Por ejemplo, las primeras películas que vimos de *Star Wars* eran realmente las últimas; mucho tiempo después, George Lucas, filmó *Episodio uno: la amenza fantasma* y dos más, en las que plantea todos los antecedentes de lo que vimos en su "primera" parte de la saga. Por lo tanto, precuela es antónimo de secuela. Y así como el *Episodio uno* es la precuela de *La Guerra de las Galaxias*, este libro es la precuela de *El poder de la imagen pública*, pues contiene todo el conocimiento al que se tuvo que acudir para crear la profesión de consultor en imagen pública, y los posteriores estudios de grado que le dieron a México la primera facultad de imagen pública en el mundo.

IMAGOLOGÍA

Te presentamos un neologismo que, aunque parezca algo complicado, será fácil de entender, pues representa el saber necesario para crear una imagen pública, es decir, para realizar el proceso denominado Ingeniería en imagen pública. La palabra imagología parte de la raíz latina *imago*, que significa imagen, y se define como la figura, representación, semejanza y apariencia de una cosa, y de *logia*, que es el estudio, el tratado, la ciencia o la expresión de algo; término que a su vez se desprende de *logos*, que significa palabra.

Imagología es la ciencia de la imagen y se define como el saber científico necesario para crear, desarrollar y mantener una imagen pública.

Entonces, definiremos imagología tan sencillo como: la ciencia de la imagen. Es el saber científico necesario para crear, desarrollar y mantener una imagen pública.

IMAGOLOGÍA E INGENIERÍA EN IMAGEN PÚBLICA

En *El poder de la imagen pública* se definió la Ingeniería en imagen pública como: "El conjunto de conocimientos y técnicas que permiten aplicar el saber científico a la emisión de los estímulos que crearán o modificarán la percepción hacia una persona o hacia una institución", definición original que ahora puede reestructurarse, ya que la parte correspondiente al saber científico es la imagología y constituye el sustento del proceso de la Ingeniería en imagen pública, que quedaría definida bajo estas nuevas bases como: "El conjunto de conocimientos y técnicas que permiten aplicar la imagología a la emisión de estímulos que crearán o modificarán la percepción hacia una persona o institución".

La Ingeniería en imagen pública es "el conjunto de conocimientos y técnicas que permiten aplicar la imagología a la emisión de estímulos que crearán o modificarán la percepción hacia una persona o institución".

Pero no pequemos de académicos y regresemos a la sencillez de que la imagología es la ciencia de la imagen. En conclusión, la imagología es el saber, y la Ingeniería en imagen pública es el proceso o la aplicación de ese saber.

La imagología es el saber,
la ingeniería en imagen pública es el proceso.

EL PROCESO DE LA PERCEPCIÓN

La percepción es un proceso en el que están involucrados tanto aspectos físicos como psicológicos del hombre y que se inicia con una sensación, es decir, con una impresión material hecha en los sentidos. Los cinco sentidos son como las antenas que estarán siempre en la búsqueda de sensaciones, que al ser absorbidas viajarán a través del sistema nervioso central hasta llegar al cerebro. Ahí ocurrirá un proceso secundario de aprehensión, desciframiento y comprensión de lo que lo produjo y se traducirá en un efecto semejante a una experiencia o vivencia. Esto significa que cada vez que una sensación es decodificada en el cerebro, se conformará una imagen mental.

Una vez que se configura una imagen mental, tendremos la capacidad de retener y reproducir lo percibido y, además, de interrelacionar la información con la de otras imágenes, de tal manera que podremos crear nuevas imágenes a partir de las existentes. A esta facultad humana se le llama capacidad de imaginar. Para explicar lo anterior les pido que vean un objeto cualquiera, por ejemplo, un bolígrafo. Ahora cierren los ojos y vuelvan a "ver" el bolígrafo con la mente. Ábranlos y ahora recuerden a un perro, el que más les guste. A continuación, vuelvan a cerrar los ojos e imagínense un bolígrafo con forma de perro... ¿Cómo sería?... si el experimento lo repetimos con diferentes personas, cada una será capaz de imaginar un bolígrafo-perro diferente que podrá o no gustar a las demás. Ésa es la gran capacidad que tienen las imágenes mentales, pues representarán una especie de grabación que influirá en las preferencias y decisiones del ser humano. Atención con esto, pues son los fundamentos científicos de por qué una imagen mental es tan poderosa y la explicación de por qué resulta determinante para encauzar una determinada decisión o preferencia de la conducta humana. Éstas son las bases que nos permiten enunciar que de una imagen mental se desprende una conducta y que dichas imágenes pueden conformarse de manera premeditada para provocar una respuesta en los seres humanos hacia una dirección específica. ¿Quedó claro?... Continuamos.

La imagen mental decodificada produce respuestas conductuales en el ser humano.

Entonces, la imagen mental va a ser una consecuencia de las percepciones acumuladas que necesitarán un ingrediente básico para producir a través de ellas una reacción conductual de la gente: **LA COHERENCIA**.

Si la mente decide que no puede aparejar lo que percibe, y no logra encontrar la similitud de una información percibida con otra previa, su respuesta inmediata va a ser el rechazo; esto se debe a que la mente sólo puede reconocer y aceptar lo "que se parece a", y si no lo encuentra, se confunde, por lo que, ante la imposibilidad de conjuntar informaciones similares, va a proceder en contra de lo percibido, actuando en dirección contraria o absteniéndose de actuar. Ahora ya estamos listos para definir la percepción.

La percepción es la sensación interior que resulta de una impresión material hecha en nuestros sentidos. Dicha sensación interior se convertirá en el recuerdo que nos quede después de haber vivido una experiencia y que evocaremos cada vez que volvamos a percibir lo que lo causó. Para que lo entiendas mejor: si la primera vez que te dieron un beso, tu pareja olía a una determinada loción o perfume, cada vez que huelas ese aroma, será inevitable que revivas la experiencia –que ojalá haya sido placentera–. Así es como funciona el ser humano y será determinante para lo que veremos después.

Por tanto, y con base en todo lo anterior, podemos entonces perfectamente inferir que:

IMAGEN ES PERCEPCIÓN

Ahora usaremos toda la información brindada hasta aquí y justificaremos por qué imagen es percepción:

- Porque la imagen es un resultado, es un efecto producido por una o varias causas externas.
- Porque la imagen producirá un juicio de valor en quien la concibe y lo externará a manera de opinión, que se convertirá en la identidad de lo que es percibido.
- Porque esa identidad se convertirá en la "realidad" de quien percibe, aunque no necesariamente coincida con la "realidad" de quien la causó. Por esto se dice que percepción es realidad y por esto mismo una cosa es lo que somos y otra lo que los demás creen que somos.
- Porque el juicio de valor de quien percibe, es decir, su opinión que se transforma en identidad, será el resorte que impulse su conducta, la acción individual de rechazo o aceptación. Por favor, presta atención a lo que acabas de leer porque este concepto será clave y base para muchos otros que encontrarás a lo largo de los capítulos de este libro.
- Porque la conducta está condicionada por la imagen individual y será consecuencia de la coherencia que la mente encuentre entre las sensaciones percibidas, entre los mensajes transmitidos por ellas. Por lo tanto:

Imagen es percepción.

Traslademos el conocimiento expuesto a la definición de imagen pública.

DEFINICIÓN DE IMAGEN PÚBLICA

Cuando una imagen mental individual es compartida por muchas personas, se transforma en una imagen mental colectiva, por lo que la imagen pública será la percepción compartida que provoca una respuesta colectiva unificada.

Esto quiere decir que muchos percibirán lo mismo y, con base en lo que percibieron, decidirán actuar en la misma dirección. Podrás darte perfectamente cuenta de la importancia que tiene la definición, pues todo el proceso de la Ingeniería en imagen pública busca como objetivo lograr que muchos perciban lo mismo acerca de algo para que actúen en consecuencia.

La imagen pública es la percepción compartida que provoca una respuesta colectiva unificada.

CAUSALIDAD DE LA IMAGEN PÚBLICA

Líneas arriba sostuvimos que la percepción es la sensación interior que queda después de una impresión material hecha en nuestros sentidos; también mencionamos que la imagen es un resultado de una o varias causas externas. Ahora corresponde definir esas causas que constituyen esa impresión material: **LOS ESTÍMULOS**.

En un sentido figurado, un estímulo es la incitación para obrar o funcionar. En sentido biológico, será cualquier agente que provoque la respuesta de un organismo. Para efectos de esta obra, nos vienen bien las dos, ya que cualquier elemento que sea percibido mediante nuestros sentidos, lo que vemos, oímos, olemos, degustamos o tocamos, constituirá un estímulo que provocará la configuración de información que viajará al cerebro y que, una vez ahí, será comparada con la preexistente para traducirla en una opinión, y con base en ella actuar en favor o en contra de lo que se percibió. Por ejemplo: vemos un toro bravo, recordamos escenas de corridas de toros en las que los toreros sufren heridas por causa de su cornamenta —la de los toros, claro está—; por lo tanto, opinamos que el toro puede ser peligroso y decidimos alejarnos o ponernos bajo resguardo. El estímulo fue el toro que vimos. O que escuchamos. Y si lo olimos, tocamos y hasta probamos... pues qué pena, ya fue demasiado tarde.

La imagen es un juego de causas y efectos. Los estímulos son la causa, la percepción o imagen, el efecto.

Los estímulos son la causa de la imagen pública.

TIPOLOGÍA DE LOS ESTÍMULOS

Atendiendo al objeto determinante de la comunicación, que es la conceptualización que nos interesa para efectos de esta obra, los estímulos pueden ser verbales y no verbales.

- Los estímulos verbales generarán la percepción mediante la palabra oral o escrita.
- Los estímulos no verbales generarán la percepción principalmente mediante recursos ajenos a las palabras.
- Por supuesto, el proceso de percepción puede darse por la combinación de los dos anteriores, por lo que estaremos ante una estimulación mixta.

Los estímulos que generan la percepción pueden ser verbales y no verbales. Aunque la estimulación puede ser mixta.

Para fijar mejor los tipos de estímulos y cómo actúan de manera mixta, veamos el siguiente ejemplo: si van escuchando un podcast, ¿ante qué tipo de estímulo están expuestos? Lo primero sería pensar que a estímulos de tipo verbal, pero si nos detenemos a pensar un poco más, descubriremos que también será a muchos de tipo no verbal: el timbre de voz del locutor, el tono y el ritmo de su habla, la calidad y volumen del sonido, las cortinillas musicales de fondo, etcétera.

FÓRMULA DE LA IMAGEN

Puestos para analizar el proceso de estimulación y su decodificación en una opinión que determinará una conducta específica, procedamos a añadir elementos de los que se desprenderán algunos otros conceptos. El proceso de la percepción se origina por la emisión de un estímulo que encuentra un receptor, quien en su mente echa a andar un proceso de decodificación de información que configura una imagen en su carácter mental. Dicha imagen va a traducirse en una opinión, que otorgará un valor a lo percibido, es decir, le otorgará una identidad, pasando a ser lo que se cree que es y no lo que verdaderamente sea. Veamos cómo quedaría el proceso a manera de fórmula:

Estímulo + Receptor = Percepción
Percepción + Mente = Imagen
Imagen + Opinión = Identidad

Ahora bien, esta identidad se queda arraigada en la mente del receptor a lo largo del tiempo, convirtiendo a esa identidad en la percepción sostenida en el tiempo, o lo que es lo mismo, la reputación. Complementemos la ecuación:

Identidad + Tiempo = Reputación

Si buscan definiciones de reputación, en cualquier diccionario encontrarán que se trata de la opinión que la gente tiene de una persona o cosa, la fama o concepto en que se les tiene. Para nosotros, como ya lo mencionamos, la reputación será una imagen pública sostenida en el tiempo. Esto nos lleva a concluir que el objetivo de crear una imagen pública será lograr que se convierta en una sólida reputación. La ingeniería en imagen pública se dedica a crear, cambiar y mantener reputaciones.

La reputación es una imagen pública sostenida en el tiempo.

Como corolario de este apartado, dejamos manifiesto que la imagen pública atraerá y retendrá la reputación. Ésta se convertirá en el patrimonio de la credibilidad y servirá de escudo contra cualquier ataque. De ahí que sea importante trabajar en dirección de su creación fuerte y verdadera.

LAS REGLAS DEL JUEGO DE LA IMAGEN PÚBLICA

El proceso de creación de una imagen pública tiene sus reglas; se les considera axiomas porque son verdades demostradas. Los axiomas de la imagen pública son:

1. Es inevitable tener una imagen. Si puede ser percibido, entonces tendrá una imagen. Aunque no se desee, de todas formas, se poseerá.
2. La mayoría de las decisiones las tomamos por los ojos. Somos seres visuales, y aunque los otros sentidos intervienen en la toma de

decisiones, la mayoría de éstas las hacemos con base en lo que vemos. De ahí el refrán popular: "De la vista nace el amor".

3. El proceso cerebral que decodifica los estímulos toma unos pocos segundos. ¿Cuántos? Es irrelevante. Lo importante es que la primera impresión es la que cuenta. Esta frase popular es una realidad, ya que una vez que percibimos algo y hacemos un juicio (opinión), se forma en nosotros un prejuicio, que es la opinión previa arraigada en nuestra mente acerca de algo, fundamental en la reputación. Además, somos capaces en un sólo vistazo y rápidamente, de obtener información que determinará nuestra decisión final respecto a lo percibido. De ahí que sólo tengamos una oportunidad de causar una buena primera impresión.
4. La mente decide basada, mayoritariamente, en sentimientos. Si sentimos, lo damos por verdadero y actuamos en consecuencia. La emoción rige nuestras decisiones por encima de la razón, que necesita mucho más tiempo para la reflexión y el frío análisis. En el juego de la imagen pública hay que dirigirnos al corazón y no al cerebro.
5. La imagen es dinámica. La imagen debe evolucionar conforme evoluciona la esencia del emisor de estímulos y evolucionan las necesidades del receptor. Una buena imagen puede caerse de pronto y una mala imagen puede remediarse; dependerá del cambio en la emisión de los estímulos que originan todo el proceso de percepción.
6. La creación de una imagen debe respetar la esencia del emisor. La esencia es el sostén de la imagen, es el fondo que sostendrá la forma. Violar la esencia en aras de la imagen pública sólo ocasionará una falta de convicción tal que no se podrá dar la comunicación.
7. La imagen siempre es relativa. Toda imagen deberá crearse con base en tres factores: la esencia, el objetivo que se pretende y las necesidades de la audiencia. La determinación de lo correcto o incorrecto de una

imagen deberá hacerse después de analizar los mismos tres factores. Por lo tanto, más que juicios morales personales de lo que es "bueno" o "malo", debemos analizar si las cosas son lo que deben ser de acuerdo con esta relatividad.

8. El proceso de creación de una imagen es racional, por lo que necesitará de una metodología. No es cuestión de inspiración divina o de corazonadas; es producto de un proceso científico que se repetirá de la misma manera en todos los casos. Esa metodología se explicará en el siguiente apartado.
9. La eficacia de una imagen irá en relación directa con la coherencia de los estímulos que la causen. Está basada en la necesidad de la mente de emparejar para entender; de lo contrario, la respuesta es el rechazo.
10. Siempre tomará más tiempo y será más difícil reconstruir una imagen que producirla bien desde su origen. Recuerden que corregir una imagen pública tomará más tiempo, esfuerzo y presupuesto. Por esa razón, lo recomendable será tomar conciencia de la planeación de estímulos antes de iniciar cualquier proyecto.
11. A mejor imagen mayor poder de influencia. El axioma se basa en la capacidad que tiene la percepción de producir una respuesta conductual. De ahí que la imagen pública esté cobrando cada vez mayor importancia, ya que significa un valor agregado en un mundo cada vez más competitivo.
12. La imagen de la titularidad permea en la institución. La percepción que se tenga de una persona que representa a una institución, configurará la imagen de esa institución.
13. La imagen de la institución permea a todos sus miembros. La reputación de una institución se infiltrará en la reputación de sus miembros.

METODOLOGÍA DE LA IMAGEN PÚBLICA

Para crear una imagen pública, se deberán reunir las siguientes condiciones:

- Conocimientos. No es una cuestión de buen gusto o intuición, está basada en el saber. Ese saber es la imagología.
- Creatividad. Esta es una cualidad que siempre separará a los buenos profesionales de los menos eficaces. Se necesitará usar la capacidad de imaginar, sobre todo cuando estemos en la etapa del diseño estratégico. La creatividad es la capacidad de engendrar ideas útiles con ese conocimiento.
- Sensibilidad. Porque la imagen pública siempre dependerá de personas y porque el proceso llevará involucrada la producción de sentimientos.
- Respeto de la esencia. La esencia determinará el resultado final, sin importar cuán buena sea la apariencia. Hay que ser y parecer.
- Metodología. Se necesitará un proceso que rija y dé cohesión a las acciones.

Una vez que se haya revisado la posesión de las cualidades arriba descritas, podremos iniciar el proceso de creación de una imagen pública; para ello, se propone la metodología que ha comprobado su eficacia en cientos de casos de estudio: el Sistema Íntima.

Para crear una imagen pública se necesitan conocimientos, creatividad, sensibilidad, respeto de la esencia y una metodología. Sin esos elementos será mejor no atreverse.

SISTEMA ÍNTIMA

El nombre de la metodología tiene la connotación doble de imagen integral y alude al fondo de la esencia. El Sistema Íntima, usado para crear o modificar una imagen pública, es un conjunto de procesos a manera de etapas múltiples y subsecuentes que tienen objetivos particulares, cuya consecución individual produce el logro del objetivo final. Esto quiere decir que la metodología consta de varias etapas que deben irse cumpliendo una por una, sin omitir ninguna, y que no se puede pasar a la siguiente sin haberse cumplido el objetivo de la anterior.

Las etapas metodológicas del Sistema Íntima son cuatro:

- Investigación. Consiste en recabar toda la información concerniente a la esencia y a la percepción que se tiene del emisor de los estímulos. Se realiza hacia adentro para conocer la esencia -investigación interna- y hacia afuera -investigación externa- para detectar las percepciones y las necesidades de la audiencia. Para lograr buenos resultados se deberán utilizar técnicas de investigación que quedarán perfectamente revisadas en el capítulo de imagen interna y en el de auditoría de imagen pública. El objetivo en esta etapa es obtener e interpretar la información recabada para emitir un *Diagnóstico de Imagen Pública* acertado, que se constituirá como la base en la que descansará el resto de la metodología.
- Diseño. Esta segunda etapa parte de la interpretación del diagnóstico de imagen. Es la etapa más creativa pues consiste en diseñar las estrategias y tácticas a seguir que crearán o modificarán la percepción deseada. Se crea un plan a seguir que describirá todas las acciones que se realizarán, de manera coherente y respetuosa de la esencia del emisor, para corregir los estímulos negativos y reforzar los positivos. El

objetivo de esta etapa es realizar un *plan maestro de imagen pública*, que es el documento rector que contiene todas las estrategias de estimulación.

- Producción. Esta etapa consiste en hacer realidad las estrategias que se plantearon en el plan maestro de imagen pública. La producción consistirá en coordinar todas las fuentes productoras de estímulos necesarias, cuidando que trabajen de manera cohesionada. El objetivo será que vivan los estímulos de manera coherente.
- Evaluación. Es una nueva etapa de investigación externa, siguiendo el mismo proceso de la primera etapa. Su objetivo es realizar un nuevo diagnóstico que nos ayudará a tener el proceso bajo control y a hacer los ajustes necesarios en el dinamismo de la imagen.

El Sistema Íntima constituye un círculo metodológico interminable, de tal manera que la etapa de evaluación siempre será la siguiente etapa de investigación; de esta forma, se asegurará que la imagen pública esté bajo control y se le pueda dar seguimiento a su evolución.

El Sistema Íntima tiene cuatro etapas: investigación, diseño, producción y evaluación.

TIPOLOGÍA DE LA IMAGEN PÚBLICA

La imagen pública podrá dividirse en dos grandes categorías: la personal y la institucional.

La primera de ellas se refiere a la percepción que se tendrá de una persona; la segunda se referirá a la percepción que se tendrá de cualquier tipo de institución, ya sea una empresa con fines de lucro, una asociación con fines benéficos, un gremio o un partido político, entre otros. Para efectos de la imagología, en esta segunda categoría también incluiremos la imagen de marcas, productos o servicios.

Para sustentar cualquiera de estos dos grandes tipos de imágenes, deberemos construir seis imágenes subordinadas a cada una de ellas: imagen física, imagen profesional, imagen verbal, imagen visual, imagen audiovisual e imagen ambiental. Las *imágenes subordinadas* son un sistema de catalogación de los estímulos, y nos ayudan a trabajar de manera ordenada.

A cada una de ellas se le dedicará un capítulo completo del libro, por lo que quedarán ampliamente definidas y explicadas.

Para producir la gran imagen personal o institucional, se deberán crear estímulos que se catalogan en seis imágenes subordinadas a cada una de ellas: imagen física, imagen profesional, imagen verbal, imagen visual, imagen audiovisual e imagen ambiental.

SUSTENTO DE LA IMAGEN

Sabemos que toda imagen pública debe estar sustentada por la esencia, personal o institucional, por lo que será requisito indispensable para crearla, por lo que previo a la iniciación del proceso de creación de la percepción, la esencia debe reconocerse.

En el caso de una imagen personal, el reconocimiento de la esencia consistirá en investigar en una entrevista personal, cara a cara y confidencialmente, aspectos como personalidad, temperamento y carácter; los principios y valores que guían la actuación personal. El contexto de desarrollo humano en los ámbitos familiar, socioeconómico, académico y laboral; asimismo, se incluirá una autodescripción holística que abarque cuatro áreas fundamentales: la física, la mental, la sentimental y la espiritual. Para complementar, se podrán aplicar pruebas de psicodiagnóstico que proveerán de información adicional valiosa, así como cuestionarios que permitan la definición del temperamento y el estilo como expresión de la individualidad. Un capítulo más adelante dedicado a la imagen interna, abundará en la información correspondiente.

Para el caso de una imagen institucional, la esencia vendrá determinada a través de su manual de fundamentos, documento en el cual se definirán: visión, misión, principios, filosofía y lema; por lo que será necesario contar con él y, si no se tiene, partir de su realización. Que no les sorprenda enterarse que 95 de cada 100 empresas carecen de él. En el capítulo de Imagen institucional retomaremos el tema.

El sustento de una imagen personal o institucional descansa en su esencia, por lo que aquella deberá reconocerse para después respetarse.

EL ESTILO

El estilo es la expresión de la individualidad. Es cómo una persona o institución da a conocer su calidad particular y es la manera como manifiesta su esencia. Existen diferentes estilos y debemos aclarar, desde un principio, que ninguno es mejor que otro y que todos tienen sus fortalezas y riesgos. Lo importante del estilo es reconocerlo para después adaptarlo a las diferentes ocasiones y situaciones, así como también una vez reconocido, nos dará una norma que nos ayudará a producir todo con coherencia. Y de esta manera podemos implementarlo en sus múltiples aplicaciones, pues influirá no solamente en la imagen física, sino también en el resto de las imágenes subordinadas a la gran imagen personal o institucional. Así, el estilo se convierte en un elemento rector de todo el proceso de estimulación verbal y no verbal que creará una imagen pública, lo que quiere decir que, una vez definido el estilo, éste marcará la pauta para producir elementos como pueden ser el diseño gráfico, el discurso, la fotografía, el anuncio publicitario, el protocolo, los espacios funcionales y cualquier estímulo que se nos pueda ocurrir.

A continuación, ofrecemos una breve descripción de cada uno de los estilos, de los mensajes que envían y de sus fortalezas; recomendamos revisar los libros *El poder de la imagen pública* de Víctor Gordoa, y *El Método P.O.R.T.E* e *Imagen Cool* de Alvaro Gordoa, en donde el tema se aborda a profundidad y encuentras cuestionarios para ayudarte a definir tu estilo y el de tus clientes. Cabe aclarar que las palabras utilizadas para nombrar cada uno de los estilos no son adjetivos calificativos, sino sustantivos.

El estilo es la expresión de la individualidad y se convierte en el elemento que rige toda la producción de estímulos verbales y no verbales clasificados dentro de las seis imágenes subordinadas a la gran imagen personal o institucional: física, profesional, verbal, visual, audiovisual y ambiental.

TIPOLOGÍA DEL ESTILO

Natural

Las personas e instituciones de este estilo mandan mensajes de accesibilidad, amistad, alegría y amabilidad. Se les percibe con entusiasmo y optimismo por la vida, llenas de energía y con una gran sencillez y simpleza en sus formas. Que no se toman las cosas tan en serio y se desenvuelven de una manera relajada.

Esto les trae las fortalezas de atraer a las personas pues lucen accesibles, abordables y orientadas hacia la gente. Como también la fortaleza de reducir el estrés y simplificar la producción de las formas. La apariencia que adoptan es simple, sencilla, juvenil y casual.

El riesgo de este estilo es verse fachoso, descuidado o desarreglado; así como no imponer por lucir anodino.

El estilo natural busca comodidad, proyecta amabilidad, su fortaleza es la accesibilidad y su riesgo es verse fachoso y anodino.

Tradicional

Su mensaje es de seriedad, lealtad, fidelidad, responsabilidad y confianza. Se les percibe como personas e instituciones conservadoras, organizadas y eficientes, con mucha constancia y honestidad en sus formas de proceder.

Esto les trae las fortalezas de generar respeto, seguridad y credibilidad, lucir con capacidad para el trabajo y poseer madurez y conocimientos. Como beneficio adicional, tienen el bien de ahorrar dinero al introducir pocos cambios en sus formas. La apariencia que adoptan es conservadora, atemporal, seria, discreta y moderada.

El riesgo de este estilo es verse anticuado y aburrido, así como poco atractivo para las nuevas generaciones.

El estilo tradicional busca constancia y durabilidad, proyecta madurez, su fortaleza es la sobriedad y el respeto, y su riesgo es verse anticuado o aburrido.

Elegante

Su mensaje es de refinamiento, alto estatus, éxito y seguridad. Se les percibe como personas e instituciones serenas y reservadas, poseedoras de una gran cultura y autoridad. También manda todos los mensajes del estilo tradicional, solo que a este estilo se le suman los mensajes de búsqueda constante de la calidad, el esmero, la distinción y el refinamiento.

Esto trae las fortalezas de provocar admiración y deseo de ser imitados, como también se les otorga un halo de prestigio y distinción, mientras elevan su posición social ante los demás y generan confianza. Y, por si fuera poco, así como mandan los mensajes del Tradicional, también gozan de sus beneficios, inclusive el de ahorrar dinero, ya que además de también ser constantes en sus formas, la calidad y el esmero con el que se desempeñan, hacen que las cosas duren más.

La apariencia que adoptan es refinada, distinguida, formal y pulcra; siempre apropiada para cada ocasión. Buscan siempre la calidad y la prefieren a la cantidad, procurando la discreción y el buen gusto, pues son amantes de la sobriedad.

El riesgo de este estilo es verse presuntuoso o creído.

El estilo elegante busca calidad, proyecta refinamiento, su fortaleza es la admiración y su riesgo es verse presuntuoso.

Romántico

Sus mensajes son de calidez, bondad, gentileza y encanto. Se les percibe como personas e instituciones calmadas y en paz, con una gran comprensión y consideración hacia los demás, y poseedoras de una gran sensibilidad, frescura y jovialidad ante la vida.

Esto les trae las fortalezas de facilitar las relaciones con los demás, inspirar confianza y favorecer la interacción personal por el agrado que provocan. La apariencia que adoptan es gentil, cálida, apacible y cercana; por lo que muchos de sus mensajes pueden compartirse con el estilo natural, siendo los románticos más sensibles y adorables ante los ojos de los demás.

El riesgo de este estilo es verse cursi o empalagoso.

El estilo romántico busca agradar, proyecta calidez, su fortaleza es la confianza y su riesgo es verse cursi.

Seductor

Sus mensajes son provocativos y sugerentes, excitantes y apremiantes. Se les percibe como personas e instituciones atrevidas e instigadoras, con una gran confianza en sí mismas y que disfrutan cuando la atención se centra en ellas. Gozando de retar y cautivar con su presencia.

Esto les trae la fortaleza de la atracción. Al provocar sensaciones nublan la razón, por lo que son personas e instituciones altamente persuasivas. La sensualidad, entendida como la capacidad para gozar y hacer gozar intensamente con cada uno de los sentidos, es una gran fortaleza y cualidad que poseen. Despiertan envidias y esto es arma de doble filo, ya que mientras atraen, también provocan, por lo que a veces cierran canales de comunicación. La apariencia que adoptan es llamativa, tentadora y desinhibida.

El riesgo de este estilo es verse vulgar, o que se malinterpreten sus intenciones y generen rechazo, pues la provocación en exceso suele generar respuestas descontroladas.

El estilo seductor busca cautivar, proyecta atrevimiento, su fortaleza es la atracción y su riesgo es verse vulgar.

Creativo

Sus mensajes son de innovación, aventura, ingenio y libertad. Se les percibe como personas e instituciones espontáneas y originales, con una manera de ver la vida muy imaginativa y poco convencional. Con una locura bien encaminada y un atrevimiento que los hace romper límites.

Esto les trae las fortalezas de desarrollarse con una gran individualidad ante la vida, fomentar la creatividad y pensar fuera de la caja, con una capacidad de expresión cargada de independencia. Ser diferente es una gran fortaleza que les ayuda a sobresalir, pues generan curiosidad y llaman la atención por ser distintos y alejados de convencionalismos. La apariencia que adoptan es original, imaginativa, artística, innovadora y que no sigue reglas. En este estilo se vale todo y lo que se busca es hacer un decreto de unicidad. Su producción en formas es impredecible y son los grandes creadores de las contraculturas.

El riesgo de este estilo es verse ridículo y que se le señale y se le tome con poca seriedad.

El estilo creativo busca originalidad, proyecta individualidad, su fortaleza es la creatividad y su riesgo es verse ridículo.

Dramático

Sus mensajes son de dominio, intensidad, atrevimiento, sofisticación y exageración. Se les percibe como personas e instituciones seguras de sí mismas, cosmopolitas y exigentes, con mucha experiencia, poder, mundo y atrevimiento.

Esto les trae las fortalezas de imponer y llamar la atención por ser un estilo exagerado, lo que les da fuerza y protección, provocando la docilidad y sumisión de sus audiencias. La apariencia que adoptan es de modernidad y sofisticación, llamativa y severa. Son vanguardistas y marcan las tendencias.

El riesgo de este estilo es verse agresivo y cerrar los canales de comunicación.

El estilo dramático busca vanguardia, proyecta sofisticación, su fortaleza es la imposición y su riesgo es verse agresivo.

COMBINACIÓN DE ESTILOS

La mayoría de los estilos pueden combinarse y esto va a permitir que la apariencia de la persona o institución sea más versátil, arrojando combinaciones como: dramático-creativo, natural-tradicional o romántico-elegante. Sin embargo, también existen estilos que son contrarios en sus mensajes y por lo tanto es imposible combinarlos, como, por ejemplo: Tradicional-creativo, Tradicional-seductor, Seductor-romántico, Creativo-elegante o Dramático-tradicional.

SEMIÓTICA

Una de las ciencias más importantes y aplicativas en los terrenos de la imagen pública es la semiótica, ciencia que se encarga del estudio de los signos. Un signo, según Peirce, es la relación entre un medio (lo que significará), el objeto (lo que significa) y su intérprete (quien lo puede decodificar). De manera más coloquial, un signo es cualquier cosa que representa algo. Y esta representación puede ser por naturaleza o convención. Por ejemplo, por naturaleza sabemos que cuando una persona se pone roja es porque está avergonzada o que si un plátano está negro es porque se pasó de maduración. Mientras que por convenio inventamos los semáforos o todo un lenguaje semiótico estructurado que hace posible que tú estés leyendo esto. La semiótica es base de nuestra sociedad ya que, antropológicamente, y desde una perspectiva biológica, cultural, social y evolutiva, vivir se trata de interpretar los significados que median las relaciones sociales y la percepción de la realidad.

Los signos pueden elevarse a categoría de símbolos, que es cuando se pasa de la denotación a la connotación. Es la diferencia entre un signo de más y una paloma como símbolo de la paz. Uno señala y da una instrucción directa, mientras el otro representa a nivel más profundo y emocional. Y hay que entender que todos los símbolos son signos, pero no todos los signos se elevan a categoría de símbolos.

Entendido esto, si imagen es percepción, ya te podrás imaginar el poder de los signos y los símbolos en la creación de imágenes mentales para crear representaciones de algo o alguien. Un político puede representar la esperanza y una bolsa el estatus, como los elementos simbólicos de un logotipo lo pueden hacer más persuasivo y hasta el olor de un ambiente puede transmitir limpieza o hasta transportarnos a otra nación. Por eso la semiótica tiene multiplicidad de aplicaciones en la consultoría de imagen pública. Durante este texto igualmente hablaremos de semiótica del vestuario (lo que la ropa significa y simboliza), la kinésica (la semiótica del movimiento corporal), la psicología del color (lo que los colores representan), la semántica (semiótica de las palabras y lo que éstas no sólo significan, sino simbolizan), la semiótica visual (la iconicidad y elementos visuales como formas, tipografías, composición y demás, aplicadas al diseño gráfico y el branding), la semiótica espacial (aplicada al ambiente), y hasta su aplicación al protocolo, al mundo digital o a la manera como nos percibimos.

Junto a las neurociencias sociales, la semiótica es el alfa y omega de nuestra espacialidad. Todo el juego de la imagen parte de significados y simbolismos y termina en ellos también. Recuerda una vez más que imagen, es percepción.

Un signo es cualquier cosa que representa algo. Un símbolo es un signo que representa a un nivel más profundo y emocional.

CONCLUSIÓN

En este capítulo hicimos el gran esfuerzo de sintetizar lo expuesto en el libro *El Poder de la Imagen Pública*, por completo dedicado a la Ingeniería en imagen pública. Es evidente que se hace necesaria su lectura. Recuerden que la imagología representa el saber científico en el cual descansa el proceso de creación de una imagen pública, dándole sustento y validación. A partir de este punto desarrollaremos diecisiete capítulos más en los que encontrarán todo el conocimiento que necesitarán para crear su imagen pública, que sumándole éste, nos dan dieciocho. Cada uno de estos dieciocho capítulos, como se dijo, corresponden a las dieciocho materias que corresponden la Maestría en Ingeniería en Imagen Pública, y de la que han egresado profesionistas ya contados en miles, que encuentran un campo laboral que sigue estando bastante virgen y cada vez más demandado. Confirmando que la imagen pública es el valor agregado de los tiempos actuales y que la consultoría en imagen pública es una de las profesiones con más presente y futuro. Es lógico decir que este libro para nada sustituye el estudio, sino que es el texto introductorio para cada una de las materias y que nos da un panorama general del sofisticado mundo de la imagen pública.

2
PSICOLOGÍA DE LA IMAGEN

"No vemos las cosas como son, las vemos como somos".

Frase atribuida a diversos autores a lo largo del tiempo, algunos la relacionan al Talmud, otros se la atribuyen a Kant o a Krishnamurti, incluso se la han atribuido a Confucio y a otros pensadores clásicos. Y esta historia sobre diferentes concepciones sobre su autoría se convierte en una ironía que transmite el espíritu de la psicología de la imagen: cada cabeza es un mundo y la realidad es lo que eliges creer. ¡La realidad sólo existe en nuestra mente!

Percibir, imaginar, sentir y decidir son actos profundamente humanos que moldean la imagen que proyectamos y la que recibimos. Si imagen es percepción y percepción es realidad, comprender los mecanismos psicológicos que la rigen es entender, con precisión, cómo se construye, destruye o transforma una imagen.

La psicología de la imagen es el punto de encuentro entre la ciencia del cerebro y el arte de influir en los demás. Es el fascinante universo donde la neurociencia social, la psicología cognitiva y la psicología social convergen para revelar los códigos que gobiernan la forma en que pensamos, sentimos y nos comportamos. Desde las neuronas espejo hasta la amígdala, desde los estereotipos hasta las ilusiones ópticas, la psicología de la imagen es la ciencia que nos da las bases para provocar respuestas emocionales y conductuales en nuestros grupos objetivo.

La esencia de la psicología de la imagen es comprender el cerebro y el comportamiento humano. Pues del comprender se puede pasar al crear, y del crear, al creer. Los expertos en imagen pública nos dedicamos a generar creencias en la cabeza de los demás.

¿QUÉ ES LA PERCEPCIÓN?

La percepción es el proceso mediante el cual nuestro cerebro interpreta los estímulos que provienen del entorno. No es una copia fiel de la realidad, sino una construcción mental que depende de nuestros sentidos, experiencias, emociones, expectativas y del contexto en el que vivimos. La percepción es la representación de algo en la mente. Es una imagen en su carácter o estado mental.

La percepción es selectiva, subjetiva y funcional: seleccionamos sólo lo que nuestro cerebro considera relevante, lo interpretamos según nuestras experiencias previas y lo usamos para tomar decisiones. Por eso aseguramos al iniciar el capítulo que imagen es percepción, y percepción es realidad.

En la imagen pública, si bien la esencia es el fundamento, la forma como se percibe es la que genera la aceptación o rechazo. Y la percepción puede ser guiada, dirigida e influida, por lo que la imagen puede ser construida. Aquí es donde entra en juego la psicología de la imagen, la cual se encarga de estudiar cómo los estímulos que se emiten influyen en la percepción colectiva. Y más importante aún, cómo podemos usar ese conocimiento de manera estratégica para construir o modificar la percepción que se tiene.

El proceso físico-psicológico de la percepción

El proceso perceptual comienza con la estimulación sensorial. Lo que captan nuestros ojos, oídos, nariz, tacto y gusto. Y esas luces, vibraciones, olores, hápticas y sabores, se convierten en información sensorial que es enviada al cerebro, quien la organiza, interpreta y convierte en una experiencia o vivencia.

Las principales etapas del proceso perceptual son:

1. Sensación: entrada bruta del estímulo por los sentidos.
2. Atención: selección de estímulos relevantes.
3. Organización: agrupamiento y estructuración de la información.
4. Memoria: almacenamiento y recuperación de experiencias perceptuales.
5. Interpretación: asignación de significado a los estímulos.

Y este proceso no es pasivo, sino que el cerebro constantemente anticipa, compara, generaliza y filtra. Y a eso se le llama Imaginación.

LA IMAGINACIÓN

Del latín *imaginari*, que a su vez deriva de *imago*, que significa "representación, retrato o figura", siendo el término *imago* la raíz de nuestra especialidad: ya que *imago* es imagen.

Imaginar es "ver con la mente", "hacerse una idea" o "formarse un juicio interno". Etimológicamente, imaginar es hacerse una imagen mental, lo que está profundamente alineado con la práctica de la imagen pública: generar representaciones que impactan el pensamiento, la emoción y la conducta de quien las percibe.

Desde la psicología de la imagen, la imaginación es la capacidad del cerebro humano para representar mentalmente objetos, personas, situaciones o cualquier ente que pueda ser percibido. Es una función avanzada de la cognición que combina percepción, memoria, emoción, creatividad y proyección futura, y que resulta esencial tanto para el pensamiento simbólico como para la construcción de imagen pública.

En términos neurológicos, imaginar activa muchas de las mismas regiones cerebrales que se activan en el proceso perceptual. Es decir, el cerebro no distingue del todo entre la vivencia sensorial real cuando está recibiendo el estímulo, que cuando está imaginando algo. Esto explica por qué una imagen mental puede generar respuestas emocionales reales y dar una sensación de certeza tan profunda, cuando en realidad no exista un estímulo objetivo fuera de la mente que esté provocando dicha conclusión.

Si te imaginas que un político es corrupto y no le hará un bien a tu país, o que un producto es una maravilla y que te dará grandes recompensas, esa imaginación es tu realidad, aunque no puedas verbalizar o descifrar exactamente el por qué, pero de lo que no tienes dudas es que no debes votar por esa persona o que debes comprar ese producto.

Imaginar es crear representaciones internas que pueden influir en cómo nos vemos a nosotros, cómo proyectamos hacia los demás y cómo interpretamos a los otros. La imaginación no es sólo fantasía: es la herramienta con la que se diseñan identidades, estéticas y percepciones en general.

En este sentido, la imaginación nos permite anticipar escenarios, ensayar conductas y tomar decisiones más complejas, y sirve como base para la construcción de una imagen, ya que es la clave para crear símbolos y narrativas perceptuales.

Imaginar es proyectar imágenes internas que tienen poder sobre lo que sentimos, pensamos y hacemos. Por eso la construcción de una imagen cuida no sólo lo que comunicamos, sino cómo lo comunicamos y qué activa en la mente del receptor.

Veamos todo el proceso con un ejemplo sencillo pero poderoso: imagina (y ahora ya sabes a fondo el poder de esta palabra) que una persona visita por primera vez una institución. Al llegar, se encuentra con un edificio bien cuidado, una recepción impecablemente ordenada y un equipo de personas que lo recibe con amabilidad y profesionalismo. Sus sentidos captan inmediatamente todos esos estímulos: la vista del entorno, el tono de voz y protocolos del personal, la música ambiental, los aromas del lugar, el diseño de interiores, las texturas de los muebles y la temperatura ambiental... En ese instante, su atención, organización y memoria, interpretan esa sensación como orden, estructura y hospitalidad.

Pero lo más interesante sucede después. El cerebro, al procesar esa información sensorial, comienza a imaginar: "Esta institución parece eficiente, confiable y capaz de resolver lo que necesito". Eso es percepción en acción. Es la psicología de la imagen en funcionamiento: el paso de una simple estimulación sensorial a la construcción de una imagen mental con poder emocional y conductual.

Y aquí es donde todo se vuelve fascinante: esas imágenes mentales no se quedan como recuerdos estáticos, se convierten en una especie de grabación emocional que influye en nuestras preferencias futuras. Si la imagen que se forma es coherente con nuestras expectativas y conocimientos previos, la aceptamos con facilidad, pero si lo percibido contradice lo que esperábamos, el cerebro puede generar una respuesta de alerta o rechazo.

LA COHERENCIA

El cerebro humano busca constantemente coherencia interna. Cuando hay armonía entre lo que creemos, sentimos y percibimos, se genera aceptación. Pero cuando algo rompe ese equilibrio, la disonancia activa un mecanismo de alerta y rechazo.

La coherencia es, por tanto, una necesidad cognitiva: el ser humano acepta lo que tiene sentido y rechaza lo que contradice su sistema de creencias o su experiencia previa. Y en imagen pública, esta coherencia debe mantenerse en todos los niveles de las imágenes subordinadas: lo físico debe ser coherente con lo profesional, y ambas con lo verbal, que a su vez se alinea con lo visual, lo audiovisual, y se une a la coherencia con lo ambiental. Todos los estímulos verbales y no verbales deben ir en la misma dirección.

Cuando una persona o institución proyecta una imagen que no se alinea con su esencia, objetivos, o con las expectativas y necesidades de su audiencia, se genera disonancia cognitiva... y con ella, la desconfianza y la falta de credibilidad.

La disonancia cognitiva es el malestar psicológico que sentimos cuando nuestros pensamientos, creencias, actitudes o percepciones están en conflicto entre sí. En términos simples, se produce disonancia cognitiva cuando algo "no cuadra" en nuestra mente. Y la disonancia cognitiva es clave para entender el rechazo o la aceptación de una imagen. Si lo que proyectamos genera armonía con lo que el receptor espera o valora, se produce aceptación inmediata. Pero si hay un choque entre la imagen percibida y la imagen esperada, la mente del receptor genera resistencia, crítica o alejamiento.

Si un político habla de austeridad, pero se viste con lujos, genera disonancia. Si una marca ecológica utiliza empaques plásticos no biodegradables, será rechazada. O si un orador quiere inspirar y generar seguridad, pero no mira y sonríe al público, o suda, romperá con la coherencia emocional. Por eso, el consultor en imagen pública debe ser experto en evitar disonancias y crear coherencia entre los distintos estímulos que creará o modificará la percepción.

En percepción, la coherencia lo es todo. La imagen pública debe ser construida con una lógica emocional y sensorial que armonice con lo que el receptor está preparado para aceptar.

TEORÍA DE LOS SENTIMIENTOS Y CREACIÓN DE ESTADOS DE ÁNIMO

Las emociones y los sentimientos son las respuestas cerebrales más poderosas que moldean la conducta. Por eso, desde que planteamos los axiomas de la imagen pública, reforzamos que la mente decide basada mayoritariamente en sentimientos y que, si sentimos, lo damos por verdadero y actuamos en consecuencia. La emoción rige nuestras decisiones por encima de la razón, por eso mencionamos que en el juego de la imagen pública hay que dirigirnos al corazón y no al cerebro.

En el corazón de nuestra experiencia humana se encuentra el sistema límbico, también conocido como el cerebro emocional. Esta compleja red de estructuras cerebrales es la encargada de procesar nuestras emociones, conectar la memoria con experiencia afectivas, y activar las respuestas que nos permiten sobrevivir, aprender y vincularnos.

Entre las piezas clave de este sistema se encuentran el hipocampo, que consolida recuerdos, y la amígdala, una especie de centinela emocional que reacciona ante cualquier estímulo que pueda representar amenaza o recompensa. La amígdala es donde nacen y residen las emociones, desde el enojo hasta la alegría, desde el miedo hasta el amor.

Este "cerebro emocional" no sólo interpreta lo que sentimos: determina cómo actuamos. Si algo nos produce placer, buscará repetirlo. Si algo nos causa dolor, nos enseñará a evitarlo. Así de simple, así de profundo.

La amígdala tiene conexiones directas con el sistema endocrino, y al detectar un estímulo emocionalmente relevante, desencadena la liberación de sustancias químicas —las llamadas "hormonas del placer"— como la dopamina, que nos motiva y genera expectativa de recompensa. Endorfinas, que producen bienestar e incluso euforia. Oxitocina, que fomenta el apego, la confianza y el vínculo afectivo. Y serotonina, que regula nuestro estado de ánimo y sensación de satisfacción.

Estas sustancias no sólo nos hacen sentir bien, sino que graban esa experiencia como un recuerdo valioso, reforzando la conducta y construyendo lo que conocemos como memoria emocional.

Pero el sistema límbico también es quien orquesta nuestras respuestas ante el estrés, el miedo o la ansiedad. En estas situaciones, libera adrenalina, noradrenalina y cortisol, preparándonos para la acción, a veces incluso antes de que podamos pensar. Este fenómeno es conocido como "secuestro amigdalino": cuando la emoción toma el control antes que la razón. Es una respuesta primitiva pero útil; nos salva en situaciones de peligro... y nos traiciona cuando necesitamos serenidad.

Dentro del sistema límbico se encuentra también uno de los circuitos más fascinantes del cerebro humano: el sistema de recompensa. Este circuito responde a estímulos que nos generan placer y bienestar, reforzando aquellas experiencias que nos resultan satisfactorias.

Y aquí aparece una de las grandes claves para quienes trabajamos en imagen pública: el sistema de recompensa puede activarse de manera estratégica para generar conexión, influencia y lealtad emocional. Se trata de comprender qué emociones queremos provocar, y de ahí pasar a diseñar los estímulos que activen los centros cerebrales del placer y el vínculo de recompensa. Por ejemplo: crear un mensaje visual estratégicamente cuidado que evoque los mensajes y fortalezas de un estilo. Realizar un evento cargado de detalles simbólicos y experiencias que provoquen sorpresa, gratitud o admiración. O generar un discurso que inspire esperanza o que conecte con el propósito y genere identificación.

Estos estímulos, cuando son coherentes y emocionalmente relevantes, dejan una huella duradera. Porque activar el sistema de recompensa significa convertir una imagen en una experiencia deseable y crear un estado de ánimo, que es el estado latente de una emoción.

Un estado de ánimo puede entenderse como una emoción sostenida. A diferencia de las emociones, que son reacciones inmediatas, puntuales y de corta duración ante un estímulo específico, los estados de ánimo son más duraderos y profundamente influyentes en nuestra forma de ver el mundo, de relacionarnos y de tomar decisiones.

Provocar una emoción es como encender un cerillo: surge rápidamente ante un estímulo y genera una chispa. Esa chispa puede ser de alegría, miedo, enojo, ternura, etc. Es intensa, sí, pero breve. Su calor es fugaz. En unos segundos, el cerillo se apaga y su efecto desaparece. Pero un estado de ánimo es algo distinto. Para encenderlo, no basta con sólo un cerillo, se necesita prender varios, cada uno reforzando el estímulo emocional deseado, y así, se prende algo más grande, y cuando empieza a arder, se convierte en una hoguera.

La hoguera es el estado de ánimo: un fuego más estable, más duradero y que afecta todo lo que se encuentra a su alrededor. Ya no es sólo una reacción puntual, sino una atmósfera emocional persistente que influye en cómo pensamos, sentimos y actuamos en ese estado.

En la construcción de imagen pública, crear un estado de ánimo en nuestro público es más poderoso que provocar una emoción aislada. Porque mientras una emoción puede desaparecer en segundos, un estado de ánimo se mantiene y condiciona la percepción, la toma de decisiones y el vínculo afectivo con la persona, marca o institución. Una buena campaña puede despertar emociones, pero una buena reputación genera estados de ánimo que blindan la imagen pública.

Para crear un estado de ánimo, hay que sostener el impacto emocional mediante la repetición de estímulos constantes que refuercen la emoción deseada.

LAS NEUROCIENCIAS SOCIALES

Las neurociencias sociales son una rama interdisciplinaria que estudia cómo el cerebro humano procesa la información relacionada con la vida en sociedad. Combinan conocimientos de la psicología, la biología, la sociología y la neurociencia cognitiva para entender cómo las estructuras neuronales nos permiten interactuar con otros.

Para que lo entiendas mejor, si las neurociencias y la sociología tuvieran un hijo, sería esta especialidad. Su valor en imagen pública es incalculable, ya que nos permiten comprender cómo las personas perciben, evalúan y responden ante los demás. Las decisiones sociales, los vínculos emocionales, la influencia de grupo y la evaluación de la reputación tienen raíces biológicas observables en el cerebro.

A su vez, las neurociencias sociales estudian cómo los pensamientos, emociones y comportamientos son influenciados por la presencia de otros, y por qué hacemos lo que hacemos. La imagen pública es un fenómeno eminentemente social: se construye en el cruce entre el emisor y el receptor, y siempre está mediada por normas, valores, cultura y expectativas colectivas.

Conceptos clave que verás en este libro ayudan a explicar por qué ciertas imágenes logran adhesión y otras rechazo. Y entenderás que las estrategias de imagen pública están encaminadas a lo que estudios profundos en neurociencias sociales comprobaron qué motivan las acciones humanas. Algunos estudios de la universidad de Duke descubrieron que nuestras motivaciones sociales están encaminadas en satisfacer alguna de estas cinco necesidades: aceptación, pertenencia, influencia, protección y establecer relaciones interpersonales significativas.

Buscamos la aceptación en la aprobación de los demás, la pertenencia en ser parte de algo, la influencia para decidir sobre los otros, la protección en no perder lo que tenemos, y el establecimiento de relaciones interpersonales significativas para amar, ser amados y tratar de trascender y darle sentido a nuestra vida en la de los otros. Piensa en por qué haces lo que haces, y te darás cuenta que cae en alguna de estas categorías o en las cinco. ¿Por qué compraste la ropa que traes hoy? ¿Por qué alguien usa corbatas o aretes? ¿Por qué votaste por quien votaste la última vez? ¿Por qué subiste esa foto a redes? Probablemente tu naturaleza supuestamente racional responda que porque es tu convicción, o pondrá un sinfín de argumentos, pero las neurociencias comprueban que detrás de ello buscas aceptación, pertenecía, influir, no perder algo o agradar a alguien más.

El experto en imagen pública conoce estas pasiones y diseña estrategias que aumenten la satisfacción de estas cinco necesidades.

EL JUICIO SOCIAL: CÓMO NOS FORMAMOS OPINIONES

El ser humano evalúa en milisegundos. Estudios de la Universidad de Princeton han demostrado que bastan 100 milisegundos para formar una opinión sobre algo o alguien con base en su rostro. Esto es gracias al proceso de percepción y su constante imaginación que ya conoces.

Pero en la formación de opiniones, existen algunos conceptos clave que debes conocer:

Cognitivismo:

Corriente de la psicología y las neurociencias que estudia los procesos mentales involucrados en la percepción, el aprendizaje y la toma de decisiones, analizando cómo los estímulos externos influyen en la memoria y el comportamiento humano. Es de extensa importancia para la imagen pública, pero lo explicaremos a profundidad en los capítulos de Mercadotecnia de la imagen, Imagen visual e Imagen ambiental, entre otros.

Categorización:

Dentro del cognitivismo, el cerebro humano organiza el mundo en categorías. Esta capacidad de categorización nos permite simplificar, clasificar y responder rápidamente ante la información del entorno. De esta eficiencia mental, surgen los fenómenos perceptivos de los estereotipos, prejuicios y arquetipos, que son categorías sociales que influyen directamente en la imagen que atribuimos a los demás.

Al recibir un estímulo, el cerebro activa redes mentales asociadas y categorizadas, en un proceso conocido como *priming* cognitivo, que es el fenómeno psicológico que describe cómo la exposición previa a ciertos estímulos influye en la forma en que procesamos y respondemos a información posterior, a menudo sin que seamos conscientes de ello. Por ejemplo, si escuchamos la palabra "elegancia", nuestra mente pre activará imágenes, colores, sensaciones y comportamientos que hemos aprendido a asociar con ese concepto. Igualmente si olemos el aroma del café, este aroma lo tenemos asociado en categorías como desayuno, confort, calidez y despierta sensaciones de tranquilidad y bienestar.

Esto tiene implicaciones directas en la creación de imagen pública, pues saber qué categorías mentales activamos nos permite posicionarnos correctamente en la mente del otro.

Prejuicios:

Un prejuicio es una opinión o juicio formado con anterioridad a la experiencia directa, y que se almacena en la memoria como una especie de atajo mental. Se trata de una valoración anticipada, usualmente emocional, que se activa de forma automática al enfrentarnos a estímulos que ya han sido categorizados previamente por nuestro cerebro.

La palabra proviene del latín *prae/pre* que significa antes, y *iudicium* que significa juicio u opinión. Por lo que *praeiudicium*, literalmente significa "juicio previo". Por lo tanto, un prejuicio es un juicio que se forma antes de tener información completa, o bien es una conclusión basada en primeras impresiones o experiencias pasadas.

Desde la perspectiva cognitiva, es una estrategia mental de economía cognitiva. Facilita procesar los grandes volúmenes de información que recibimos, recurriendo a categorías, asociaciones aprendidas y memorias anteriores para tomar decisiones rápidas. Si una experiencia fue desagradable, el cerebro guarda un "registro" negativo para evitar riesgos futuros, y generaliza que todo lo que se le parece será igual. Y si algo fue placentero o valioso, se guarda como referencia positiva para repetirlo.

Así, el prejuicio es una memoria emocional codificada, un juicio que se fija y que se reactiva automáticamente ante estímulos similares. El problema es que, al ser anticipado, puede nublar la percepción objetiva y hacernos juzgar de forma injusta o limitada. Por eso se piensa que el prejuicio siempre es negativo y que no tiene ningún valor social o humanista, pues el término se asocia a discriminación o pensamiento cerrado. ¡Pero no todos los prejuicios son negativos! Existen prejuicios positivos, y éstos pueden beneficiar la percepción y la reputación.

Imagina que alguien te recomienda un restaurante, ¿por qué lo hizo? Pues porque su prejuicio positivo lo impulso a desear que más gente vaya. Y tú al ir por primera vez, si ya tienes la referencia de que es excelente, es muy probable que percibas mejor el servicio, disfrutes más la comida y estés dispuesto a pagar más y pasar por alto detalles menores. Ese prejuicio positivo fue persuasivo comercialmente y moldeó tu experiencia. Pero, ¿qué pasa cuando vas a un restaurante por primera vez y sales con opiniones negativas? Pues el prejuicio negativo te hará nunca regresar ni recomendarlo, pero si por algo lo hicieras, la actitud será de queja y de buscar errores en todo.

La construcción de imagen pública debe considerar que el juicio inicial que genera una persona o institución se convierte en un prejuicio, y ese prejuicio será la lente con la que el público interpretará todo lo que venga después. Una primera impresión positiva no sólo impacta el presente, también predispone el futuro.

Un prejuicio bien sembrado es el mejor aliado de la reputación, porque el cerebro recuerda el juicio previo, y ese recuerdo guiará el comportamiento.

Estereotipos:

Un estereotipo es una generalización mental simplificada que hacemos sobre algo, basada en atributos que consideramos representativos y que se comparte socialmente. Por lo que el estereotipo se forma con el tiempo basado en prejuicios compartidos por la sociedad.

La palabra proviene de la imprenta para referirse a las placas metálicas fijas que se usaban para reproducir el mismo contenido una y otra vez. De ahí que en psicología cognitiva se utilice para describir "la imagen fija y repetitiva" que atribuimos a algo o alguien.

En esencia, un estereotipo es una marca mental que se repite sin cuestionamiento, muchas veces ajena a la experiencia personal directa. También es un atajo mental de categorización en el que asociamos ciertas características a un grupo, por ejemplo, por nacionalidad, género, profesión, apariencia, etcétera.

Y si bien permiten hacer juicios rápidos, tienen el problema de arraigarse con rigidez, son resistentes al cambio y despersonalizan; pues no juzgamos en lo individual, sino al grupo al que creemos que pertenece. Y al igual que con los prejuicios, los estereotipos no son siempre negativos. Pues la asociación grupal puede relacionarse con atributos positivos, como que los japoneses son disciplinados, los productos de Apple son innovadores y que los futbolistas brasileños son habilidosos; lo que puede ayudar a gozar de credibilidad positiva anticipada. Sin embargo, también pueden resultar injustos o limitantes, pues encasillan y pueden generar decepción si la experiencia no se alinea con la expectativa.

El estereotipo funciona como una lente colectiva. La sociedad impone ciertas ideas sobre cómo deben ser o parecer las cosas, por lo que, en imagen pública, hay que hacer estrategias para encajar con el estereotipo positivo y alejarnos o trabajar en contra de los negativos. La aplastante mayoría de las veces hay que subirse a la ola del estereotipo y gozar de sus beneficios, y si se va desafiar alguno, es porque estamos convencidos que romper moldes y redefinir percepciones es una oportunidad reputacional.

Mientras el prejuicio es un juicio individual anticipado, el estereotipo es una creencia compartida y generalizada. Ambos están interconectados: el estereotipo alimenta el prejuicio, y el prejuicio perpetúa el estereotipo. Ambos moldean la percepción y, por lo tanto, la imagen pública.

Arquetipos:

Los arquetipos son imágenes simbólicas universales que existen en el inconsciente colectivo de la humanidad y sirven como plantillas para interpretar el mundo y asignar significado. Son como moldes que usamos para entender, clasificar y conectar emocionalmente con personas, marcas, instituciones o narrativas.

El término fue popularizado por Carl Gustav Jung, quien definió los arquetipos como imágenes primordiales compartidas por todas las culturas y generaciones, que habitan en lo más profundo de la psique humana y se activan emocionalmente cuando encontramos símbolos, historias o personas que los encarnan.

A diferencia de los prejuicios y los estereotipos, los arquetipos son estructuras simbólicas profundamente arraigadas que despiertan emociones, evocan significados profundos y nos hacen conectar instintivamente con lo que representan. Y que, sin importar el contexto social, representan y probablemente representarán lo mismo a lo largo del tiempo. Y así, el arquetipo de el héroe luchará por una causa noble. La madre cuida, protege y nutre. El sabio orienta con su conocimiento, y el rebelde desafía el orden establecido.

Estos personajes arquetípicos aparecen en mitos, cuentos, películas, literatura, religión, marketing... y por supuesto, son base de muchas narrativas de imagen pública, pues usar arquetipos significa alinearse con un modelo simbólico que ya está presente en la mente de la sociedad. Es como hablar en un idioma emocional que ya todos entendemos. Por lo que un arquetipo no se inventa: se activa.

Cuando una persona, institución o marca proyecta rasgos que coinciden con un arquetipo, genera conexión emocional inmediata, convirtiéndose en una herramienta de posicionamiento emocional por el papel que se representa en la mente del otro. La elección del arquetipo adecuado ayuda a construir una imagen coherente, memorable y poderosa. Un político que se proyecta como guardián genera seguridad, una marca de bienestar que adopta el arquetipo de la cuidadora transmite confianza y calidez; y un emprendedor que encarna al explorador se asocia con innovación y libertad. Cuando la imagen proyectada encarna un arquetipo reconocible y deseado, se logra una conexión profunda que influye en la percepción, la conducta y la fidelidad del público.

Ya mencionamos al héroe, la madre, el sabio, el rebelde, el guardián, el cuidador y el explorador, pero Jung también habló del inocente, el mago, el amante, el bufón, el creador, el gobernante y el huérfano. Y el inconsciente colectivo humano está poblado por una gran cantidad de arquetipos universales, por lo que no hay una lista cerrada, y hasta puedes crear tus propios arquetipos, pues al día de hoy podríamos hablar de el techie, el gamer, el influencer, la activista y muchos otros que a Jung nunca se hubiera imaginado.

No se puede cambiar cómo opera el cerebro en su formación de juicios, pero sí se puede aprovechar el cognitivismo y sus categorizaciones por prejuicios, estereotipos y arquetipos, para decidir conscientemente en aprovecharlos y crear percepciones coherentes en la mente del público objetivo.

Neuronas espejo, la base de la empatía:

Descubiertas en la década de 1990 por Giacomo Rizzolatti, las neuronas espejo se activan tanto cuando realizamos una acción como cuando vemos a otro realizarla. Son la base de la imitación, el aprendizaje social y la empatía. Son las culpables de que llores en una película, de que te duela cuando ves una lesión aparatosa o de que te excites con la pornografía. Ya que tu cerebro literalmente activa los sistemas de recompensa, dolor y demás regiones cerebrales ligadas a las acciones que se presencian.

Por ejemplo, cuando vemos a alguien sonreír, nuestras neuronas espejo activan los mismos circuitos cerebrales de la sonrisa generando serotonina y dopamina, incluso sin mover un solo músculo. Y a su vez, provoca la respuesta de querer sonreír. Lo mismo ocurre con el llanto, el miedo, la tensión o cualquier otra emoción o acción.

En imagen pública, nos ayudan a entender y provocar conexiones emocionales, pues son la clave para "caer bien" de inmediato, para lograr respuestas emocionales o lograr identificación con la audiencia; activando sus neuronas y jugando con el espejo de la empatía.

Ilusiones ópticas

Las ilusiones ópticas son distorsiones visuales producto del resultado de cómo el cerebro organiza e interpreta la información sensorial. Comprender estas ilusiones nos permite diseñar estrategias visuales más efectivas. Por ejemplo, el uso de perspectiva, contraste, escala, líneas y color, puede dirigir la atención o repelerla, resaltar atributos o disimular, y crear jerarquías visuales que guíen la percepción del receptor.

El experto en imagen debe dominar los principios perceptuales que subyacen a estas ilusiones para usarlos conscientemente al diseñar una imagen pública. Pues igual se utilizarán al diseñar un logotipo, al dar recomendaciones de imagen física, al diseñar un cartel publicitario, al tomar una fotografía o al hacer un proyecto de diseño ambiental.

ESTÍMULOS Y EFECTOS SIGNIFICATIVOS EN LA CONDUCTA HUMANA

La percepción es multisensorial. Colores, formas, palabras, sonidos, texturas, olores y un gran cúmulo de estímulos influyen en cómo se forma una imagen y los juicios que genera.

La psicología del color ha demostrado que los colores tienen efectos emocionales específicos: el rojo puede activar urgencia, deseo o pasión, el azul, tranquilidad y confianza, y el amarillo optimismo y felicidad. Los nombres también influyen: nombres más fáciles de pronunciar generan más confianza y nombres con letras poco usadas en un lenguaje se perciben como distantes. Las líneas curvas evocan suavidad, mientras que las líneas rectas generan sensación de estructura y orden. Y así podríamos poner ejemplos y dar recomendaciones de aromas, texturas, composiciones visuales y demás elementos que afectan en la percepción y, por lo tanto, en la conducta humana.

Y sobre eso tratarán la mayoría de los capítulos de este libro. De momento, sólo hay que entender que la elección de estímulos debe ser estratégica en función de la psicología de la imagen que estudia nuestra configuración y comportamiento cerebral.

En imagen pública, cada detalle comunica. Nada es neutro. Y un conjunto coherente de estímulos refuerza la percepción deseada, mejora la memorabilidad y solidifica la reputación.

CONCLUSIÓN

La reputación es una construcción social con bases neurológicas. Estudios de neuroimagen han demostrado que cuando existe una evaluación reputacional positiva, se activan las mismas zonas del cerebro que responden a recompensas como el dinero o el placer físico. Y que el rechazo de una imagen o sus incoherencias, activan las partes asociadas al dolor, el asco o el disgusto.

El deseo de ser bien percibidos es tan poderoso como una necesidad fisiológica. Esto explica por qué cuidamos nuestra imagen y nos sentimos vulnerables al juicio social. Por lo que, gestionar una imagen pública satisface una necesidad humana primaria: la de ser bien percibidos, con las recompensas sociales que conlleva la buena reputación. No es superficialidad, sino una estrategia de adaptación social profundamente arraigada en nuestra anatomía.

La Psicología de la Imagen nos demuestra que la percepción no es un espejo de la realidad, sino un filtro construido por la mente. Comprender cómo funciona ese filtro, es esencial para diseñar imágenes públicas efectivas. El conocimiento de las neurociencias sociales, de la formación del juicio, del impacto de los estímulos y de los mecanismos cognitivos de categorización, nos da el poder de conectar, persuadir y generar transformación reputacional.

Pero este poder debe usarse con ética, porque influir en la percepción es influir en la conducta y en la credibilidad de los demás. Y con ello, moldeamos no sólo imágenes, sino realidades. La psicología de la imagen no sólo nos enseña a estimular mejor, sino que nos invita a mirar más profundo, a comprender más al otro, y a conocernos mejor.

"No vemos las cosas como son, las vemos como somos", nunca sabremos en realidad quién dijo esta frase, pero da igual, porque... ¡la realidad es lo que tú elijas creer!

3
IMAGEN INTERNA

En imagen pública solemos hablar de formas, de apariencias y de cómo nos presentamos ante los demás. Pero, como en la construcción de un edificio, lo que da estabilidad no es lo que se ve en la fachada, sino lo que está debajo: la cimentación. Así funciona la imagen interna. Sin ese cimiento sólido, cualquier estrategia de percepción, por más estética, audaz o mediática que sea, correrá el riesgo de derrumbarse.

Por lo tanto, el reconocimiento de la esencia es el sustento de la construcción de una reputación. Es el trabajo profundo, silencioso y meticuloso que no siempre se nota, pero que lo sostiene todo. Trabajar sin este reconocimiento es como levantar una estructura sobre tierra floja: no sólo puede colapsar, sino que puede provocar un daño mayor en la persona, alterando sus características íntimas y generando rechazo o desconfianza. Porque cuando una persona no se siente respetada en su ser más profundo, reacciona sin convicción. Y un cambio sin convicción no comunica.

Y a este sustento, lo llamamos imagen interna.

Pero antes de definirla y aprender a reconocerla y respetarla, debemos hacer la observación que el reconocimiento de esencia es la etapa de investigación interna del Sistema Íntima, y que debe realizarse también al trabajar con una institución a través de su manual de fundamentos, como quedó introducido en nuestro capítulo inicial, y como se enseñará a profundidad en el capítulo de Imagen institucional; por lo que en este apartado solo nos enfocaremos en la esencia personal. Pero no puedes perder de vista que el reconocimiento y respeto absoluto de la esencia, es el origen y fundamento de cualquier trabajo de imagen pública.

La creación de una imagen pública debe cumplir forzosamente con el requisito del respeto absoluto de la esencia.

Aclarado esto, definamos qué es la Imagen interna.

Si entendemos que imagen es percepción, entonces imagen interna será la percepción que tenemos de nosotros. O, en otras palabras, la autopercepción.

Y no hay duda, la manera como nos percibimos es como nos proyectamos al mundo. Por eso, el reconocimiento profundo de la esencia personal es el punto de partida obligatorio de cualquier proceso de ingeniería en imagen pública.

LA ESENCIA

La esencia es lo que nos hace únicos. Es esa combinación irrepetible de temperamento, carácter, valores, historia, estilo y visión del mundo que forma lo que somos. Desde la psicología de la personalidad, podríamos aproximarnos a este concepto con términos como identidad, autoconcepto o personalidad, pero en consultoría en imagen pública preferimos hablar de esencia, porque esta palabra enfatiza lo profundo, lo invisible, lo que no siempre puede nombrarse, pero sí sentirse.

Aunque no existe una diferencia tajante entre esencia y personalidad, hablamos de esencia para referirnos a lo que nos diferencia profundamente de los demás y que debe respetarse al momento de diseñar estrategias de percepción. La esencia es el "ser" que, como consultores en imagen, tenemos la misión de reconocer, honrar y respetar; porque toda estrategia de "parecer" estará sustentada en ella.

Y hablemos de psicología de la personalidad, pero dejemos algo muy claro: ¡no somos psicólogos! somos intérpretes del ser.

Aunque usamos herramientas propias de la psicología, como la entrevista a profundidad o las pruebas de personalidad, no somos psicólogos, terapeutas, coaches de vida, doctores corazón, ni guías espirituales. Nuestra labor no es intervenir, sanar ni aconsejar psicológicamente. Nuestra función es escuchar para comprender y reconocer, no para diagnosticar ni mucho menos para juzgar. Lo que buscamos es reunir información que nos permita diseñar una estrategia de imagen pública auténtica y efectiva, sustentada en la esencia de la persona.

Por eso, el mayor halago que puede recibir un consultor en imagen es cuando un cliente, al recibir una propuesta de estrategia, nos dice: *"Me encantó, es como si se me hubiera ocurrido a mí"*. Ése es el efecto que se logra cuando se trabaja desde la esencia. Porque las personas no se resisten a lo que las respeta, se resisten a lo que las traiciona. Por eso es que nos tenemos que meter en su piel, pensar con su cerebro y sentir con su corazón; pues las estrategias que estamos diseñando no son para nosotros, sino para otro ser que debe sentirse reconocido y potenciado.

La línea que divide la esencia y la personalidad es invisible y no existe gran diferencia entre estos conceptos, sin embargo, en la consultoría en imagen pública usamos la palabra esencia, porque alude a la naturaleza de las cosas y a lo permanente e invariable de ellas.

Y lo que nos interesa conocer dentro de tantos elementos que conforman una esencia son:

Los rasgos de la personalidad: se componen del temperamento, siendo la base biológica e innata de la misma y que se mantiene relativamente estable a lo largo de la vida. Y el carácter, que es la parte aprendida y moldeada por la experiencia, la educación, la cultura y las decisiones personales. Por lo que mientras el temperamento nos viene dado, el carácter se construye.

Los principios y valores humanos: las creencias profundas que guían el comportamiento, las decisiones y la forma en que una persona interpreta el mundo. Y mientras los principios son normas éticas universales y constantes, como la justicia, la honestidad o el respeto, y que actúan como brújula moral; los valores son convicciones personales que cada individuo jerarquiza de acuerdo con su historia, cultura y experiencias, como la libertad, la fidelidad o los conceptos de familia y éxito. En relación con la esencia personal, estos elementos son el núcleo de lo que una persona considera correcto, valioso y digno, y determinan la coherencia entre lo que es, lo que hace y cómo desea ser percibida. Por lo que nos interesa conocer los principios y valores que rigen una vida, su jerarquía de importancia y los que nunca se traicionarían.

El autoconcepto: que es la imagen mental que una persona construye sobre quién es, y que autodescribe cómo es, qué habilidades tiene, cómo actúa y cuál es su percepción en diferentes ámbitos de su ser (físico, intelectual, emocional y espiritual). Es un juicio cognitivo que responde a la pregunta: *¿Quién eres?* Y del autoconcepto parte la autoestima, que es la valoración emocional de ese autoconcepto; es decir, cómo nos sentimos respecto a lo que creemos ser. Si el autoconcepto es la descripción de uno mismo, la autoestima es el aprecio o rechazo hacia esa descripción.

El contexto: es el conjunto de condiciones situacionales, históricas y demográficas que rodean a un individuo y que influyen profundamente en la formación de su esencia. Este contexto incluye tanto factores actuales como aspectos del desarrollo a lo largo del tiempo. Se compone de elementos como el contexto familiar (composición, dinámicas, vínculos, roles, relaciones, experiencias en el núcleo familiar ascendente o descendiente...), el contexto académico (trayectoria educativa, relación con la autoridad, compañeros, experiencias formativas...), el contexto profesional o laboral (ocupación, metas, trayectoria, vida profesional, éxitos y fracasos laborales...), y el contexto socioeconómico (nivel de ingresos, acceso a recursos, estilo de vida, amistades, entorno social...). A estos se suman los datos demográficos básicos como edad, lugar de nacimiento, residencia y cualquier otro que sume al contexto y que ayude a comprender el mundo en el que se ha desarrollado y en el que actualmente vive.

El estilo: como ya sabes, es la expresión de la individualidad y cómo esa esencia se manifiesta hacia el exterior, mandando mensajes y trayendo fortalezas y riesgos; situando a la persona en alguno de los siete estilos o con alguna combinación entre natural, tradicional, elegante, romántico, seductor, creativo y dramático.

Para conocer estos elementos, seguiremos una metodología que descansa en una entrevista personal a profundidad, en la que a su vez se aplicarán auxiliares como pruebas psicológicas y test de estilo.

Dentro de la esencia deben reconocerse mediante una entrevista a profundidad los rasgos de la personalidad, los principios y valores humanos, el autoconcepto, el contexto y el estilo.

LA ENTREVISTA A PROFUNDIDAD: UN VIAJE AL INTERIOR DEL INDIVIDUO

La herramienta fundamental para reconocer la esencia es la entrevista a profundidad. Esta técnica, basada en la entrevista psicológica, es una conversación profesional pero empática, que busca recopilar información de la persona a través de una charla de confianza, sin que el entrevistado se sienta analizado o juzgado.

Aunque cada entrevista es única, recomendamos realizarla en una sola sesión, idealmente en el despacho o lugar de elección del consultor. Esto genera un efecto psicológico importante: la persona entrevistada "juega de visitante", lo que suele facilitar su apertura, y la pone en una situación de cooperación y sana vulnerabilidad, además de que empodera a quien entrevista, mientras se evitan distractores y la intervención de personas que pudieran inhibir la apertura.

El espacio debe estar cuidadosamente planeado: buena iluminación, temperatura agradable, privacidad, comodidad. Y el tono de la entrevista debe sentirse cercano, sin perder profesionalismo; desarrollarse en forma de embudo: de lo general a lo específico, de lo impersonal a lo íntimo, y de lo descriptivo a lo interpretativo.

Los objetivos a lograr durante la entrevista son tres:

1. Reconocer profundamente la esencia de la persona.
2. Aplicar pruebas psicológicas de personalidad como herramientas complementarias.
3. Definir el estilo personal.

Para lograrlo, se utiliza una guía de tópicos o de entrevista, no un cuestionario rígido o una lista de preguntas y respuestas a seguir, sino una compilación de temáticas y reactivos a los que se desea abordar, y que debe ser general, completa y flexible, capaz de adaptarse a cualquier persona, por lo que la guía no se hace por cada entrevista, sino que es el auxiliar en el que se apoya el consultor cada vez que realiza este trabajo, y que servirá como brújula para guiar la entrevista sin olvidar abordar algún tema.

Los grandes ejes que deben abordarse en esta guía y algunos ejemplos de sus temáticas son:

1. Contexto familiar

Relación con padres, hermanos, hijos, ubicación dentro de la familia, modelos de crianza y afecto, estilos de comunicación y pertenencia.

2. Trayectoria académica

Nivel educativo, relación con figuras de autoridad, experiencias de éxito o rechazo, primeras amistades y vínculos emocionales formativos.

3. Vida profesional

Trayectoria laboral, motivaciones, metas actuales, estilo de liderazgo, relación con la autoridad, visión de éxito.

4. Entorno social y económico

Amistades, círculos sociales, estilo de vida, clase social, ingresos, carencias o satisfacciones materiales.

5. Autopercepción holística

- Física: relación con su cuerpo, gustos y disgustos, alimentación, ejercicio, cambios físicos, autoestima corporal, enfermedades, vicios, y cualquier pregunta que hable de autopercepción corporal.

- Intelectual: capacidades cognitivas percibidas, hobbies, hábitos mentales, cultura general, capacitación continua, alimento intelectual, y cualquier pregunta que revele opinión mediante: "Qué piensas de..."
- Emocional: principios y valores, reacciones emocionales, relaciones afectivas, manejo emocional, sensibilidad, y cualquier pregunta que revele emoción mediante: "Qué sientes de..."
- Espiritual: cosmovisión, religiosidad, propósito de vida, búsqueda de sentido, alimento espiritual y cualquier pregunta que hable de trascendencia y dar explicación a lo que rebasa nuestros planos de comprensión.

No hay una regla rígida o una extensión establecida para esta guía, lo importante es que sea tan profunda y completa como los elementos que deseamos detectar de la esencia. Y como ya mencionamos, la charla debe tener una secuencia lógica y natural, no forzar una estructura rígida de acuerdo al orden de nuestros puntos en la guía; ya que tal vez comienzas hablando de algo profesional en presente y eso te lleva a su pasado laboral, que se liga con alguna situación familiar o académica, y que a su vez permite hablar de alguna autodescripción intelectual. El secreto es ir tachando de nuestra guía los temas que ya se abordaron o que no se abordarán, ya que tal vez la persona no tiene hijos y toda la parte de la guía relacionada con ellos quedará inmediatamente eliminada, para después ir encaminando la conversación hacia los temas que faltan por cubrir, y al final terminar con una guía de tópicos totalmente depurada.

La entrevista a profundidad es la herramienta madre del reconocimiento de esencia personal, en la que, apoyados por una guía, no dejamos fuera ningún aspecto importante del individuo. Deberá realizarse cara a cara, de manera

confidencial y privada. Su objetivo es obtener mucha información acerca del ser para después producir con certeza el parecer.

PRUEBAS PSICOLÓGICAS DE PERSONALIDAD

En algún momento, durante la entrevista, aplicamos pruebas psicológicas de personalidad para obtener información que no surge de manera espontánea. Muchas personas no sabrían explicar su temperamento o su carácter si es que se les pregunta, pero una buena prueba puede ofrecernos esa estampa interna del "cómo es" y "cómo está" esa persona al momento de reconocer su esencia.

Existen muchas pruebas y no hay una 100% infalible, pues todas se basan en rasgos que encasillan a las personas dentro de un grupo con el que compartimos las mismas características pero que con una buena selección, aplicación e interpretación, se convierten en una herramienta muy útil para complementar la entrevista, y poner en palabras aspectos de la personalidad que difícilmente se verbalizarían.

La recomendación es que elijas pruebas serias que tengan probada y comprobadas su efectividad, que cumplan con criterios de validez y confiabilidad, que sean breves, accesibles y fáciles de aplicar; y sobre todo, que estén enfocadas en los rasgos de la personalidad del temperamento y carácter. Por lo que no se utilizan pruebas clínicas o de diagnósticos psicológicos y psiquiátricos.

Las pruebas más recomendadas para el consultor en imagen pública son:

Test de Keirsey:

Cuestionario breve que clasifica al entrevistado en uno de los 16 tipos de temperamento, muy útil para entender cómo una persona procesa la información, se comunica y se relaciona con los demás.

Se basa en la prueba MBTI (Myers-Briggs Type Indicator), que a su vez se inspiró en la teoría de los tipos psicológicos de Carl Gustav Jung, quien por su parte se basó en la teoría de los cuatro humores (sanguíneo, colérico, melancólico y flemático) de Hipócrates y Galeno. Por lo que ya podrás comprender qué tan probada está la prueba para identificar las preferencias personales en la forma en que las personas perciben, reaccionan y se comportan ante el mundo.

El Test de Keirsey divide primero a las personas en cuatro grandes grupos de temperamento (artesanos, guardianes, idealistas y racionales), para después dividirlos en un subtipo dentro de ese temperamento. La comunidad científica psicológica critica mucho esta prueba ya que no es un test clínico sino una herramienta de autoconocimiento, ¡y qué bueno! Por eso es ampliamente utilizada en ámbitos educativos, organizacionales y de desarrollo personal; y para la imagen pública es ideal para el reconocimiento de esencias.

Test de colores de Lüscher:

Prueba proyectiva que se basa en la premisa de que la elección de colores no es arbitraria, sino que refleja el estado emocional, las necesidades internas y la personalidad momentánea de quien responde. Descansa en el apetito sensorial del color y en que las preferencias cromáticas están relacionadas con funciones psicofisiológicas universales, por lo que al seleccionar ciertos colores y rechazar otros, las personas proyectan su mundo interno de manera inconsciente.

Esta prueba es recomendable para medir el carácter al momento de realizar la entrevista, ya que revela aspectos como el modo de actuar y de relacionarse con los demás, los estados emocionales actuales, conflictos internos, tensiones no expresadas, represión, fatiga, ansiedad, frustración o necesidad de cambio, entre otras. Brindando información valiosa sobre el estado emocional del individuo y su nivel de satisfacción.

El Eneagrama

Es un sistema que describe nueve tipos básicos de personalidad y sus respectivas motivaciones, miedos, deseos y formas de relacionarse con el mundo. A diferencia de otros modelos más racionales o cognitivos, el Eneagrama tiene un enfoque psicológico, emocional y espiritual.

La prueba consiste en identificar cuál de los nueve eneatipos predomina en una persona (el perfeccionista o reformador, el ayudador, el triunfador, el individualista, el investigador, el leal, el entusiasta, el retador y el pacificador), representando cada uno un patrón profundo de pensamiento, emoción y conducta. Además de identificar el tipo dominante, el sistema también considera alas o tipos adyacentes que influyen en el principal, niveles de integración o desintegración que analizan cómo cambia el comportamiento en equilibrio o en estrés, y trayectorias de crecimiento personal.

El Eneagrama es útil pues permite entender las motivaciones profundas del individuo, lo que teme, lo que anhela y cómo tiende a comportarse en distintas situaciones, sin embargo, requiere mayor capacitación y conocimiento interpretativo que las otras pruebas.

Todas las pruebas favorecen la empatía, el diseño de estrategias de percepción más ajustadas a la realidad interna del individuo, y evitan dar recomendaciones que puedan generar disonancia por no respetar la personalidad. Pero hay que dejar en claro que ninguna prueba sustituye al juicio profesional del experto en imagen pública, sino que son el complemento perfecto pues ofrecen pistas claras para comparar la información y entender mejor la esencia.

La función de las pruebas psicológicas es siempre complementar la entrevista, no sustituirla.

RECONOCIMIENTO DE ESTILO

Durante la entrevista también es momento de reconocer el estilo, que como quedó explicado en el capítulo inicial, es la expresión de la individualidad, como apoyo pueden utilizarse los cuestionarios de los libros *El Poder de la Imagen Pública* de Víctor Gordoa Y *El Método P.O.R.T.E* e *Imagen Cool* de Alvaro Gordoa. Sin embargo, la mejor herramienta es la observación experta: analizar a la persona, revisar su guardarropa y su implementación estética, analizar fotografías de las redes sociales o el carrete del individuo, y entender en general toda la narrativa visual de su identidad.

A su vez, durante la entrevista pueden irse deslizando algunas preguntas que ayuden a detectar el estilo, como preguntar qué buscan al vestir o que generen una reflexión sobre los comentarios positivos o negativos que creen que hace la gente relacionados a su apariencia. Pues de esta forma sin saberlo, nos dicen sus mensajes y riesgos, o hablan de atributos y adjetivos que fácilmente podremos relacionar con la teoría del estilo.

Y un punto muy importante de reconocer el estilo, es detectar el tono del mismo. Ya que, si el estilo es la expresión de la individualidad, el tono es el volumen con el que se expresa. Es la intensidad con la que se comunica y por lo tanto se perciben sus mensajes, fortalezas y riesgos. Detectar el estilo y su tono, permitirá diagnosticar si el mismo es una ventaja para la consecución de objetivos, o si bien se tendrá que modular el volumen para que la comunicación sea armónica y coherente.

Modular el tono del estilo no quiere decir que la persona traicione su esencia, sino que persigue utilizar la forma adecuada para ser bien percibidos y lograr los objetivos.

REGISTRO DE LA INFORMACIÓN

Durante la entrevista se recibe mucha información, por lo que el eficiente registro de la misma es muy importante. Y el registro de la información debe ser cuidadoso, respetuoso y no invasivo. Por lo que, aunque grabar en audio o video puede ser útil, es recomendable evitarlo o hacerlo sólo con consentimiento, pues puede intimidar o inhibir las respuestas. Lo mejor es tomar notas durante la entrevista, con la habilidad de mantener contacto visual para no perder la conexión y captar lo no verbal, y de manera disciplinada hacer un vaciado detallado a profundidad inmediatamente después de terminar la entrevista. Y por supuesto que también puede usarse cualquier tipo de asistencia humana o tecnológica que registre la conversación, siempre cuidando que se vele por la confidencialidad y la naturalidad del ambiente.

DEFINICIÓN DEL PERSONAJE

Una vez obtenida toda la información mediante la entrevista, las pruebas psicológicas y el estilo, se procede a redactar la definición del personaje, que es una síntesis clara, sencilla, profunda y comprensible que condensa la esencia personal.

La persona es el origen, el personaje es la proyección estratégica de esa verdad interior. Su diferencia radica en el grado de interioridad frente a proyección pública, pues la persona hace referencia al ser integral, auténtico, con su complejidad interna: pensamientos, emociones, experiencias, historia, valores, contradicciones y esencia profunda. Es quien se es en realidad, incluso más allá de cómo se muestre el individuo. En cambio, el personaje es la forma en que esa persona se traduce al exterior, la versión visible, estructurada y comunicable de su esencia. No es una máscara falsa, sino una síntesis intencionada que se construye para interactuar con los demás y proyectar una imagen congruente con su ser y sus objetivos.

Por eso, en el proceso de consultoría en imagen pública, la fase de diagnóstico de la imagen interna consiste en redactar un documento llamado: "Definición del personaje", porque es la figura que se presentará ante el mundo, pero siempre basada en la persona real, respetando su esencia sin caer en la impostura. No pretende inventar una identidad, sino dar forma verbal a la esencia reconocida, organizándola de manera clara, coherente y funcional para que pueda ser usada como base en el diseño de estrategias de imagen pública.

Finalmente, esta definición se entrega a la persona reconocida, quien la revisa, la valida y la autoriza. Sólo así se puede garantizar que el proceso continuará respetando el ser y basándose en cimientos sólidos.

La definición del personaje es el arte de traducir la esencia en palabras y sirve como el producto final del diagnóstico de imagen interna

CONCLUSIÓN

A los consultores en imagen pública nos hacen una pregunta recurrente: ¿Cómo le haces para que tus clientes te obedezcan? Ya sea una celebridad, una persona de la alta esfera política o empresarial, o cualquier persona con objetivos en la vida... ¿por qué siguen las recomendaciones que les das?

La respuesta es sencilla: porque no se trata de ordenar y obedecer, sino de reconocer y potenciar.

Reconociendo la esencia, es posible potenciar la imagen y por lo tanto la reputación. Sólo cuando se respeta el ser, puede construirse un parecer con convicción. Y por eso, el trabajo de imagen interna no es un paso más del proceso: es el paso fundamental, hablando con toda la acepción de la palabra y haciendo referencia a los fundamentos. Es lo que le da sustento a todo nuestro trabajo, inclusive a la profesión de la consultoría en imagen pública. Es lo que nos diferencia, lo que permite que el fondo y la forma no estén en conflicto, sino en armonía.

Porque en imagen pública, primero hay que ser, y luego parecer.

De esta forma terminamos la primera parte del libro en donde pusimos las bases para sustentar cualquier fenómeno de imagen pública. Pero como crear percepciones requiere de estrategia, en la segunda parte conoceremos a profundidad el proceso para investigar, conceptualizar y construir una imagen pública bien posicionada.

¡Aprendamos a definir percepciones y sigamos construyendo la Imagología!

SEGUNDA PARTE:
EL POSICIONAMIENTO

4
AUDITORÍA DE LA IMAGEN

Albert Einstein dijo que "si supiéramos lo que estamos haciendo, no se llamaría investigación". Frase sencilla, pero extremadamente ilustrativa para definir el estado en el que nos encontramos al iniciar cualquier proyecto de imagen pública: en total desconocimiento. Sabemos que imagen es percepción, que se convierte en identidad y, con el tiempo, en la reputación, pero, ¿cómo tener certeza de cuál es la percepción que la audiencia tiene hacia una persona o institución? Precisamente aquí es donde los especialistas en imagen pública nos involucramos en la investigación de mercados, esto nos permite medir esa percepción y detectar las necesidades de las audiencias.

Pero hay que dejar algo muy en claro antes de empezar. La investigación de mercados es un proceso complejo y requiere una fina ejecución, además de llevar una operación donde se administran diversos recursos materiales y humanos, por lo que, aunque veremos técnicas que podremos ejecutar directamente, en esta etapa debemos rodearnos de especialistas en investigación de mercados.

Nuestra labor será solicitar la investigación necesaria, saberla interpretar, y con los resultados crear un diagnóstico y ruta estratégica.

Es como ir al médico. Probablemente cuando vas a una consulta médica, después de interrogarte, recurrir a la observación directa y auscultarte, el médico te mandará a realizar una serie de estudios como análisis de sangre, rayos X o una biopsia. Quienes realizan estos procesos tan específicos son laboratorios especializados, externos al consultorio médico, quienes ejecutan lo que el médico solicita y le hacen llegar los resultados; para que de esta forma el médico pueda hacer su diagnóstico final y así seguir el procedimiento adecuado. ¡La responsabilidad de tu salud está en el médico y no en el laboratorio! Pues igualmente en nuestro caso, la responsabilidad reputacional está en nuestras manos, y las casas y programas de investigación simplemente son nuestros grandes aliados, proporcionándonos herramientas para poder hacer mejor nuestro trabajo.

La investigación es el origen del trabajo y prescindir de ella equivaldría a navegar sin brújula, por lo que la investigación de mercado minimiza la posibilidad de fracaso. ¿Podríamos trabajar sin investigación? La realidad es que sí. ¿Es inteligente?... ¡Por supuesto que no! Pues recordemos nuevamente a Einstein al dar a entender que, sin investigación, realmente no sabemos lo que estamos haciendo.

La investigación es el origen del trabajo y se utiliza la investigación de mercados con el objetivo de crear un diagnóstico y definir una ruta estratégica.

TÉCNICAS DE INVESTIGACIÓN DE MERCADO

Existen varias herramientas para reconocer percepciones y detectar necesidades, emociones y expectativas del público objetivo, brindando información valiosa para diseñar estrategias de reputación efectivas. Los avances tecnológicos hacen que estas técnicas se perfeccionen, que surjan nuevas modalidades y que la eficiencia, rapidez y costos de investigar se optimicen. Por eso es que existen muchas formas de ejecutar las técnicas y diversas herramientas para llegar a los resultados; así como pueden hacerse de manera orgánica o de manera digital. Pero, aun así, toda esta gran variedad de ejecuciones puede catalogarse en tres grandes tipos de investigación: investigación cualitativa, investigación cuantitativa y auditoria presencial.

Antes de explicarlas, debemos conocer los tres pilares fundamentales en la investigación de mercados para que cualquier estudio de percepción de imagen pública tenga validez y utilidad: la segmentación, el diseño de instrumentos y el muestreo. Ya que una segmentación inadecuada puede hacer que no se investigue al público correcto, un mal diseño de instrumentos puede sesgar la información, y un muestreo deficiente puede llevar a conclusiones equivocadas.

Segmentación de mercados

La segmentación de mercados es el proceso mediante el cual se divide un mercado amplio en grupos más pequeños con características similares. En otras palabras, se trata de organizar a las audiencias en categorías bien definidas con el fin de investigar la percepción de manera más precisa y efectiva. Es por eso que hay diferentes tipos de segmentación con base en diversos criterios, como puede ser la segmentación demográfica, la socioeconómica, la psicográfica y la conductual.

Diseño de instrumentos de investigación

El diseño de instrumentos de investigación, como encuestas y guías de tópicos, es un componente esencial para garantizar la validez y confiabilidad de cualquier estudio de mercados o auditoría de imagen pública. Una mala estructuración de estos instrumentos puede introducir sesgos en la recopilación de datos, afectando la precisión de los hallazgos y comprometiendo las decisiones estratégicas basadas en ellos. Para que una investigación sea efectiva, es fundamental diseñar instrumentos que minimicen el impacto de errores de medición, interpretación o recolección. Un cuestionario mal elaborado puede inducir respuestas tendenciosas, generar confusión en los encuestados y distorsionar los resultados, mientras que una guía de tópicos deficiente en un estudio cualitativo, puede omitir información clave o influenciar de manera no intencionada las respuestas del entrevistado.

Un buen diseño de instrumentos se caracteriza por la claridad en las preguntas y tópicos, la neutralidad en el lenguaje, la adecuación al público objetivo y la estructura lógica y secuencial. Para la investigación cuantitativa, los principales instrumentos son las encuestas y cuestionarios; mientras que, para la investigación cualitativa, serán las guías de tópicos ya sea para entrevistas individuales o *focus groups*. Pero lo que debe quedar muy en claro es que un buen diseño de herramientas permite evitar los sesgos. Pero, ¿qué son los sesgos?

Los sesgos en la investigación de mercados son errores sistemáticos que afectan la validez y confiabilidad de los resultados obtenidos. Estos errores pueden surgir en diversas etapas del proceso de investigación, desde el diseño del estudio, hasta la recolección y análisis de datos. Por lo que, para garantizar la confiabilidad de los resultados, se recomienda adoptar estrategias que reduzcan los sesgos al momento de diseñar nuestros instrumentos de medición, como redactar preguntas neutrales y claras, evitar preguntas tendenciosas que guíen al encuestado hacia una respuesta específica, no utilizar palabras que impliquen juicios de valor y evitar frases que sugieran una respuesta preferida. Los sesgos en la investigación de mercados pueden comprometer la validez y confiabilidad de los hallazgos, afectando la toma de decisiones estratégicas. Implementar técnicas de control y supervisar los instrumentos de medición que se utilizarán y el personal que los implementará, serán clave para minimizar estos errores.

Muestreo estadístico

En la investigación aplicada a la imagen pública, es imposible encuestar a toda una población para conocer su percepción sobre una persona, institución o marca. En su lugar, recurrimos al muestreo, un proceso que nos permite seleccionar una muestra representativa para obtener resultados confiables sin necesidad de analizar a todos los individuos. Para que una investigación sea válida, es fundamental seleccionar una muestra representativa de la población objetivo. El muestreo lo que busca es que exista una validez estadística que pueda generalizar que el total de la población, probablemente ,perciba igual y necesite lo mismo que la muestra tomada. El tamaño de la muestra dependerá del margen de error permitido y del nivel de confianza deseado.

Un mal muestreo es aquel en el que la selección es demasiado pequeña para el tamaño de población, así como cuando hay una sobre representación de ciertos grupos que harán que los resultados sean tendenciosos. Si aplicamos correctamente los principios de muestreo, podremos interpretar la percepción del público con certeza y tomar decisiones estratégicas fundamentadas en datos reales.

Los tres pilares de la investigación de mercados son la segmentación, el diseño de instrumentos y el muestreo.

Entendidos estos tres pilares, aprendamos los tres grandes tipos de investigación:

INVESTIGACIÓN CUALITATIVA

La investigación cualitativa es un método de estudio que busca comprender las actitudes, valores, creencias y motivaciones de los individuos. A diferencia de la investigación cuantitativa, que se enfoca en el "cuánto" mediante datos numéricos, la cualitativa explora el "porqué" y el "cómo" de los comportamientos y opiniones.

Como lo dice su nombre, busca cualidades, y es la ideal cuando se busca profundidad en la información y un análisis interpretativo de opiniones.

Dentro de sus características principales está su naturaleza exploratoria y no estructurada, lo que le permite una gran libertad pues no se limita a respuestas predefinidas, permitiendo así descubrir información inesperada y hacer cambios y ajustes en la investigación mientras se va obteniendo nueva información, lo que nos permite explorar mejor las percepciones subjetivas, detectar los problemas y aciertos de reputación, así como comprender la relación emocional del público con una persona o institución.

Sus principales herramientas y técnicas son:

Técnicas proyectivas

Consisten en proyectar cualidades de una entidad a otra. Son métodos en los que se presentan estímulos aparentemente ambiguos o sin un contexto relacionado directamente a lo investigado, para que así los participantes proyecten sus pensamientos y emociones sin darse cuenta de que están revelando información clave sobre las cualidades de algo o alguien. Se pueden proyectar palabras, imágenes, situaciones y cualquier concepto que nos podamos imaginar, y que fomente que los participantes respondan libremente sobre sus opiniones sin dar oportunidad a que los sesgos o las limitantes del lenguaje actúen en contra de la investigación.

Técnicas de proyección hay muchas, pero una de las más comunes es la personificación de marca, que consiste en asignar características humanas a una marca o institución, para entender mejor su percepción en la mente del público. Se basa en la premisa de que las personas suelen humanizar entidades abstractas, atribuyéndoles valores, emociones y comportamientos, lo que facilita la comprensión de su identidad y personalidad. La dinámica consiste en preguntar: si "equis" marca o institución fuera una persona, ¿cómo sería?

Y así, la edad, género, nacionalidad, profesión, hobbies y cualquier elemento proyectado, nos darán información basada en prejuicios, estereotipos y conceptos simbólicos en general sobre la cosa investigada. Y en la proyección de atributos, podemos tener también la "animalización" o "cosificación" de algo o alguien. Por ejemplo, podrías preguntar si un político en particular fuera un animal, ¿cuál sería? Pues no es lo mismo decir que es un tigre, un conejo o una rata. O si proyectaras a una empresa con un automóvil, no es lo mismo compararla con un Mercedes Benz del año, que con un automóvil viejo y chocado.

Las proyecciones son muy útiles pues el cerebro detecta fácilmente la realidad perceptual, puede sentir las emociones que se despiertan e intuye las características ligadas a las personas y cosas.

Existen otras técnicas proyectivas y que van relacionadas al lenguaje, como son la asociación de palabras, la complementación de frases, la técnica de construcción y la técnica expresiva. Hagamos un ejercicio para que las entiendas:

¿Cuáles son las primeras palabras que se te vienen a la cabeza cuando piensas en tu país? Ahora, transformémoslo en adjetivos completando las siguientes frases. Mi país es... Lo que menos me gusta de mi país es que su gente es... Lo que más me gusta de mi país es que su gente es... Mis gobernantes son...

Ahora, imagina que llegan unos extraterrestres y tuvieras que explicarles cómo es vivir en tu país, piensa que estos aliens no saben muchos conceptos sobre nuestro planeta, por lo que debes ser muy descriptivo, pues además estás en su nave y no puedes mostrarles fotografías o darles un recorrido por el lugar. Finalmente, haz el gesto y expresión corporal que más ligues con vivir en tu país.

Pues esto que acabas de sentir y responder, son las técnicas proyectivas de lenguaje. Veamos ahora la que se considera la herramienta más común de investigación cualitativa: los focus group.

Focus group

Grupos focales, grupos de foco o grupos de enfoque, son las diversas formas de decirle a uno de los procedimientos cualitativos más utilizados en la investigación de mercados, y que permiten analizar la percepción de una persona, marca o institución a través de la interacción de un grupo representativo de individuos. A través de esta técnica, podemos obtener información sobre actitudes, creencias y opiniones en un entorno dinámico, lo que nos permite detectar patrones de percepción y anticiparnos a posibles problemas de imagen.

Se define como una sesión en la que un moderador capacitado dirige una conversación en grupo, explorando creencias, actitudes, opiniones y sentimientos de los participantes sobre un tema específico. El tamaño del grupo debe permitir un intercambio fluido de ideas que enriquezca la charla, los participantes deben compartir características demográficas y socioeconómicas similares para generar una conversación más homogénea y natural, se debe realizar en un espacio cómodo y relajado que fomente la participación y respuestas espontáneas, sintiéndose más como una interacción social que un entorno de escrutinio; y debe contar con una moderación para mantener el enfoque de la discusión sin influenciar las respuestas.

Lo más importante de un focus group son las verbalizaciones, por lo que éstas deben registrarse. La práctica común es que la sesión se graba en video y audio para capturar detalles de la comunicación verbal y no verbal. También es práctica común el uso de cámaras de Gessel y la transmisión vía streaming.

Los grupos focales no son representativos de la población en términos estadísticos, pero proporcionan una comprensión profunda de la percepción y emociones del grupo objetivo, por lo tanto, mientras más focus group se puedan realizar, siempre será más recomendable pues se obtienen mayores verbalizaciones e ideas sobre el caso, además de comparar mejor entre grupos para que, aunque no exista validez estadística, podamos suponer que si el ejercicio se repite, se encontrarán respuestas similares.

Los focus group son de altísima utilidad en la imagen pública ya que permiten conocer los contextos perceptuales y sensibilizarnos sobre las necesidades de la audiencia. A su vez, son muy útiles para evaluar la recepción de una nueva imagen, mensajes o campañas; así como para medir propuestas de logotipos, fotografías, videos y demás aplicaciones visuales y audiovisuales, para interactuar directamente con productos o materiales, y para detectar reacciones sobre escenarios y consecuencias de posibles de estrategias.

Entrevistas a profundidad

Las entrevistas a profundidad son muy fáciles de entender, pues es una modalidad cualitativa a través de la conversación, pero que se generan de uno a uno para obtener información detallada de individuos clave. Son recomendadas cuando se requiere conocer percepciones y motivaciones personales, y para detectar sentimientos y puntos de vista en torno a una imagen pública.

Para que lo entiendas mejor, es como si realizaras un focus pero de manera individual en lugar de grupal. Por lo que las recomendaciones serían las mismas: entender a profundidad el caso y a la persona que se entrevistará, diseñar y orientarnos con una guía de tópicos, coordinar la logística, establecer confianza, guiar la plática sin influenciar respuestas y preguntar de manera abierta para después aterrizar en especificaciones.

Estas entrevistas también se utilizan mucho para conocer las percepciones sobre clima y cultura organizacional y para detectar las percepciones que se tienen internamente sobre personas clave de la organización, para que con base en los resultados se hagan estrategias de propaganda interna o se tomen decisiones para saber quién sería mejor aceptado en puestos directivos, o qué se tendría que hacer para gustar más en puestos de liderazgo.

La siguiente herramienta es la que vino a cambiar el mundo de la investigación cualitativa, ya que con internet y el nacimiento de las redes sociales, el ecosistema digital se convirtió en un focus group constante en el que el mundo vierte sus opiniones de manera abierta y generalmente sin filtros. Las redes sociales se convirtieron en el buzón de quejas y sugerencias del planeta, y cuando de problemas de imagen se trata, se convirtió en la plaza de linchamiento del S. XXI. Por lo tanto, aprendamos y reflexionemos sobre el social listenig.

Social listening

La escucha social en medios digitales, más conocida por su nombre en inglés, es una técnica de análisis de conversaciones en redes sociales y medios digitales, con el fin de detectar emociones y opiniones, ya sea de sucesos que acontecen en tiempo real, o bien del registro y huella que han dejado en el tiempo.

En la imagen pública es de extrema utilidad en momentos de crisis, ya que permite monitorear la reputación y opiniones desde el momento en que ésta se detonó, así como para evaluar la efectividad de las estrategias posterior a su manejo. Pero también es de gran utilidad para sondear opiniones en lanzamientos, declaraciones públicas y actos de campaña o acciones de promoción y propaganda.

Su principal ventaja es que cada comentario encontrado en redes sociales es un insight valioso, y cuando ciertas opiniones se repiten, pueden ser interpretadas como datos cualitativos comparables a un focus group.

Y si bien comentamos que es de gran utilidad para ver cualidades presentes, también es muy ilustrativo e interesante hacer un recorrido en el tiempo y medir el dinamismo de la imagen, los mejores y peores momentos y conocer la evolución de las necesidades de las audiencias, y hasta predecir las tendencias, actitudes y comportamientos futuros. Y es que, a través de la minería de datos, se pueden descubrir patrones sin límite de volumen en conjuntos pasados de datos y con sorprendente rapidez. Utilizando la inteligencia artificial y el aprendizaje automático, se extrae información relacionada a lo que se desea investigar, y se transforma en un reporte comprensible para su uso en el diagnóstico. Por lo que, comentarios olvidados de otros tiempos, son extraídos, recolectados, analizados, conglomerados de acuerdo a patrones detectados y reportados como si se hubieran hecho muchos focus groups. Es como si pudiéramos viajar en el tiempo a hacer investigación cualitativa. Las conversaciones en línea se han convertido en una fuente invaluable de información para comprender las percepciones, necesidades y comportamientos de los consumidores. Por lo que el social listening se erige como una herramienta esencial en la investigación cualitativa, permitiendo a los interesados en imagen pública captar y analizar estas interacciones para obtener insights profundos y accionables.

Y no lo confundas con el monitoreo digital simple, que se enfoca sólo en la recopilación de datos, ya que la escucha social profundiza en el análisis del sentimiento, las tendencias y las opiniones detrás de las publicaciones, proporcionando una comprensión más completa del contexto y las percepciones de la audiencia.

La investigación cualitativa busca cualidades y ayuda a entender el porqué de las percepciones.

INVESTIGACIÓN CUANTITATIVA

La investigación cuantitativa es una metodología clave en el análisis y gestión de la imagen pública. A través de datos numéricos, permite medir con precisión las percepciones y opiniones de los diferentes grupos de interés, brindando información objetiva y estructurada para la toma de decisiones estratégicas. En el contexto de la auditoría de imagen pública, la investigación cuantitativa facilita la evaluación de variables como nivel de conocimiento, reconocimiento de marca, satisfacción del cliente, aceptación ciudadana y reputación personal e institucional, proporcionando una visión clara de la posición de una entidad en su entorno. Su objetivo principal es medir variables y establecer relaciones entre ellas a través de métodos estadísticos, proporcionando resultados generalizables a una población más amplia.

Esta investigación se caracteriza por la objetividad, la replicabilidad y el uso de herramientas como encuestas, las escalas de medición y análisis de datos para obtener conclusiones basadas en evidencia empírica. Conociendo su gran utilidad, veamos ahora las herramientas más efectivas de esta investigación.

Encuestas

Sin duda la herramienta madre de este tipo de investigación y por lo tanto la más utilizada. No creo que tengamos que perder mucho tiempo definiéndolas, ya que seguramente muchas veces en tu vida has llenado alguna con diferentes motivos. Por lo que brevemente definamos que una encuesta es una técnica de recolección de datos estructurada, que consiste en la aplicación de un cuestionario a una muestra representativa de la población, con el propósito de obtener información sobre actitudes, opiniones, comportamientos o características específicas. Se basa en preguntas diseñadas de manera estandarizada para garantizar la comparabilidad y análisis estadístico de las respuestas, permitiendo así la generación de conclusiones generalizables.

Cada pregunta debe estar alineada con los objetivos de la investigación, por lo que es importante asegurarse de que la información recopilada sea útil y accionable. Hay una frase en el argot de la investigación de mercados que dice: "si preguntas basura, obtienes basura". Y aquí debemos hacer una aclaración. Tal vez la pregunta sea interesante, esté bien formulada y la respuesta sea de calidad; pero eso no quiere decir que sea relevante. Por ejemplo, si el objetivo es medir la lealtad del cliente, preguntar sobre los hábitos de consumo puede ser interesante, pero no relevante.

Por eso, al diseñar las preguntas, debemos asegurar que lo que nos va a arrojar será relevante. Lo más difícil al determinar el contenido de un cuestionario no es saber qué poner, ¡sino qué quitar! Ya que, al hacer encuestas, se peca de querer muchos objetivos aprovechando el esfuerzo e inversión que implica encuestar, haciendo cuestionarios eternos que lo único que logran es la poca disposición del público para llenarlos, además el tedio provocará respuestas poco reflexionadas.

Existen muchos tipos de preguntas, pero podemos englobarlas en dos: abiertas o cerradas. Las preguntas abiertas permiten a los encuestados responder libremente, brindando información más detallada y enriquecedora. Las Preguntas cerradas son el tipo de preguntas que proporcionan un conjunto de respuestas predeterminadas, lo que facilita la tabulación y el análisis de datos. Los tipos de preguntas cerradas que más se utilizan en la medición de la imagen pública son:

- Dicotómicas: son preguntas en las que el encuestado sólo puede elegir entre dos opciones de respuesta opuestas o mutuamente excluyentes.

Se utilizan cuando se necesita una respuesta clara y concisa, y facilitan el análisis estadístico debido a su simplicidad.

- De opción múltiple: son preguntas en las que el encuestado elige una o varias respuestas de un conjunto predeterminado de opciones. Se utilizan para estructurar la recolección de datos de manera clara y cuantificable, permitiendo un análisis estadístico eficiente. Son útiles para categorizar respuestas y así medir tendencias, hábitos y preferencias.
- Escalas de Likert: son preguntas recomendadas para medir la actitud, percepción o nivel de acuerdo de los encuestados respecto a un enunciado específico. Se presentan como una serie de opciones ordenadas en una escala progresiva, generalmente con cinco o siete niveles, o siempre en números impares, donde la primera y última opción son los extremos polarizados, y la opción intermedia la neutralidad. Así, la escala puede ir del Totalmente de acuerdo al Totalmente en desacuerdo, del Muy insatisfecho al Muy satisfecho, del Completamente a favor al Completamente en contra; con cualquier otra variación que se nos pueda ocurrir, pasando por niveles intermedios.
- Preguntas de ranking: en estas preguntas se le solicita a los encuestados que ordenen una lista de opciones según su preferencia, importancia o percepción. A diferencia de otros tipos de preguntas cerradas, éstas obligan al encuestado a comparar directamente las opciones y asignarles una jerarquía, permitiendo identificar las prioridades o elecciones más relevantes dentro de un conjunto de alternativas.
- Escala de valoración numérica: en la que se solicita a los encuestados que asignen una calificación dentro de un rango numérico, generalmente del 1 al 10, donde un extremo representa la peor evaluación y el otro la mejor.

Los avances tecnológicos han ayudado muchísimo a la elaboración de encuestas, pues desde la invención del teléfono y el mail, la agilidad para encuestar se hizo evidente. Hoy por hoy, con las interacciones digitales, podemos ver que todas las redes sociales y sistemas de comunicación por mensajes, nos dan la opción de lanzar encuestas, y hasta seguramente ya lo has hecho para ponerle fecha a una fiesta entre amigos o preguntarles a tus seguidores si les gusta más una cosa u otra. Por eso, cada vez más los interesados en la imagen pública podemos encargarnos de realizar y ejecutar las encuestas, ¡los reportes se hacen solos! Sólo hay que cerciorarnos de que el cuestionario esté bien diseñado, y lo más complejo de todo, de que la distribución del mismo llegue al demográfico que debe responder, y que la cantidad de respuestas tenga el valor representativo que deseamos.

Y ligándonos con la tecnología, pasemos a la siguiente herramienta cuantitativa ideal para generar diagnósticos de imagen pública, y es la analítica digital.

Analítica digital

A través de la minería de datos y el análisis de big data, empoderado por programas de *machine learning* e inteligencia artificial en general, podemos encontrar información de utilidad en fuentes ya existentes dentro del ecosistema digital, de manera rápida y eficiente.

Son las famosas métricas digitales. Datos relacionados con tráfico web, número y crecimiento de seguidores, cantidad de interacciones, número de veces que se comparten o guardan contenidos, número de reproducción de videos, tendencias de búsqueda relacionadas con nosotros o nuestros clientes, número y tipos de resultados que aparecen al buscarlos, cantidad de noticias ligadas al caso y catalogación de las mismas, cantidad y tipo de comentarios que aparecen en redes, clasificación y análisis de todos los contenidos digitales encontrados en positivos, negativos o neutros, y comparativos y evolución de métricas en el tiempo, por mencionar algunos datos.

A su vez, la analítica digital es obligatoria para el monitoreo continuo y en tiempo real. La reputación digital y las tendencias cambian constantemente, por lo que es clave establecer sistemas de alerta para detectar contenidos relacionados a la reputación, para así lograr una detección temprana de crisis, cambios en la percepción pública o surgimiento de temas de interés y tendencias que puedan aprovecharse para generar contenidos con miras reputacionales.

Al día de hoy sería imposible imaginar la investigación cuantitativa sin hacer un exhaustivo estudio de analítica digital. Y lo más importante de todo es saber que el valor no está en la información en sí, sino en tu interpretación y en la utilidad que le darás a esa información en el momento de diagnosticar, pero sobre el arte de hacer diagnósticos hablaremos más adelante.

La investigación cuantitativa busca cantidades por lo que se centra en el "cuántos" más que en el "porqué".

Antes de pasar al siguiente tema, vamos a salirnos del rigor científico de la investigación cualitativa con sus métricas exactas y protección ante sesgos, y hablemos del uso de las encuestas con otros fines: los fines persuasivos y propagandísticos. Esto, lo veremos con mayor detalle en el capítulo de Persuasión y Propaganda, pero es prudente irlo mencionando.

En la consultoría de imagen pública, las encuestas no son sólo herramientas para medir la opinión pública, sino también para moldearla. El estudio de la percepción no se limita únicamente a registrar datos, sino que puede influir activamente en la toma de decisiones del público. En este contexto, dos estrategias han demostrado ser sumamente efectivas en la manipulación de la opinión: las *push poll* y el *bandwagon effect* o efecto de arrastre. Ambas técnicas aprovechan la psicología social para inducir un cambio en las creencias, actitudes o conductas del público, usando el poder de las encuestas con fines persuasivos.

Una *push poll* es una encuesta diseñada no con la intención de medir la opinión pública, sino para influir en ella. Se ejecuta igual que cualquier encuesta, aunque se oculta bajo la apariencia de un estudio de mercado o de una consulta legítima, pero en realidad, busca sembrar percepciones en los encuestados, inclinándolos hacia una opinión específica. Esta técnica es particularmente poderosa porque explota un fenómeno psicológico conocido como *priming* o preactivación cognitiva: cuando se nos expone a cierta información, ésta moldea la manera en la que procesamos la siguiente. En una *push poll*, las preguntas no buscan una respuesta o da igual lo que se responda, pues están formuladas con sesgos de tal manera que la mera exposición a ellas siembra dudas o refuerza ideas preconcebidas en la mente del encuestado.

Por ejemplo, si se quiere debilitar la imagen de un candidato político, una pregunta en una *push poll* podría formularse así:

Sobre las acusaciones de corrupción del candidato X y los juicios legales a los que ha sido sometido, ¿qué tanto cree que afecta en su confianza y la de sus vecinos para liderar la comunidad?

Aunque el candidato no tenga antecedentes legales, la sola insinuación de corrupción hace que el encuestado cuestione su integridad, sembrando una duda y generando un rumor que tal vez no existía antes de la pregunta. Sobre los dilemas éticos ya hablaremos en otro capítulo.

En el ámbito comercial, también se usa esta técnica para influir en la percepción sobre productos y servicios. Por ejemplo, una empresa puede aprovechar que está midiendo la opinión para acreditar sus productos, realizando una pregunta como:

¿Estaría más dispuesta a probar la crema si supiera que en el 89% de las pruebas médicas y dermatológicas se comprobó, bajo notario, que las arrugas disminuyeron a partir del tercer mes de uso? ¿O es información que no cambiaría su opinión?

Como dejamos ver, se puede aprovechar y lograr los objetivos técnicos y persuasivos en una misma encuesta, o sea, lograr tanto la medición como la persuasión. Ya que puede ser un estudio formal y estructurado, pero por ahí colar alguna pregunta sesgada con fines propagandísticos.

En conclusión, las *push polls* no buscan conocer la opinión pública, sino modificarla sutilmente. Se diseñan con el mismo rigor metodológico que una encuesta legítima, pero su intención no es recopilar información, sino plantar ideas.

Y si la *push poll* busca influir en la opinión individual, el *bandwagon effect* aprovecha la psicología colectiva para reforzar una narrativa. Su fundamento es simple: cuando las personas no tienen una postura firme sobre un tema, tienden a alinearse con lo que perciben como la mayoría.

Este fenómeno se basa en la tendencia humana a buscar validación social y asumir que, si la mayoría está de acuerdo con algo, debe ser la mejor opción. Esto se observa en diversos ámbitos: desde elecciones políticas hasta preferencias de consumo y tendencias culturales.

En campañas electorales, por ejemplo, los candidatos utilizan encuestas publicadas en medios masivos para mostrar que están ganando apoyo. No es casualidad que los candidatos que aparecen liderando en las encuestas suelan recibir más votos, ya que muchos electores indecisos prefieren apostar por el "ganador" en lugar de desperdiciar su voto en un candidato que consideran con pocas posibilidades.

Esta información, publicada estratégicamente en medios de comunicación o redes sociales, puede hacer que los votantes o compradores indecisos terminen inclinándose por el más popular, no necesariamente porque estén convencidos, sino porque psicológicamente les resulta más seguro hacer lo que decide la mayoría. En el mundo del consumo, el *bandwagon effect* se observa en el uso de frases como: "9 de cada 10 personas lo prefieren."

Por lo tanto, los expertos en imagen pública debemos entender que las encuestas son tanto una herramienta de medición como un mecanismo de persuasión. Al diseñarlas y difundirlas estratégicamente, pueden ayudar a moldear la percepción pública en favor de una marca, una figura pública o una estrategia corporativa.

AUDITORÍA PRESENCIAL

La auditoría presencial la realiza directamente el especialista en imagen pública por medio de su observación e interpretación, por lo que descansa en los conocimientos especializados y opiniones de quien la realiza, por ello solamente individuos capacitados y sensibilizados podrán hacerla con eficiencia y con la autoridad moral para diagnosticar con base en su experiencia.

La auditoría presencial consiste en revisar los estímulos de las seis imágenes subordinadas a la imagen personal o institucional, para evaluarlos y reconocer en ellos los aciertos o errores que puedan estar influyendo en la percepción positiva o negativa de los grupos objetivo. Esta auditoría también nos ayuda a detectar con qué elementos de las seis imágenes subordinadas contamos, y si a la interpretación de nuestro ojo clínico funciona o no.

También, esta auditoría consiste en infiltrarnos como usuarios, vivir las experiencias, convivir y conversar con las audiencias, sondear nuestras propuestas con personas cuya opinión valoramos, y en general, empaparnos lo más posible del proyecto.

Las principales técnicas de auditoría presencial son:

Etnografía

La etnografía implica la observación directa del comportamiento del público en su entorno natural, analizando su interacción con la persona, marca o institución. Se usa para comprender cómo ciertos estímulos de imagen como el entorno, la comunicación y el servicio, afectan la percepción en tiempo real.

La etnografía consiste en tener las antenas muy atentas y bien sintonizadas, pues hasta en nuestros círculos sociales hacemos investigación. Si estamos trabajando con un producto o un artista, puede darse que en una plática entre amigos surja el tema y estar atentos a las opiniones, y mejor aún, podemos sutilmente guiar nuestras conversaciones sociales a dichos temas para empezar a detectar percepciones, sentimientos y necesidades en la gente.

Una técnica muy útil e interesante de etnografía es el *shop along*. Esta técnica implica acompañar a los consumidores en el proceso de compra o interacción para observar sus decisiones, motivaciones y comportamiento en el punto de venta o lugar de servicio. Es otra forma muy útil de obtener insights sobre las percepciones, emociones y motivaciones del consumidor, ya que, durante esta experiencia, el investigador puede hacer preguntas abiertas para comprender los factores que influyen en la toma de decisiones del comprador, sin alterar significativamente su conducta natural.

Sin embargo, es muy importante mantener una observación natural y no intrusiva, pues el objetivo es captar el comportamiento real del consumidor, por lo que el consultor debe intervenir lo menos posible y evitar influir en las decisiones y percepciones del usuario, por lo que la observación debe ser discreta, respetuosa e interactuar únicamente cuando lo consideremos oportuno. Y si bien, el *shop along* se relaciona mucho con la industria del consumo como acompañar a clientes a tiendas, restaurantes y demás centros de consumo y puntos de venta; el término también se utiliza para investigar en lugares que, aunque no exista un intercambio comercial o experiencia de compra tradicional, sí se ofrecen servicios o hay intercambio de percepciones, como acompañar a alguien a hacer un trámite burocrático o gubernamental, a hacer uso de servicios públicos como parques y transportes, a asistir a eventos recreativos como festivales, conciertos y eventos deportivos; y hasta acompañar a alguien en su día laboral para vivir su rutina y medir sus percepciones de clima y ambiente de trabajo.

En esta técnica, el cliente sabe que se está llevando a cabo esta investigación, por lo que no debe confundirse con la que veremos a continuación: el mystery shopping

Mystery shopping

El *mystery shopping*, conocido en español como cliente incógnito es una técnica en la que el consultor se hace pasar por cliente o usuario para evaluar la experiencia de primera mano. Se evalúan principalmente temas relacionados al servicio, procesos y a la interacción con el personal, como puede ser la atención, los tiempos de respuesta, el respeto a las normas de conducta y apariencia, y en general a la coherencia de la imagen proyectada con la imagen deseada o diseñada.

Y como el objetivo es evaluar el servicio al cliente y la experiencia general desde la perspectiva del usuario, es muy importante que el cliente no sepa que está siendo auditado, pues si no, el proceder será más cuidadoso y falto de la naturalidad que el día a día conlleva.

Es muy importante documentar y levantar evidencias, ya que muchas veces cuando hay fallas, se responde con incredulidad. Por lo que grabar conversaciones de informes, hacer captura de pantallas, tomar fotografías de los lugares y en general tener los testigos que acompañen nuestro informe es de mucha importancia.

Veamos ahora la técnica más importante durante el proceso de auditoría presencial, el análisis de contenidos.

Análisis de contenido

Empecemos entendiendo que el análisis de contenido es una de las técnicas de investigación social más antiguas que existen. Involucra el estudio de cualquier artefacto de comunicación, como pueden ser textos y documentos de diversos formatos, imágenes, audio o video, y cualquier agente que mande mensajes. Una de las ventajas clave de utilizar el análisis de contenido para analizar la imagen pública, es su naturaleza no invasiva, a diferencia de la simulación e interacción social que se da en el *mystery shopping* y la etnografía, donde lo que se busca es la percepción de alguien más y la recopilación de respuestas.

En el análisis de contenido lo que importa es nuestra percepción como estudiosos de la imagen pública.

Hay muchos elementos a analizar, a éstos se les llama códigos y podemos clasificarlos en conjuntos, para después sacar conclusiones sobre su significado. En nuestro caso, los códigos son los estímulos, se clasifican en seis imágenes subordinadas, y las conclusiones son la percepción que generan y la coherencia con los objetivos del cliente.

Por lo tanto, el análisis de contenidos aterrizado a la auditoría de la imagen, consiste en examinar todos los elementos de estimulación que ya existen y son percibidos por las audiencias, para sacar conclusiones basadas en nuestra percepción como expertos en imagen pública.

Además de analizar la percepción, esta técnica también se usa para conocer desde nuestra realidad profesional lo más posible sobre el caso y nuestros clientes, por lo que es fundamental para el contexto. Adicionalmente, nos permite detectar con lo que ya se cuenta, lo que funciona, lo que se debe cambiar y lo que se debe diseñar y producir desde cero. Por ejemplo, no podemos pretender que todos los clientes necesitan un rediseño de logo, estrategia digital o cambios en su imagen ambiental. Tal vez detectamos que su logo está bien logrado y es coherente, que su estrategia digital funciona y que su imagen ambiental es perfecta, por lo que no presupuestaré esos servicios en un plan maestro e incluso aprovecharé esas fortalezas dentro de la estrategia. Como también puedo detectar que no hay protocolos de atención o que hay incoherencias entre los mensajes físicos del personal, por lo que tendré que presupuestar y diseñar un manual de normas de conducta y apariencia. O tal vez detecto que en su comunicación si bien es buena, le hace falta dramatización y storytelling, por lo que no cambiaré mensajes, pero sí cambiaré las formas discursivas.

Y mencionamos que se basa en seis imágenes subordinadas, que son el sistema de catalogación de los estímulos. En el capítulo de Ingeniería en Imagen pública las vimos, pero recordemos que son: imagen física, imagen profesional, imagen verbal, imagen visual, imagen audiovisual e imagen ambiental.

Sobre cada una de estas hay capítulos enteros, por lo que no te preocupes si para esta instancia algunos de los conceptos que mencionaremos que se deben evaluar no los comprendes o te quedas con la duda y deseo de saber más. ¡Para eso es el resto de los capítulos! De momento, sólo es importante que visualices y enlistes la cantidad de estímulos que podemos evaluar.

Imagen física: se evalúan estímulos como la presencia física, postura, gestos y ademanes, contacto visual, uso de la cromometría, vestuarios, accesorios y semiótica del vestuario, estilismo, maquillaje y aliño corporal; y cualquier elemento relacionado con la apariencia personal y el lenguaje corporal.

Imagen profesional: se evalúan estímulos como los protocolos, normas de conducta, procesos de servicio, tratos interpersonales, uso y respuesta de los elementos de comunicación, comportamiento social, etiqueta electrónica, ceremoniales, prevención y gestión de crisis; y cualquier elemento relacionado al desempeño de las actividades profesionales.

Imagen verbal: se evalúan estímulos como el uso de la palabra oral y escrita, lenguaje corporal en presentaciones, presentaciones profesionales, mensajes clave, historias fundacionales, debate y argumentación, palabra persuasiva, dramatización de la realidad; y cualquier elemento relacionado al uso de la palabra oral o escrita.

Imagen visual: se evalúan estímulos como los colores representativos, logotipos, fotografías, empaques, papelería básica, diseño web, templetes y avatares sociales, diseño editorial; y cualquier elemento que visualmente represente a la persona o institución.

Imagen audiovisual: se evalúan estímulos como publicidad, propaganda, producción de audio y video, manejo de medios de comunicación, manejo de redes sociales, reputación en buscadores, *search engine optimization* y marketing; y cualquier elemento relacionado a los estímulos que influyen en la opinión pública.

E imagen ambiental: se evalúan estímulos como color ambiental, iluminación, música, aromas, diseño de interiores, mobiliario, diseño de eventos, paisajismo; y cualquier elemento relacionado a los espacios.

Como mencionamos, esta lista es para ejemplificar y no para generalizar, pues se examina todo lo que ya existe y está al alcance de ser percibido por las audiencias. Y lo importante aquí es nuestra interpretación final, que estará alineada a analizar si los estímulos de las imágenes subordinadas son coherentes con la percepción deseada.

La auditoría presencial la realiza directamente el especialista en imagen pública por medio de la observación directa y descansa en los conocimientos especializados de quien la realiza.

EL DIAGNÓSTICO DE IMAGEN PÚBLICA

Toda la auditoría de imagen pública está al servicio de quien es la verdadera estrella de este capítulo: el *diagnóstico de imagen pública*, que es el producto final de la fase de investigación externa del Sistema Íntima. Se trata de un proceso de interpretación profunda de la información obtenida mediante las diversas técnicas de investigación cualitativa, cuantitativa y de auditoría presencial, permitiendo identificar percepciones, detectar necesidades de las audiencias y diseñar estrategias de reputación.

Este diagnóstico se convierte en la base de toda estrategia de imagen pública y sin él, cualquier acción de imagen pública se realizaría a ciegas, sin fundamentos sólidos y con una alta probabilidad de fracaso. Por lo tanto, una vez obtenida la información mediante técnicas como focus group, encuestas, *social listening*, analítica digital y demás técnicas aprendidas, el experto en imagen pública debe realizar un análisis detallado. Esta fase es crítica, pues los datos por sí solos no generan conocimiento útil hasta que se contextualizan e interpretan correctamente.

Para interpretar los datos con rigor metodológico, la correcta interpretación de datos requiere distinguir entre hechos y percepciones, ya que no todo lo que se dice es un hecho objetivo. Las percepciones están influenciadas por sesgos emocionales y contextuales. Pero es importante detectar cuando las percepciones se comparten o cuando son simplemente verbalizaciones asiladas, ya que cuando se comparten, se convierten en una realidad en el colectivo social. Por ejemplo, si una persona de manera aislada dice que un político es corrupto, esto no lo convierte en realidad. Pero si muchos comparten la misma percepción, se convierte en una realidad mental, aunque no sea un hecho. Por eso tenemos que analizar la causa de dichas percepciones, para que de esa forma podamos entender los estímulos que están causando, porque desafortunadamente en el juego de la imagen, percepciones son realidades.

A su vez, se deben identificar patrones y tendencias, cruzar información de las distintas técnicas y analizar el contexto social y cultural, ya que la percepción no ocurre en el vacío, sino dentro de un contexto que debe considerarse en el diagnóstico.

Siguiendo estos principios, toda la información obtenida mediante las diferentes técnicas debe integrarse en un solo formato, en donde organizamos la información en temas o categorías que reflejan los aspectos clave de nuestra investigación. Este paso es fundamental para identificar patrones y tendencias dentro de los datos. Al categorizar, podemos ver cómo diferentes elementos se relacionan entre sí y qué temas emergen con mayor fuerza. Esto nos ayudará a construir una base sólida para nuestro análisis posterior.

La siguiente etapa es sacar conclusiones. Es la etapa donde se diagnostica y se ofrecen las posibles soluciones construyendo una ruta estratégica. Por ejemplo, si los datos dicen que un candidato o un producto tienen bajos niveles de conocimiento, la ruta estratégica lógica será implementar acciones que eleven los niveles de conocimiento. O si en los resultados de una escala de medición, la gente se muestra en desacuerdo con el precio de un producto, y en los cualitativos descubrimos que la gente dice que el empaque es de mala calidad; se dará la recomendación de rediseñar el empaque por uno que comunique y despierte las emociones de mayor valor comercial. En este análisis, los conocimientos, creatividad y sensibilidad del experto en imagen pública son cruciales, y la información obtenida es el mejor catalizador de esa creatividad.

El diagnóstico de imagen pública es el producto final y consiste en una interpretación profunda de la información obtenida mediante las diversas técnicas de investigación cualitativa, cuantitativa y de auditoría presencial.

Conocido el proceso de integración y los principios de interpretación de la información recabada, veamos algunas herramientas de análisis y presentación de la información que son de gran utilidad.

Análisis FODA

Permite entender la posición actual de la imagen dentro de un entorno. El análisis FODA se centra en los factores internos y externos que pueden influir en su éxito o fracaso reputacional. Es importante mencionar que los análisis FODA pueden hacerse para muchas cosas, incluso tú puedes hacer tu propio análisis para saber con qué elementos cuentas para desempeñarte como profesionista. Es por ello que debemos enfocarnos en hacer el análisis FODA sobre los temas relacionados con la percepción en el contexto que nos atañe.

El término FODA proviene de las iniciales de los siguientes elementos:

- Fortalezas (F) → Son las características internas positivas que brindan una ventaja competitiva.
- Oportunidades (O) → Son los factores externos que pueden ser aprovechados para el crecimiento.
- Debilidades (D) → Son los aspectos internos que pueden representar un obstáculo o área de mejora.
- Amenazas (A) → Factores externos que pueden afectar negativamente el desempeño o la percepción.

El objetivo del análisis FODA es sumar al diagnóstico para tomar decisiones más estratégicas e informadas. El enfoque se centrará en crear estrategias para potenciar y dar a conocer las fortalezas, germinar las oportunidades, atenuar o minimizar las debilidades, y eliminar o vacunarnos contra las amenazas. Esta herramienta también es ideal para reportar los resultados de la auditoría presencial de imagen.

Mapas de percepción

Los mapas de percepción, también llamados mapas perceptuales o mapas de posicionamiento, son representaciones gráficas que muestran cómo los consumidores perciben una marca, producto, persona o institución en relación con su competencia u otras variables. Se construyen a manera de planos cartesianos, partiendo de dos ejes que representan variables clave para la percepción, como precio vs. calidad, innovación vs. tradición, exclusividad vs. accesibilidad, socialmente responsable vs. irresponsable, entre otros.

Estos mapas permiten visualizar la posición mental que ocupa un elemento en la mente del público objetivo y ayudan a detectar oportunidades para diferenciarse en el mercado o mejorar una estrategia de imagen pública.

Nos permiten compararnos con la competencia en función de variables específicas y a identificar oportunidades de posicionamiento. A su vez, ayudan a detectar discrepancias en la percepción y a visualizar fácilmente los desplazamientos óptimos de posicionamiento.

Lo común es presentar en el diagnóstico los mapas con la percepción actual, y después el mapa con los desplazamientos a la percepción deseada.

Personificación proyectiva

También conocida como personificación de marca, es la herramienta cualitativa que ya conoces y que consiste en asignar características humanas a una marca, institución o figura pública, para entender mejor su percepción en la mente del público. Se basa en la premisa de que las personas suelen humanizar entidades abstractas, atribuyéndoles valores, emociones y comportamientos, lo que facilita la comprensión de su identidad y personalidad. Cuando hablamos de investigación cualitativa aprendiste de técnicas proyectivas, pero no te confundas, en su momento las vimos como herramientas de investigación, ahora estamos utilizando la proyección como una técnica de presentación y análisis.

Ahora bien, recuerda que esta proyección también funciona muy bien cuando no se trata forzosamente de personificar; sino de simplemente proyectar cualidades de una cosa a otra. Recordarás la "animalización" o "cosificación" de alguien cuando dijimos que un político podría ser una rata o una empresa un Mercedes Benz.

Recuerda que las proyecciones son muy útiles pues el cerebro detecta fácilmente la realidad perceptual, puede sentir las emociones que se despiertan e intuye las características ligadas a las personas y cosas. Por eso, este enfoque ayuda mucho también al posicionamiento y la recomendación es incluir en el diagnóstico la proyección actual para después poder poner la proyección deseada.

Una vez interpretada la información y sabiendo que podemos echar mano de estas herramientas útiles, procedamos a las recomendaciones para la elaboración del diagnóstico y su entrega.

Generación del diagnóstico de imagen pública

El diagnóstico de imagen pública es un informe estructurado que permite visualizar la situación actual de la imagen de una persona o institución, identificando las problemáticas y fortalezas de imagen, y concluyendo en una ruta estratégica a seguir. El diagnóstico debe ser conciso y basarse más en conclusiones que en procesos, por lo que veamos a continuación los elementos y apartados que debe tener un buen diagnóstico:

- Metodología: explica cuál fue el proceso que se siguió, los tiempos y las herramientas de investigación que se utilizaron.
- Diagnóstico general: es un resumen claro y conciso de los hallazgos principales.
- Análisis de percepciones: es la evaluación detallada de cómo la audiencia percibe al cliente y de sus necesidades. Se presentan los gráficos y descubrimientos junto al análisis del consultor.
- Análisis por imagen subordinada: muestra los resultados de la auditoría presencial de imagen. Detalla las fortalezas, oportunidades, debilidades y amenazas de las imágenes subordinadas que se analizaron.

- **Identificación de brechas:** es evidenciar las diferencias entre la imagen actual y la imagen deseada. Se revela el posicionamiento ideal y se despierta la esperanza de la posibilidad de cambio. Aquí también se es realista cuando algún caso en particular arroje que la brecha es tan amplia que es utópico lograr un cambio de imagen o posicionamiento específico.
- **Ruta estratégica:** marca el camino con las acciones que se deberán realizar, sobre esto profundizaremos más adelante.
- **Anexos:** es un apartado con todos los resultados de las investigaciones y sus técnicas, al cual se puede recurrir si surge alguna duda específica, ya que, si bien el diagnóstico debe ser conciso, el registro del proceso y todo lo que arrojó la investigación puede consultarse.

Una vez analizadas y presentadas las percepciones, las imágenes subordinadas y las brechas de imagen, se presenta la parte más útil del diagnóstico que es la ruta estratégica, ya que esta marca el destino al que se quiere llegar en términos de imagen pública.

Es importante aclarar que la ruta estratégica no es el plan de acción ni la solución en sí misma, sino la brújula que orienta las acciones futuras. Ya que la ejecución concreta se realizará en la siguiente fase del Sistema Íntima: la etapa de diseño, y en donde se realizará el *Plan maestro de imagen pública.*

Para entender mejor este concepto, es fundamental diferenciar entre estrategia y táctica. La estrategia define la dirección general y los objetivos macro de la imagen pública. Mientras que la táctica, son las acciones específicas que se implementarán para alcanzar la estrategia.

Como ejemplos, tal vez la ruta estratégica será posicionar a un líder corporativo como referente en innovación, elevar los niveles de conocimiento de una candidata política mientras se le posiciona como una mujer con valor y valores, o posicionar a un banco como "el banco de los jóvenes". Eso te está diciendo el destino, pero no el camino. El "qué", y no el "cómo". El diagnóstico con su ruta estratégica es como establecer las coordenadas en un mapa. Mientras más precisa sea nuestra investigación, más finas y precisas serán esas coordenadas adonde tenemos que llegar, pero no es el camino. Por lo tanto, la ruta estratégica es poner el destino en la navegación, pero no es el GPS que te dice por dónde ir.

Al construir la ruta estratégica, se debe considerar cómo queremos ser percibidos, quién exactamente será el público al que nos dirigiremos, qué mensajes estratégicos generales se deberán mandar, qué valores y atributos comunicaremos, qué trabajos de las seis imágenes subordinadas se deberán realizar, y cualquier otra información de relevancia dentro de las especificaciones de cada caso.

Una vez que haces tu diagnóstico, con él cierras la primera etapa del sistema que es la de investigación, para así pasar a desarrollar las estrategias y tácticas en la etapa de diseño, que concluyen con la creación del plan maestro de imagen pública. Esas ideas se convierten en realidad en la etapa de Producción, que es la etapa del Sistema Íntima donde viven los estímulos. Para finalmente, llegar a la última etapa que es la de evaluación, que es una etapa de control y seguimiento.

La etapa de evaluación es la etapa de revisión de las decisiones tomadas. Y yo te pregunto, ¿cómo puedes conocer los efectos de la etapa de producción? ¿cómo puedes medir un antes y un después que demuestre que la inversión tuvo buenos resultados? La respuesta es muy sencilla... ¡Preguntando!, o sea, volviendo a investigar. Por lo que la etapa de evaluación no es más que una nueva etapa de investigación.

Al realizarse una nueva investigación y compararla con la original, forzosamente se obtendrán resultados que permitirán comprobar que vamos por el camino correcto o que nuestras decisiones han sido equivocadas, de tal manera que podamos introducir oportunamente las correcciones necesarias o sostener las acciones que han tenido éxito.

La etapa de evaluación sirve para controlar la imagen y darle seguimiento a la metodología, de tal manera que la vuelve un círculo inacabable, porque la información de la etapa evaluatoria se convierte en un nuevo diagnóstico que probablemente crearán nuevas etapas de diseño y producción para caer nuevamente en una evaluación-investigación. Y así sucesivamente, hasta haber cimentado con el tiempo una imagen que se convierta en la reputación deseada. Recuerda que la imagen es dinámica y está en constante movimiento, por lo que la auditoría de imagen es fundamental para su evolución y control.

CONCLUSIÓN

A lo largo de este capítulo, aprendiste a investigar, interpretar y diagnosticar la percepción de una persona o institución, utilizando herramientas estratégicas que te permitirán realizar tu trabajo de manera más eficiente. Ahora comprendes que una auditoría bien realizada es la base para cualquier estrategia de posicionamiento o gestión de reputación.

Recuerda que el éxito de un caso de imagen pública radica en la capacidad para analizar información con objetividad, interrelacionar datos y traducir hallazgos en acciones estratégicas. La investigación es tu brújula, y el diagnóstico y su ruta estratégica las coordenadas que te guiarán hacia el destino deseado. Estamos seguros que con este conocimiento no te vas a perder y podremos trabajar en los siguientes capítulos con unas bases muy sólidas, en donde nuestra creatividad estará siempre al servicio de lo investigado.

Estimado Einstein... ¡Ya sabemos lo que estamos haciendo!

5
MERCADOTECNIA DE LA IMAGEN

"Tu marca es lo que la gente dice de ti cuando no estás presente". Esta frase atribuida a Jeff Bezos resume la esencia de la marca en la actualidad y su influencia en la percepción del público. Hoy, más que nunca, vivimos en una economía simbólica donde la confianza, la memoria y el deseo no se generan con hechos aislados, sino con estrategias orquestadas que dan sentido a lo que somos. Todo lo que puede ser percibido puede ser gestionado. Y para que esa gestión tenga efecto en la mente del consumidor, debe emplearse la ciencia que une percepción con mercado: la mercadotecnia de la imagen.

Una imagen pública es un "producto". Si establecemos esta analogía y la elevamos a un acto de compra-venta, podremos inferir que el emisor es el "vendedor" que ofrece un producto intangible que es la percepción, y que el "comprador" es el receptor que está dispuesto a "pagar" un precio como resultado de la misma. Por lo que al trabajar con la imagen pública debemos echar mano de estrategias de mercadotecnia que faciliten la aceptación en la venta de la reputación.

Ahora veamos cómo vender a estas personas e instituciones, pero antes, para motivos de este capítulo, a esas personas que pueden ser políticos, artistas, deportistas o gente de cualquier sector; y a las instituciones públicas o privadas de cualquier giro que te puedas imaginar; así como a sus marcas, productos y servicios de cualquier categoría, o inclusive hasta una nación bajo el concepto de marca país o una ideología o credo como puede ser una religión o un movimiento social... ¡a todo ello le vamos a llamar producto! Para que no te confundas y lo vayas a limitar cuando usemos el término, y que sepas que en su amplitud nos referimos a cualquier cosa que puede ser percibida.

La mercadotecnia de la imagen es una disciplina que conjuga elementos del branding, la psicología del consumidor, la comunicación estratégica y el posicionamiento de marca para influir en la percepción pública de los productos. Se trata de un proceso integral que busca generar una identidad distintiva y una narrativa coherente que resuene en la mente del consumidor y lo motive a tomar decisiones favorables hacia la marca.

La mercadotecnia, en su definición más general, es el conjunto de estrategias y tácticas que se utilizan para identificar, crear y entregar valor a los consumidores, con el fin de satisfacer sus necesidades y generar relaciones de largo plazo.

Desde una perspectiva práctica, la mercadotecnia no sólo se encarga de vender productos, sino de construir una conexión significativa entre la marca y el consumidor, asegurando que la experiencia de compra y uso sea coherente con los valores y expectativas del cliente. Entendido esto, definamos a la mercadotecnia de la imagen como: El proceso que consiste en posicionar al producto de manera coherente en la percepción del consumidor, con el fin de que éste lo identifique, diferencie, acepte y responda positivamente.

Y es con este concepto de marketing perceptual, que surge el concepto de branding aplicado a los diferentes productos, pues seguramente has escuchado hablar del branding personal y de muchos otros, pero... ¿Qué es el branding?

El branding es el proceso de creación, desarrollo y gestión de una marca con el objetivo de generar un impacto distintivo en la mente del consumidor. Por lo que el branding no se limita al diseño de un logotipo o un eslogan llamativo, sino que engloba un conjunto de acciones que buscan proyectar una imagen coherente y diferenciada. Y entre sus componentes clave se encuentran:

- La personalidad de marca: los rasgos que se atribuyen al producto y que lo hacen único e irrepetible.
- La identidad de marca: la combinación de elementos visuales, verbales y conceptuales que definen a un producto.
- El posicionamiento: el lugar que ocupa la marca en la mente del consumidor en comparación con sus competidores y otros productos.
- Y la imagen de marca: la percepción que tienen los consumidores del producto y que se desprende de la personalidad, identidad y posicionamiento de la marca.

Por lo que el desarrollo de una estrategia de branding sólida debe cubrir estos elementos y es crucial para diferenciar a un producto en mercados altamente competitivos y saturados. La mercadotecnia de la imagen es la unión del branding y la mercadotecnia, es la construcción e identidad de marca, para posteriormente usar las estrategias de promoción para lograr objetivos persuasivos. Para que lo entiendas mejor, dentro del paraguas de la imagen entra la mercadotecnia, y en la mercadotecnia entra el branding. La imagen es ciencia seminal, de ella se desprende el marketing, y dentro de ella vive el branding.

El branding y la mercadotecnia están estrechamente relacionadas, pero tienen enfoques

distintos. Mientras la mercadotecnia está enfocada en la promoción y venta de productos mediante diversas estrategias como la publicidad, relaciones públicas, redes sociales, etcétera. El branding se centra en la construcción de la personalidad, identidad, posicionamiento e imagen de la marca a largo plazo. Por lo que la línea que divide al branding y a la imagen es prácticamente invisible, ya que todo branding es imagen, pero no todo fenómeno de imagen forzosamente es branding.

PROCESO DE LA MERCADOTECNIA DE LA IMAGEN

Como todo proceso, la mercadotecnia de la imagen se produce por fases, siendo la primera la de investigación, que no es otra cosa que la primera etapa del Sistema Íntima con su investigación interna de reconocimiento de esencia, y la externa para detectar percepciones y necesidades de la audiencia que ya abordamos en capítulos anteriores.

Posteriormente, se creará la estrategia de posicionamiento que propone la ruta general a seguir en función de la consecución de objetivos, para definir cómo queremos que el producto sea percibido a través de la marca, y qué deberíamos hacer para lograrlo. Para de esta forma, pasar a la fase más creativa que es la del diseño de identidad de marca.

Marca es una palabra en latín que proviene del protogermánico *mark*, y que significa "territorio fronterizo" y que el diccionario define como "señalar con signos distintivos". Por lo tanto, crear una marca será crear signos o señales que se asociarán al producto para distinguirlo, y de esta forma identificarlo. De ahí el concepto de identidad, que tiene una doble función, una es la de identificación a nivel signo que señala, pero la otra es la identidad a nivel símbolo que connota, generando atributos emocionales hacia la personalidad de marca que generan lealtad, pertenencia, admiración, deseo o cualquier otro atributo emocional.

Y para que entiendas aún mejor el concepto doble de la identidad de marca a nivel signo y símbolo, hablemos de *Apple*, o de *Volvo*. La identidad de marca visual que señala a estas dos marcas es el logo de la manzana en la primera y el emblema del círculo con la flecha y el nombre de la marca, en la segunda. Pero a nivel símbolo, *Apple* tiene una identidad que representa innovación, y *Volvo* está posicionada como la marca de automóviles más segura despertando emociones de confianza y protección.

Entendido lo que es la identidad de marca, comprenderás que dentro de un plan maestro de imagen pública existen señaladores o marcas muy importantes que dan identidad. Como lo son las marcas visuales donde entran los logotipos, colores institucionales, elementos de identidad gráfica, los anclajes simbólicos relacionados con la imagen física donde también está la kinésica, los espacios dentro de la imagen ambiental, la creación de identificadores verbales como la creación de lemas y mensajes clave, o tantos elementos que dan identidad dentro de la publicidad o propaganda.

Por lo que en sí, el conocimiento de este capítulo estará inmerso en los capítulos que nos faltan, aquí nos centraremos en el concepto y el proceso. Y continuando con el mismo, una vez que se tiene la estrategia de identidad de marca, la siguiente fase es la de la ejecución o implementación, que está hermandada con la etapa de producción del Sistema Íntima, pues es la implementación de la estrategia en los diversos canales de comunicación.

La última etapa es la de gestión y evolución de la marca. Que es la etapa de control inmersa en la etapa de evaluación del Sistema Íntima, pero enfocada específicamente en la medición del impacto de la estrategia de marca y el ajuste de las acciones, como también es esa fase continua de monitorear la percepción de la marca y ajustar la estrategia según las tendencias y cambios en el mercado.

El proceso de la mercadotecnia de la imagen sigue las fases de investigación, estrategia de posicionamiento, diseño de identidad de marca, implementación, gestión y evolución de la marca.

EL MARKETING MIX

Establecido el proceso, aprendamos sobre el marketing mix, también conocido como la mezcla de mercadotecnia, que es el conjunto de variables que intervienen en la decisión del consumidor. Este concepto, desarrollado por Neil Borden en los años 50 y posteriormente refinado por Philip Kotler, ha evolucionado con el tiempo, expandiéndose desde las tradiconales 4P's hasta modelos extendidos como las 7P's y las 6C's que se aplican tanto a la experiencia del cliente o al marketing de contenido.

Las famosas 4P's originales son:

1. Producto
2. Precio
3. Plaza
4. Promoción

Pero con el tiempo, y con la aparición de nuevos canales de comunicación, la digitalización y la evolución del comportamiento del consumidor, el modelo se amplió a 7P's, incluyendo elementos adicionales como:

5. Personas
6. Procesos
7. Presentación

Reitero que sobre estos temas hablaremos en otros capítulos, pero aquí es necesario que hablemos de otra P que es la madre de la mercadotecnia de la imagen y es el posicionamiento.

POSICIONAMIENTO

El posicionamiento es la batalla por ocupar un espacio en la percepción del público. No es suficiente con existir en el mercado, es necesario definir con precisión cómo queremos ser recordados y, sobre todo, diferenciarnos de nuestros competidores. El posicionamiento es la brújula estratégica que dirige todos los esfuerzos de la mercadotecnia de la imagen. Es el punto de anclaje que hace que una marca sea identificada, preferida y defendida por su audiencia.

El posicionamiento de marca es el lugar que una marca ocupa en la mente del consumidor en comparación con sus competidores. Como dicen Jack Trout y Al Ries: "El posicionamiento no es lo que tú dices de tu marca, sino lo que el consumidor cree de ella".

Y esta estrategia de diferenciación, puede abordarse desde diferentes flancos. Como el posicionamiento por atributos: que se basa en una característica distintiva y única del producto. El posicionamiento por beneficio, que se enfoca en lo que el consumidor obtiene. El posicionamiento por comparación con la competencia, que se define en relación con los rivales del mercado. El posicionamiento por precio-calidad, que puede ser tanto establecerse como la opción más premium como la más accesible; y el posicionamiento por usuario o estilo de vida: que define a la marca según el tipo de consumidor al que va dirigida.

Cada marca debe encontrar su propio nicho en la mente del consumidor, y una vez definido, defenderlo y reforzarlo con coherencia y vehemencia. Ya que todo el esfuerzo de marca debería estar en reforzar ese posicionamiento.

LAS SEIS PREGUNTAS FUNDAMENTALES PARA EL POSICIONAMIENTO

Para construir la identidad de una marca a partir de su propósito y valor percibido en el mercado, en el Colegio de Imagen Pública se desarrolló un modelo basado en la idea de que una marca no sólo debe existir, sino que debe tener un propósito claro y diferenciado que resuene en la mente del consumidor. Por lo que, para lograrlo y construir un posicionamiento sólido, es fundamental responder seis preguntas clave que definen su función, propósito, diferenciación y audiencia.

Estas preguntas permiten estructurar el posicionamiento desde una perspectiva funcional, emocional y trascendental. Por lo que, a través de este enfoque, una marca puede definir su identidad, su promesa de valor y la conexión que establece con su público.

Veamos una por una:

1. ¿Para qué sirve el producto?

La primera pregunta aborda la razón de ser del producto o servicio desde una perspectiva de utilidad y funcionalidad. No se trata sólo de lo que hace el producto, sino del valor que aporta a quien lo consume. Por lo tanto, es el compromiso de servir, pues no basta con ofrecer algo, sino que es necesario explicar qué problema soluciona y qué beneficio ofrece.

2. ¿Qué necesidad humana satisface?

Toda marca o producto existe porque responde a una necesidad, un deseo o un problema en la vida del consumidor. Esta pregunta conecta la oferta de la marca con algún aspecto fundamental del comportamiento humano. Y las necesidades pueden ser básicas como alimentación y seguridad, o emocionales y de estima como estatus y pertenencia. Todas son bienvenidas, pues cuando una marca identifica qué necesidad satisface, puede diseñar su comunicación de manera más efectiva para conectar con su audiencia.

3. ¿Qué hace?

Aquí se define de manera precisa qué es lo que hace la marca o el producto. Es la respuesta más clara y directa sobre la oferta de valor. La claridad en esta respuesta evita confusión en la mente del consumidor, ya que muchas marcas fracasan porque no logran explicar exactamente qué hacen de manera diferenciada.

4. ¿Cómo lo hace?

Esta pregunta se centra en el método, la tecnología o la filosofía detrás del producto. En un mundo donde múltiples marcas pueden ofrecer lo mismo, la clave está en cómo lo hacen de manera diferente.

El "cómo" define la identidad de la marca y su propuesta de valor única. Puede estar relacionado con calidad superior, innovación en procesos, sostenibilidad y cualquier otro atributo. Pero no hay que ser todavía tan humanistas o inspiradores, esta parte sigue siendo directa, clara y muy honesta; aunque sin duda, sirve de diferenciador.

5. ¿Por qué lo hace?

Más allá de los beneficios comerciales, una marca con propósito inspira confianza y fidelización. El "porqué" de una marca refleja su misión y valores fundamentales, y cuando se tiene un "porqué" poderoso, genera lealtad emocional en sus clientes.

6. ¿Para quién lo hace?

Una marca difícilmente puede hablarle a todo el mundo, por lo que definir quién es su consumidor ideal es clave para diseñar una comunicación efectiva. Un término muy usado en mercadotecnia y que se define con esta pregunta es establecer el "buyer persona", que es la representación del cliente ideal basado en datos demográficos, psicográficos y comportamentales. Cuando una marca tiene claro a quién le habla, puede adaptar su mensaje y canal de comunicación para conectar mejor con su audiencia.

Y una vez establecido el posicionamiento, el único límite de la mercadotecnia de la imagen es la creatividad, ya que cualquier esfuerzo encaminado en reforzar el posicionamiento y el alcance de objetivos, será tarea de esta área de la imagen pública.

¿QUÉ ES LA INSPIRACIÓN Y CÓMO OBTENERLA?

La inspiración es la chispa que da vida a una idea creativa. Es el detonante que permite a los estrategas de mercadotecnia, diseñadores y comunicadores desarrollar conceptos innovadores y memorables, y toda estrategia de mercadotecnia necesita inspiración, pero ésta no llega por sí sola. Existen métodos y fuentes de inspiración que pueden cultivarse para facilitar el desarrollo de conceptos de marca sólidos.

El azúcar de imitación también es dulce, por lo que no hay mejor inspiración que explorar en marcas de otras industrias o en corrientes diversas de la estética. Muchas ideas innovadoras surgen al adaptar conceptos de un sector a otro, como *Apple*, que, aunque pienses que es 100% original, incorporó principios del diseño minimalista japonés en su identidad visual y experiencia de usuario. O Barak Obama, cuyo principal cántico de posicionamiento en campaña surgió del mexicanísimo "¡Sí se puede!", grito de guerra del futbol que después se llevó a otros contextos sociales, y que Obama lo transformó en su "Yes we can!"

Toda creatividad es una reinterpretación de ideas previas, y la clave para desarrollar un estilo propio no es la originalidad absoluta, sino la capacidad de tomar influencias, combinarlas y transformarlas en algo nuevo, ya que no tiene nada de malo que la innovación surja a partir de la inspiración en el trabajo de otros.

Por lo tanto, la inspiración siempre es el punto de partida para la creatividad, pero para que la idea funcione y resuene en la mente del consumidor, se debe trabajar. Y aquí es donde entra el cognitivismo.

COGNITIVISMO

El cognitivismo es una corriente de la psicología que estudia los procesos mentales involucrados en la percepción, el aprendizaje y la toma de decisiones, analizando cómo los estímulos externos influyen en la memoria y el comportamiento humano.

En la mercadotecnia, esta teoría ayuda a comprender cómo los consumidores asocian imágenes, palabras y emociones con una marca. De manera resumida, el cognitivismo estudia cómo las experiencias pasadas influyen en las decisiones presentes, por lo tanto, la memoria y sus asociaciones y prejuicios juegan un papel crucial en cómo interpretamos lo que vemos. Por ejemplo, si piensas en Navidad, piensas en el color rojo y en Santa Claus, lo que te lleva a pensar en Coca-Cola. Y podrías pensar que es casualidad, pero no lo es. Fue esta gran marca que usó el cognitivismo a su favor y generando uno de los anclajes más poderosos de la mercadotecnia de la imagen al crear la asociación de que Navidad es igual a Coca-Cola.

En el cogtnitivismo se aprovecha algo que ya está arraigado en la memoria de la audiencia y evoca ciertos pensamientos y sentimientos, y se traspala a la marca adueñándose de sus atributos. Luego se refuerza el concepto en la mente del consumidor mediante la repetición, y se asocia creando la narrativa deseada para la identidad de marca.

El cerebro humano tiende a clasificar y agrupar la información basándose en conceptos y patrones preexistentes. Esto significa que cuando nos enfrentamos a un nuevo concepto, intentamos encajarlo en categorías familiares, lo que facilita su comprensión y recordación. Por ejemplo, si un empaque o diseño utiliza colores y formas similares a los de una categoría específica de productos como, por ejemplo, envases verdes para productos de limpieza y ecológicos, el espectador inmediatamente asociará ese diseño con limpieza, frescura, sustentabilidad y naturaleza. Este principio es clave en la inspiración creativa pues lo vuelve racional, ya que permite a los consultores seleccionar conceptos y elementos que ya están asociados a ciertos valores o ideales en la mente del consumidor.

Y se puede recurrir a cualquier estrategia que asocie o refuerce conceptos mentales. Pero algunas estrategias basadas en esta teoría incluyen el uso de signos y símbolos reconocibles. El sincretismo, que es el proceso de fusión, combinación o síntesis de elementos de diferentes orígenes para generar una nueva identidad con características propias. Y el uso de mitos e historias, como lo hizo Nike con la diosa Niké; y la aplicación de los arquetipos de marca, que es el modelo de Carl Jung aplicado al branding donde podemos encontrar:

- El inocente: *Starbucks* y *McDonald's* se relacionan con optimismo y simplicidad.
- El explorador: *Jeep* y *The North Face* con libertad y aventura.
- El sabio: *Google*, *Wikipedia* o *Harvard* son conocimiento y aprendizaje.
- El héroe: *Nike*, *FedEx*, *RedBull*. Superación y esfuerzo.
- El forajido: *Harley-Davidson* y *Diesel* representan rebeldía y desafío.
- El mago: *Disney* y *Apple* son arquetipos de transformación y creatividad.
- El hombre común: *IKEA* y *Target* son accesibilidad y empatía.
- El amante: *Ferrari*, *Gucci*, *Playboy*. Pasión desbordada y deseo.
- El bufón: *M&M's*, *Cheetos* y *Spencers* son diversión y espontaneidad.
- El cuidador: *Johnson & Johnson*, UNICEF, *Dove*. Protección y compasión.
- El gobernante: *American Express*, *Rolex* y *Mercedes-Benz* son liderazgo y prestigio.
- El creador: *LEGO*, *Adobe* y *Tesla* son innovación y autoexpresión.

Por lo que el uso estratégico de los arquetipos permite a una marca conectar con su audiencia en un nivel profundo e intuitivo.

Y ve cuántas fuentes de inspiración creativa hemos mencionado. Pero dejamos la más importante para el final: la teoría del estilo. Misma que ya conoces y que ahora debes utilizar sabiendo que cada estilo transmite mensajes específicos, y por el cognitivismo genera asociaciones mentales en la audiencia. Es el punto de partida para la creación de una marca, por lo que utilizarlos estratégicamente permite conectar con el público objetivo y reforzar el posicionamiento.

Por lo que, remitiéndonos al conocimiento adquirido en el capítulo inicial de Ingeniería en Imagen Pública, analicemos brevemente los siete estilos enfocados a cómo pueden aplicarse en el branding y posicionamiento de una marca.

1. Estilo natural

Este estilo se basa en la autenticidad, la frescura y la sencillez. Es ideal para marcas que buscan transmitir confianza, cercanía y poco estrés.

- Marcas que usan el estilo natural serían: *The Body Shop*, *Netflix*, *Old Navy* y *Levi's*.
- Sectores donde es común: juveniles, alimentación sana, sustentabilidad, servicios sencillos, limpieza e higiene.

2. Estilo tradicional

El estilo tradicional proyecta estabilidad, orden, formalidad y valores clásicos. Es ideal para marcas que buscan transmitir confiabilidad y permanencia en el tiempo.

- Marcas que usan el estilo tradicional: *Citi*, *IBM* y *Brooks Brothers*.

- Sectores donde es común: banca, farmacéutica, legal, contable, ingenierías y consultoría.

3. Estilo elegante

Este estilo se asocia con sofisticación no exagerada, exclusividad y prestigio. Es ideal para marcas que buscan transmitir distinción, admiración y alto estatus.

- Marcas que usan el estilo elegante: *Rolex*, *Chanel*, *American Express* y *Mercedes Benz*.
- Sectores donde es más común: lujo, joyas, vinos, servicios exclusivos y alta hospitalidad.

4. Estilo romántico

El estilo romántico se basa en la gentileza, el encanto y la tranquilidad. Es ideal para marcas que buscan transmitir calma, protección, humanismo y apoyo social.

- Marcas que usan el estilo romántico: UNICEF, *Avon*, *Dove* y *Kotex*.
- Sectores donde es más común: hospitales, escuelas, productos de cuidado personal, museos, consultorios y altruismo.

5. Estilo seductor

El estilo seductor se basa en la atracción, el deseo y la pasión. Es ideal para marcas que buscan transmitir sensaciones provocadoras, provocar desenfreno y excitación emocional.

- Marcas que usan el estilo seductor: *Ferrari*, *Dolce & Gabbana* y *Sico*.

- Sectores donde es más común: bares, clubes nocturnos, casinos, moda, cosmética, bebidas alcohólicas y automóviles deportivos.

6. Estilo creativo

El estilo creativo proyecta originalidad, libertad y espontaneidad. Es ideal para marcas disruptivas que buscan transmitir imaginación, libertad, independencia y visiones fuera de lo convencional.

- Marcas que usan el estilo creativo: *Pixar*, *Spotify*, *Fanta* y *Swatch*.
- Sectores donde es más común: música y entretenimiento, startups, diseño, juguetes y comida chatarra.

7. Estilo dramático

El estilo dramático se basa en la fuerza, la intensidad y el impacto. Es ideal para marcas que buscan transmitir dominio, abundancia y lucir cosmopolitas y vanguardistas.

- Marcas que usan el estilo dramático: Gucci, Lamborghini y Hublot.
- Sectores donde es más común: moda de lujo, fast fashion y hospitalidad sofisticada.

Recuerda que los estilos se pueden mezclar, como *Hooters* que sería una marca natural-seductor o *Hello Kitty* que es romántica-creativa.

Y partiendo del estilo, podemos construir la personalidad de la marca, su tono y voz, sus formas y en general toda la arquitectura de marca y el racional creativo, que es el concepto central sobre el cual se construyen todas las estrategias de comunicación de una marca.

NAMING

Ponerle nombre a un producto no es sólo una cuestión estética o de gusto personal; es una herramienta estratégica que influye en la forma en que una marca es recordada, reconocida y percibida en el mercado.

El naming es el proceso estratégico de crear un nombre para un producto para que se convierta en marca. Y este nombre no será sólo un identificador, sino que también activará asociaciones cognitivas y emocionales en el consumidor, definiendo la percepción de la marca y su posicionamiento en el mercado. Los nombres son muy importantes para la imagen pública porque van a ser los depositarios de la reputación, ya que esas palabras y sonidos se quedan ancladas a las personas o instituciones que representan. Por lo tanto, es donde todo el valor de marca acaba recayendo.

Una vez definido el racional creativo, se pasa a la creación y selección del nombre que vaya de acuerdo con todos los elementos de posicionamiento. Cognitivamente, el nombre va a generar asociaciones y recuerdos. Y semióticamente, el nombre va a significar y va a simbolizar, ya que señala al producto, y como símbolo representa y ofrece connotaciones.

Un buen naming debe reflejar la esencia y el estilo, y así habrá nombres más naturales, tradicionales, elegantes, románticos, seductores, creativos y dramáticos. Debe hacer referencia a la razón de ser y transmitir el posicionamiento. Debe ser fácil de leer, pronunciar, recordar y posicionar en buscadores. Y no debe asemejarse a nombres ya posicionados y, por supuesto, debe ser registrado y protegido como marca para que se pueda explotar.

A la larga, lo que más vale es el nombre y la marca, pues es el depositario de la reputación.

MARKETING SENSORIAL

Las estrategias de marketing sensorial son muy importantes para la imagen pública, pues se separan de lo que por mucho tiempo solamente hizo la mercadotecnia tradicional, que es provocar emociones a través de estrategias promovidas para el consumo visual o apoyadas en la palabra mediante una narrativa verbal. En el marketing sensorial se desea construir una narrativa ajena a estos recursos, por lo que busca estimular el olfato, el tacto y el gusto, y dirigirse al oído sin palabras, para de esta forma crear experiencias de marca memorables y aumentar la conexión emocional con el consumidor; incluye cualquier estrategia de branding que pudieras imaginar que se toca, huele, degusta o escucha, y rebasa los mensajes tradicionales de posicionamiento, la mera decoración o la cortesía de servicio.

Pongámoslo en ejemplos. Si vas a comprar un artículo de lujo como una joya, un reloj, un automóvil, o incluso visitar un bien inmueble en el que se desea invertir, es probable que te ofrezcan algo de beber y eso es mera cortesía. Pero si lo que te ofrecen es una copa de champán, y lo hacen antes de que entres a la tienda o al showroom en una especie de sala de estar, con cierta música, aromas y mobiliario, estaríamos ante el fenómeno del *priming* cognitivo que es una estrategia fundamental del marketing sensorial.

El priming cognitivo, recordarás, es el fenómeno psicológico que describe cómo la exposición previa a ciertos estímulos influye en la forma en que procesamos y respondemos a información posterior, a menudo sin que seamos conscientes de ello. Por lo que exponer al cliente a ciertos estímulos antes o durante la compra, puede influir en sus decisiones de manera subconsciente haciendo lo que se conoce como un "setting"; que es crear el contexto propicio para influir en la toma de decisiones.

Hay estudios que mezclan el neuromarketing y el marketing sensorial que han comprobado que ligar un aroma característico al momento de la compra, como en la zona de cajas, fomenta la recompra o el flujo hacia la tienda en futuras ocasiones; o que el uso de un emblema auditivo, que es una breve secuencia de sonidos que hace una asociación directa a la marca, es uno de los anclajes más poderosos de posicionamiento de marca, como el "Ta-duuuuum" de Netflix que escuchas cada vez que entras a la aplicación o al reproducir contenidos.

MARKETING DIGITAL

El marketing evoluciona significativamente con la tecnología, por lo que el marketing digital se ha convertido en el pilar fundamental de cualquier estrategia de posicionamiento de marca. Dentro del universo del marketing digital, han surgido nuevas disciplinas que han redefinido la manera en que las empresas se comunican con su público. El influencer marketing y el user-generated content (UGC) han transformado la relación entre marcas y consumidores, permitiendo una comunicación más auténtica y participativa.

Este tema es de tal importancia que en el capítulo Imagen audiovisual veremos las estrategias de posicionamiento web, la creación de contenidos, el impacto de las plataformas y redes sociales, y analizaremos todo lo relacionado a la reputación en internet. Por lo que de momento sólo vamos a definirlo como el conjunto de estrategias, técnicas y herramientas utilizadas para promocionar productos y posicionar marcas en entornos digitales.

A diferencia del marketing tradicional, el marketing digital permite una segmentación más precisa, la medición en tiempo real del impacto de las campañas y la personalización del mensaje para cada usuario. El influencer marketing, es una estrategia de marketing digital que se basa en la colaboración entre marcas y personas influyentes en la creación de contenidos digitales, mejor conocidos como influencers, para promocionar o posicionar marcas explotando su popularidad y arrastre. Y, el UGC o user-generated content, es el contenido creado y compartido por los propios consumidores sobre una marca o producto, sin intervención directa de la empresa, pero sí con la capacidad para fomentarla. Este contenido incluye reseñas, videos, fotos y publicaciones en redes sociales, y es altamente efectivo porque genera confianza y autenticidad.

Para cerrar nuestro capítulo, abordemos uno de los aspectos más importantes, pero también más abandonados en la construcción y mantenimiento de una marca: su gestión y evaluación. Ya que el trabajo de una marca no termina cuando se diseña, se lanza al mercado o se hacen las campañas. En realidad, es aquí donde comienza el verdadero desafío: garantizar su relevancia, coherencia y evolución en un entorno cambiante.

El éxito de una marca no sólo depende de su capacidad para posicionarse, sino de su habilidad para mantenerse en la mente del consumidor a lo largo del tiempo. Para ello, es imprescindible contar con herramientas de medición, optimización y reestructuración cuando sea necesario.

Los cuatro grandes temas que permitirán evaluar el impacto de una marca, tomar decisiones estratégicas para su adaptación y asegurar su permanencia en el mercado son:

LOS KEY PERFORMANCE INDICATORS O KPIS

Los KPIs en branding son métricas claves utilizadas para evaluar el desempeño de una marca en términos de percepción, posicionamiento y engagement con el consumidor. Estas métricas permiten medir de manera objetiva si una estrategia de branding está funcionando o si requiere ajustes.

En el ámbito de la mercadotecnia de la imagen, no basta con asumir que una marca está bien

posicionada o que su imagen es favorable; es necesario contar con indicadores claros que reflejen su impacto real en la audiencia.

Los KPIs más utilizados en branding son los de **notoriedad de marca o brand awareness,** como la pirámide de awareness o brand funnel que es un modelo que clasifica los distintos niveles de conocimiento y recuerdo que los consumidores pueden tener de una marca.

La pirámide de awareness se divide en varias categorías, que van desde el desconocimiento total hasta la preferencia absoluta.

Los niveles de la pirámide de abajo hacia arriba son:

1. Unaware of brand o desconocimiento total de la marca.

En la base de la pirámide se encuentra el segmento de consumidores que no tienen ningún conocimiento de la marca. Esto significa que nunca han oído hablar de ella, no la han visto en publicidad, redes, ni en ningún punto de contacto.

La importancia de este KPI es que el objetivo de cualquier estrategia de awareness es reducir el porcentaje de consumidores que se encuentran en este nivel elevando el conocimiento de marca.

2. Brand recognition o reconocimiento de marca

El reconocimiento de marca se refiere a la capacidad del consumidor para identificar una marca cuando se le presenta un estímulo visual, auditivo o contextual.

Es cuando alguien se le muestra un logo, un empaque, una foto o cualquier otro identificador de marca y la reconoce o ha escuchado hablar de ella, aunque no la haya mencionado de manera espontánea en otros cuestionamientos.

El reconocimiento de marca es inducido y requiere un estímulo externo, como ver el producto o algo relacionado al mismo. Y no siempre es visual, ya que en las encuestas se mide con preguntas de opciones múltiples y listados de nombres.

3. Brand recall o recordación de marca espontánea

El brand recall mide la capacidad del consumidor para recordar una marca sin la necesidad de estímulos visuales, auditivos o preguntas de opción múltiple.

4. Share of mind o cuota de mente

El share of mind mide el porcentaje compartido de consumidores que piensan en marcas como la principal dentro de una categoría. Se diferencia del brand recall porque no sólo mide el recordatorio individual, sino la percepción compartida de liderazgo dentro del mercado y se termina reportando como la presencia en la mente de los consumidores.

Para sacar la medición final del share of mind, se hace un cruce de números del brand recall y la categoría que veremos a continuación, que es la cima de la pirámide o top of mind, arrojando este número compartido entre cuántos la reconocen y para cuántos es la primera opción.

Y hasta arriba tenemos al:

5. Top of mind o primera marca en la mente

El top of mind representa el máximo nivel de awareness de marca. Es la primera marca que se viene a la mente de un consumidor cuando se le pregunta sobre una categoría específica.

Estos KPIs, nos ayudan para medir crecimientos y caídas, pero también para saber si tenemos que hacer estrategias de posicionamiento, de comunicación, de reforzamiento, de recordación o de fidelización.

Estos, sin duda, son los medidores más relevantes en la mercadotecnia porque nos miden con la competencia, aunque también nos dan nuestro nivel de conocimiento individual y métricas de crecimiento. Pero igual de importantes son los que nos miden en lo individual en términos que no se relacionan con el nivel de conocimiento y que son:

- Las asociaciones de marca: evalúa qué ideas o atributos se vinculan con la marca en la mente del consumidor y se comparan con investigaciones pasadas.
- Métricas digitales: analiza el crecimiento y movimiento de las estadísticas de número de seguidores, interacciones, compartición, permanencia y demás numeralia comparativa en relación a los contenidos y los usuarios de plataformas y redes digitales.
- Lealtad de clientes: indica cuántos clientes repiten su compra, la recomiendan o tienen diferentes tipos de fidelidad a la marca.
- Flujos: y no me refiero de dinero, sino a medir la cantidad de informes, llamadas, mensajes, mails de asistencia, ocupación y demás elementos que miden la cantidad de gente que hizo alguna acción.
- Valor de marca o brand equity: Se refiere a comparar la percepción general de la marca en términos de confianza y prestigio.

¿Y qué pasa si mi diagnóstico me dice que el rumbo no es el correcto y debo cambiar? ¿O qué pasa si hay prejuicios cuyo diagnóstico nos indica que hay que dar un golpe de timón y cambiar el rumbo?

Pues en ese momento, se hacen estrategias de rebranding y adaptación.

El rebranding es el proceso de renovación estratégica de la identidad de marca para adaptarse a nuevas tendencias, públicos o cambios en el mercado, o para salir de problemáticas de percepción que no están permitiendo el alcance de objetivos.

Un rebranding no significa que la marca haya fracasado; es simplemente evolución necesaria para mantenerse relevante en el tiempo o para sortear problemáticas. Existen tres tipos principales de rebranding:

- Rebranding evolutivo: donde se hacen pequeños ajustes y actualizaciones en la identidad visual como el logo, o se adecua la comunicación a los nuevos tiempos sin cambiar la esencia de la marca o las señales que ayudan a su recordación. Este rebranding también se da cuando surge un nuevo medio de comunicación como puede ser una nueva red social que tiene sus propias reglas y lenguajes visuales y sociales.
- Rebranding radical: se transforma completamente la identidad de la marca o partes de la misma, como pueden ser el nombre, logo, personalidad, estilo, posicionamiento y cualquier otro elemento que represente a la marca. Puede ser uno o algunos elementos, o la marca entera en su totalidad.
- Rebranding por crisis: se realiza para reposicionar a la marca después de un problema reputacional o crisis mediática donde, después de un escándalo, las percepciones cambian, y se aprovecha como oportunidad para hacer del producto algo diferente.

CONCLUSIÓN

A lo largo de este capítulo recorrimos el proceso completo de la mercadotecnia de la imagen, entendiendo cómo una marca se crea, posiciona, comunica y gestiona para lograr impacto y diferenciación. La clave del éxito radica en construir una identidad coherente, basada en estrategia, metodología y el conocimiento profundo del público objetivo.

Recuerda que marketing cambia, las herramientas evolucionan, pero la imagen pública y el posicionamiento siguen siendo los elementos más poderosos para influir en la percepción y generar conexión con la audiencia.

Recuerda que este capítulo es a su vez introductorio de muchos otros, como Imagen visual, Imagen audiovisual, Relaciones públicas y manejo de crisis y Persuasión y propaganda; pero sus contenidos también son fundamentales para los capítulos de Imagen política, Imagen institucional, Imagen ambiental, Imagen física, Imagen verbal... y vaya, para qué seguimos enlistando, si en general se relaciona de alguna manera con todo este libro y los planes de estudio del Colegio de Imagen Pública.

Hoy sabes que los productos ya no compiten sólo por calidad, precio o funcionalidad: compiten por simbolismo. Compiten por emociones, por atención, por segundos en la mente del consumidor, y por seducir mentes, anclar emociones, moldear identidades y crear pertenencias. Este conocimiento no sólo nos convierte en estrategas de marcas, sino en arquitectos de percepciones y en diseñadores de realidades. Por lo que si una marca es lo que la gente dice cuando no estamos presentes, más nos vale que esos juicios sean positivos, y se conviertan en el valor agregado que catapulten a lograr objetivos y crear una sólida reputación.

6
IMAGEN VISUAL

De la vista nace el amor. Y también nace la confianza, la atracción, el deseo de compra, la credibilidad, incluso el rechazo. En un mundo saturado de estímulos, donde la atención es el recurso más valioso, lo visual se convierte en el lenguaje más poderoso y veloz para conectar con las personas. Somos seres profundamente visuales: tomamos decisiones en milisegundos basados en lo que vemos, incluso antes de racionalizar lo que sentimos. Desde elegir un producto en un estante hasta formar una impresión de alguien en redes sociales, la percepción entra aplastantemente por los ojos. Por eso, entender y dominar los principios de la imagen visual no sólo es una herramienta de diseño, sino una estrategia de comunicación esencial en la construcción de identidades memorables y reputaciones persuasivas.

La imagen visual se define como la percepción que se tiene de una persona o institución por parte de sus grupos objetivo como consecuencia del uso de estímulos dirigidos al sentido de la vista, que representan a una persona o institución.

Esta manera de terminar la definición es muy importante, ya que de lo contrario, podría generar confusiones, pues existen estímulos que se dirigen al sentido de la vista, pero que no forzosamente forman parte de la imagen visual. Por ejemplo, si observas la vestimenta de una persona, eso pertenece a la imagen física, o si analizas el entorno en el que te encuentras, los elementos de mobiliario y decoración que estás viendo pertenecen a la imagen ambiental.

Por eso es importante decir que son los estímulos que se dirigen al sentido de la vista y que representan a la persona o institución. Representar proviene del latín *repraesentare*, que significa "hacer presente nuevamente". Desde la semiótica, la representación es el proceso mediante el cual un medio sustituye o evoca algo ausente, por lo que no es la realidad en sí, pero nos conecta con ella al proporcionarnos una vía de acceso significativa y simbólica. En el contexto de la comunicación visual, el diseño gráfico, la fotografía, los empaques y cualquier otro elemento visual comunicativo, tenemos que tener presente que los mismos contribuyen a construir esa percepción y representación de la identidad de una marca ya sea personal o institucional.

La imagen visual es el conjunto de elementos visuales que otorgan identidad, coherencia y reconocimiento, haciendo a las personas e instituciones presentes y visibles, y convirtiéndose en constructores y depositarios de la reputación.

La imagen visual se conforma por diversos elementos y disciplinas que en conjunto crean la identidad visual de una persona o institución. Las disciplinas con las que nos codearemos en esta imagen subordinada, principalmente, son el diseño gráfico y la fotografía, aunque también usaremos elementos del diseño industrial y el diseño digital para la construcción de sus elementos. Pero enlistemos los elementos principales que componen a la imagen visual:

- La comunicación y composición visual: que consiste en crear mensajes visuales que transmitan conceptos y emociones de manera efectiva, así como la distribución de elementos y jerarquía visual, lectura de piezas visuales y elementos clave que influyen en cómo nuestros ojos interactúan con un diseño como líneas, formas y la disposición de elementos; y los factores estéticos como la proporción, el balance, los puntos focales, contrastes, espacios positivos y negativos, escalas, unidades y en general los elementos de composición visual para crear piezas impactantes con un objetivo comunicativo.
- La teoría del color: con sus principales características, ya sea en su estado físico o efecto psicológico, que se convierte en parte fundamental de cualquier representación visual y se ve reflejado en la comunicación y composición visual, pero también en el resto de elementos restantes de esta lista.
- La identidad visual o marcas gráficas: incluyen elementos como logotipos, isotipos, imagotipos, isologos, tipografías, iconografías, personajes y demás elementos gráficos que representan visualmente a una persona o institución, y cuyo diseño debe estar bien conceptualizado, ser claro, versátil y adaptable a distintos medios y formatos.
- Las aplicaciones bidimensionales: que son los usos donde la identidad visual se expresa a través de elementos de diseño gráfico aplicados en superficies planas o digitales, donde la identidad visual se presenta sin efectos de profundidad física. Como en papelería básica o corporativa comos las tarjetas de presentación, hojas membretadas, sobres, facturas y carpetas institucionales. Y en los elementos de promoción impresa como posters decorativos, stickers y elementos de

merchandising gráfico en general; y la señalética, que da instrucciones en los espacios y utiliza la identidad visual.

- Las aplicaciones tridimensionales: las formas donde la identidad visual se expresa a través de elementos del diseño industrial en soportes físicos con volumen, como artículos promocionales y objetos personalizados con la identidad visual, como bolígrafos, libretas, camisetas, gorras y cualquier otro elemento que refuerce su presencia visual, como los materiales en punto de compra como exhibidores de producto, displays y stands promocionales. También entran los rótulos y señalización tridimensional como logos y letras volumétricas, la cartelería exterior con iluminación y los tótems, así como los uniformes y vestimenta corporativa que contenga la identidad visual en sus bordados, estampados y accesorios de trabajo, como también los vehículos corporativos rotulados con el branding.
- El packaging: o diseño de empaques, envases y embalajes que, si bien es una aplicación tridimensional, contiene material informativo como el uso de etiquetas y demás elementos que juegan un papel fundamental en la percepción del producto, pues no sólo protegen y transportan el contenido, sino que comunican la identidad, atraen al consumidor y mejoran la experiencia de uso. Aquí entrarían cajas, botellas, frascos, latas, bolsas y cualquier elemento que sirva para resguardo, uso o transportación.
- La fotografía: vista como un recurso clave en la comunicación visual, pues su calidad y composición son fundamentales para la percepción y generación de emociones, siempre vista desde la fotocomunicación y transmisión de mensajes.
- El diseño editorial: consiste en el diseño óptimo para materiales de información como revistas, libros, folletos, volantes, catálogos, menús, newsletters, infografías y cualquier material impreso o digital

que requiera diseño estructurado para transmitir información. Aquí también se incluye el diseño de piezas publicitarias y propagandísticas como anuncios en periódicos, revistas, medios urbanos y medios digitales, centrándose únicamente en el diseño gráfico como vehículo para la comunicación y no en la estrategia de mensaje verbal para modificación de la opinión pública.

- Y la identidad digital: que es aplicar los diferentes elementos de imagen visual al diseño web y ecosistema digital en general. Se incluyen elementos como el diseño del sitio web, interfaces de usuario, las plantillas y perfiles de redes sociales, avatares y fotos de perfil, las diapositivas para presentaciones, los fondos de pantalla y de videoconferencias, la firma de mail, el diseño gráfico de apps, y cualquier elemento que se pueda ver desde dispositivos fijos o móviles y que represente a la persona o institución.

Y la lista no tendría fin, pues cualquier elemento que esté enfocado en crear o difundir la identidad visual que representará a algo o a alguien, sería un elemento de imagen visual.

Ya hemos repetido varias veces el concepto de identidad visual, pero vamos a definirlo:

La identidad visual o identidad gráfica, es el conjunto de elementos que permiten diferenciar a una persona o institución del resto, y que los señala con el propósito de tener una ventaja competitiva. Desde el inicio del proceso de diseño, es crucial definir los atributos y valores que guiarán la identidad visual, asegurando coherencia y alineación con la estrategia de branding. Para conceptualizarla, se deben tener los conocimientos previos en investigación de mercados, branding y mercadotecnia de la imagen en general, ya que de ello depende que esa identidad esté bien sustentada.

LA COMUNICACIÓN VISUAL

Ya cuentas con las bases de semiótica y cognitivismo, pero veamos cómo estas ciencias pueden aplicarse al desarrollo de identidades visuales, diseño editorial, fotografía y composición gráfica en general, optimizando la transmisión de información en distintos medios y soportes.

La comunicación visual es la base del diseño y las artes gráficas, y se define como la transmisión de información, ideas y emociones a través de representaciones gráficas. La comunicación visual se basa en códigos, símbolos y convenciones sociales que permiten interpretar y procesar la información sin depender del lenguaje oral o escrito. Por eso la semiótica es importante, porque se trata de descifrar códigos. Además, es una experiencia interpretativa individual, de ahí la importancia de las neurociencias donde vive el cognitivismo y la psicología en todas sus variantes.

Además, el cerebro humano procesa imágenes visuales de manera significativamente más rápida y eficiente que el texto. La comunicación visual es anterior a las verbalizaciones y la escritura; los primeros registros prehistóricos de comunicación no sobrevivieron a través de un lenguaje verbal estructurado a través de la escritura, sino con las ideas visuales plasmadas en las pinturas rupestres y en los dibujos marcados en rocas y huesos; en las primeras civilizaciones el lenguaje era altamente visual, basado en ideogramas e iconografías, como se puede ver en los jeroglíficos egipcios. ¡Y vaya! Hasta la fecha podemos ver cómo en la comunicación digital aprovechamos el uso de los emojis, stickers, GIFs y memes para comunicar y transmitir emociones e ideas más amplias que las que podrían decir las palabras.

Este fenómeno humano explica la efectividad actual del diseño gráfico, la fotografía y las artes gráficas en general dentro de la imagen pública, pues igual se utiliza en la creación de identidades de marca como logotipos o empaques, que en la creación de piezas publicitarias y propagandísticas, o en la transmisión a través de la fotografía de un candidato político, el diseño en general de un producto, o la fotografía y diseño de portadas de una figura artística.

El éxito de una pieza visual radica en su capacidad de atraer y guiar la mirada del espectador para generar asociaciones cognitivas intuitivas, que le ayuden a descifrar mensajes con alta carga de comunicación emocional y así lograr los objetivos reputacionales.

Recordemos que el cognitivismo estudia cómo las experiencias pasadas influyen en las decisiones presentes y de cómo las personas perciben, aprenden, procesan, almacenan y utilizan la información. Aplicado al diseño y la comunicación visual, el cognitivismo permite entender cómo los espectadores interpretan imágenes y estructuras visuales en función de su conocimiento previo y sus experiencias almacenadas en la memoria.

Cuando observamos una pieza, nuestro cerebro no la procesa de manera aislada, sino que la compara y la asocia con conceptos ya establecidos en nuestra memoria. Este fenómeno es fundamental en la creación de identidades visuales, ya que los expertos en imagen lo usamos para justificar y respaldar nuestras decisiones de diseño, pues aprovechamos la capacidad del cerebro para reconocer elementos y establecer asociaciones instantáneas.

Y así, la elección de colores, formas, composiciones y elementos representativos que aparecen en un diseño, fotografía o pieza visual, está sustentada en el contexto semiótico y cognitivo, poniendo la inspiración al servicio de estas ciencias, pero también estas ciencias al servicio de la inspiración. Por ejemplo, si necesitas crear una identidad visual que transmita cambio, dinamismo, superación y evolución, puedes inspirarte en muchas cosas, como animales, elementos naturales y hasta periodos temporales e históricos; por lo que una mariposa, la luna, el ciclo del agua, los cambios de estaciones y el Renacimiento, se asocian con estos conceptos. Pero a su vez, te llevan a diferentes acepciones, pues la mariposa también es un símbolo de lo frágil y lo efímero, la luna de la feminidad y el misterio, el ciclo del agua de la purificación y la generación de abundancia, las estaciones del año del nacimiento y la muerte, y el periodo renacentista del arte y la cultura. Por lo que la elección va teniendo muchas capas que hay que tomar en cuenta, pues además falta el contexto, ya que mientras la mariposa en México se asocia con la cultura y tradiciones como el Día de muertos, y lo primero que se viene a la cabeza es la mariposa monarca, en Japón se relacionan con el amor, y en su cabeza, las mariposas son azules.

Por lo tanto, la memoria y sus asociaciones y prejuicios juegan un papel crucial en cómo interpretamos lo que vemos, pues el cerebro humano tiende a clasificar y agrupar la información visual basándose en patrones preexistentes, esto significa que cuando nos enfrentamos a un nuevo diseño, intentamos encajarlo en categorías visuales familiares, lo que facilita su comprensión y recordación. Si algo tiene los colores de la bandera ha de ser más nacionalista, si tiene un arcoíris ha de ser incluyente y plural, si está empaquetado en cartón corrugado impreso en verde y con el símbolo de reciclaje presente, ha de ser más ecofriendly; o si en la foto el candidato aparece en mangas de camisa, sonriente, viendo al horizonte, con su argolla matrimonial y abrazando a un dorado perro labrador, pues el candidato ha de ser más amable, sencillo, honesto, leal, familiar y amoroso; que el rival que apareció con traje y corbata del color del partido más asociado a la corrupción.

Por lo tanto, el ABC de la semiótica y el cognitivismo en la imagen visual consiste en:

A) Usar símbolos reconocibles: cualquier elemento debe diseñarse para ser reconocido y comprensible con inmediatez, aprovechando las asociaciones preexistentes en la mente del espectador.

B) Usar la repetición y la consistencia: el no hacer cambios constantes ayuda a reforzar la identidad visual y facilita su memorización. Además, el uso de elementos que ya estén categorizados en la mente del espectador por la repetición en diferentes ámbitos sociales, ayudará a sumarnos a una ola de consistencia. Pues si todos los productos naturistas han sido verdes, y los diseños infantiles a lo largo del tiempo utilizan formas nobles y personajes juguetones, es por alguna razón. Innovar siempre es bueno, pero hacerlo subiéndonos al tren de la repetición y la consistencia mental, siempre es mejor.

C) Usar la simplicidad y la reducción de carga cognitiva: como en toda comunicación, en la comunicación visual, también, menos, es más. Los elementos sencillos siempre permiten una mejor interpretación, evitando la sobresaturación de información y mejorando la experiencia visual. Por lo que, al diseñar la imagen visual, muchas veces es más difícil saber qué quitar en lugar de qué poner.

COMPOSICIÓN VISUAL

Y si ya hablamos de comunicación, hablemos ahora del lenguaje visual, que es la facultad de expresarnos a través de estos signos visuales. Y así como en la comunicación verbal existe inmensa cantidad de recursos para expresarse, igualmente pasa con el lenguaje visual, donde la composición de elementos es fundamental para lograr diferentes resultados y emociones.

Dentro de la composición está la interacción de los elementos con el importante concepto de la jerarquía visual, que nos va a garantizar que el diseño sea eficaz equilibrando aspectos como orden, dinamismo, coherencia y armonía, para crear una experiencia visual que guíe al espectador de manera natural y sin esfuerzo cognitivo innecesario. Y esta jerarquía nos ayudará a conocer de forma detallada los elementos clave que influyen en cómo nuestros ojos interactúan con una composición, qué factores captan nuestra atención y cómo la proporción y el balance desempeñan roles fundamentales en la creación de diseños efectivos.

Aquí tenemos que hacer un paréntesis muy importante, ya que estos conceptos de jerarquía, proporción y balance, se aplican al diseño en general y no sólo al gráfico. Por lo que este conocimiento también trae bases sólidas para otros capítulos como Imagen ambiental e Imagen física, donde la composición, jerarquías y efectos visuales ligados a las medidas, formas y distribución en general, son fundamentales en el diseño de interiores o el diseño de vestuario y visagismo según los tipos de cara y cuerpo.

La proporción es la relación armónica de correspondencia entre las partes y el todo. Y proporción no significa siempre exactitud, sino el generar balances, armonía y puntos de interés.

El balance, también conocido de manera coloquial como equilibrio, es el principio que estudia la distribución del peso visual dentro de una composición. Es el concepto que permite que una pieza gráfica se sienta estable, armoniosa y visualmente atractiva. Y el balance se puede lograr tanto con el balance simétrico como con el balance asimétrico.

El balance simétrico ocurre cuando los elementos dentro de una composición están distribuidos de manera uniforme en ambos lados de un eje imaginario, por eso se le conoce también como simetría axial. Es decir, cada lado de la composición es una imagen reflejada del otro. Este tipo de balance da una sensación de estabilidad, orden y elegancia, y se percibe como formal, clásico y organizado, por lo que se usa frecuentemente en diseños corporativos, isotipos o emblemas institucionales, empaques limpios como los de relojes y joyería, y retratos formales donde el encuadre es central y el fondo uniforme.

Pero no todo es formalidad y elegancia, ya que este diseño cuando es demasiado rígido y además se le suman elementos como líneas muy angulosas y colores en alto contraste, puede generar impacto y convertirse en algo dramático y vanguardista. Por eso muchos movimientos totalitarios los han utilizado así como marcas que quieren transmitir fuerza en general.

Además de lo que transmite, otras ventajas del balance simétrico es que es más fácil de diseñar, estructurar y comprender, y también de recordar y replicar. Si te pido que dibujes de memoria un logotipo, probablemente elegirás uno simétrico. Como desventaja es que puede resultar monótono y predecible, y como carece de dinamismo puede parecer rígido, a veces esto no es ideal para diseños de estilos creativos, románticos y naturales, o para públicos infantiles y juveniles. Aunque no es una generalización.

Por su parte, el balance asimétrico se logra cuando los elementos dentro de una composición están distribuidos de manera desigual, pero manteniendo un equilibrio visual. En lugar de reflejarse, los elementos se compensan a través del peso visual, el color, la textura y la posición. Y si bien podríamos decir que, como hay libertad, se percibe como más moderno y dinámico; la realidad es que el dinamismo nos permite hacer cosas sumamente tradicionales que se vean formales, o loquísimas que se vean muy creativas. Pero lo que tienen en común es que se logra un equilibrio visual, que se obtiene a través de la compensación del peso y no de la simetría. Las ventajas son muchas, siendo la principal de ellas la libertad creativa, pero a su vez conlleva el riesgo de abusar y recargar de más, o perder el balance con mayor facilidad, por lo que sin duda es más difícil de lograr que el simétrico, y requiere un conocimiento más avanzado de composición.

Se usa tanto para logotipos, como para diseño editorial, empaques, fotografías y carteles de todo tipo. Y como no hay simetría y no hay una distribución idéntica de los elementos, la cantidad de combinaciones, posibilidades y ejemplos que podemos poner es interminable por su versatilidad.

Y no todo es simétrico o asimétrico, pues hay puntos medios donde se gozan de ambos beneficios porque solamente se es parcialmente simétrico y no con la exactitud del espejo; o se es asimétrico, pero se usa el recurso de la periferia geométrica para lograr el balance y no caer en los riesgos de la libertad asimétrica. Para que entiendas mejor el recurso, se trata de enmarcar el diseño en círculos, cuadrados, triángulos y cualquier otra figura que sea simétrica, como los marcos heráldicos, para así garantizar que al final se logre un balance. Se utiliza mucho en los escudos de los equipos deportivos y automóviles, pero en general cuando se quiere garantizar que al menos hay simetría en el contorno y, por lo tanto, no hay forma de salirse de balance.

La proporción es la relación armónica entre las partes de un todo, generando balance y puntos de interés.

Punto focal

El punto focal es el área dentro de una composición visual que capta la mayor atención del espectador. Es el primer punto de referencia en el proceso de lectura visual y establece la jerarquía de elementos dentro de un diseño. La función del punto focal es generar interés, organizar la información y redirigir la mirada a través de la composición. Una secuencia de puntos focales bien definida asegura que el mensaje principal sea percibido de inmediato, para después reforzar con los complementarios o, por el contrario, garantizar que donde termina la lectura se quede anclada la mirada para concluir con fuerza.

Por lo tanto, las funciones del punto focal son la atracción inmediata, la diferenciación del resto de la composición y la selección de anclajes visuales, que son los puntos que establecen las relaciones con los demás elementos de la composición y motivan a los ojos a detenerse. Siendo muy importante el anclaje final, que es donde los ojos terminarán su lectura.

Por lo tanto, el punto focal no sólo organiza la imagen, sino que estructura la secuencia de lectura dentro de la jerarquía visual. A partir de un punto focal principal, la mirada se desplaza hacia otros elementos secundarios, generando fluidez y orden en la percepción. Esto es esencial en el diseño gráfico y la fotografía, ya que una pieza sin un punto focal claro o con varios del mismo peso, puede resultar caótica y difícil de comprender. Además, lo primero que tenemos que pensar en la estrategia de puntos focales es saber cuántos debe haber según los mensajes a transmitir y así anclar la atención en sólo un elemento, o motivar la lectura en secuencia a varios.

Una vez elegida la estrategia basada en objetivos, veamos los elementos que generan un punto focal, pues no todos los elementos visuales tienen el mismo peso dentro de una composición, ya que estudios en percepción visual y psicología cognitiva, han demostrado que ciertos estímulos son procesados con mayor rapidez por el cerebro, generando puntos focales de manera natural, y otros son difíciles de procesar.

Los elementos que atraen la atención son:

1. La cantidad de elementos: es lógico, ya que, si sólo existe un elemento en la composición, la atención se centrará en él, pero si hay varios, la atención se distribuye. Por eso en los logos, siempre habrá muy pocos elementos o uno solo, mientras que, en diseño editorial, habrá varios. Antes de continuar, busca las portadas del *White Album* y el *Sgt Pepper's* de los Beatles. Mientras en uno sólo ves el nombre de la banda, en el otro te puedes pasar horas explorando, aunque no hay duda de que su principal punto focal es el bombo y después ellos con sus vistosos trajes, para después ir viendo

otros elementos en jerarquía como Marilyn Monroe, el nombre de la banda en flores rojas, y así sucesivamente otros elementos, por eso esta portada nos da pie para hablar de los siguientes elementos que influyen en la lectura.

2. El contraste: un objeto que se diferencia fuertemente del fondo genera un punto focal inmediato. Y el contraste se puede generar con varios recursos, siendo el principal el cambio de color a uno opuesto o complementario, así como las variaciones de tono del mismo color, saturación y demás elementos cromáticos. También se logra con el cambio de patrones entre el fondo y la figura, y las texturas, como cuando en una fotografía el fondo está desenfocado y el objeto a retratar no, y en general con todo lo que genere profundidades, dándole prioridad a lo que se percibe al frente. Por eso el bombo es lo primero que vemos. Y no todo contraste es de fondo, sino que el contraste siempre se da en el rompimiento comparativo, por lo que el cambio de patrones genera contraste y por lo tanto, punto focal. Por lo que un simple cambio de tipografía, es un contraste.
3. El color y la saturación: pues no sirve sólo para el contraste, sino que los colores claros, brillantes y saturados generan más atención que los colores oscuros, opacos y apagados. Antes de regresar a los Beatles, vayamos mentalmente a la sección de detergentes del supermercado, donde una botella naranja chillona, captará más la atención que una gris. Por eso en el *Sgt. Pepper's* el blanco del bombo es lo primero que vemos, luego sus chirriantes vestuarios y después la clara piel y brillante vestido de Marilyn. Y probablemente a los últimos que verás, son a ellos mismos, pero en estatua de cera que, aunque estén en posición frontal, es lo más oscuro de toda la composición. Y si bien es un elemento de luz y no de color, en fotografía y efectos de luz, los espacios iluminados resaltan mientras las sombras disimulan.

4. El tamaño y la escala: los elementos más grandes dentro de una composición capturan la atención antes que los más pequeños. Por eso en el diseño editorial, los titulares suelen ser más grandes para priorizar su lectura, pero si se acompaña de una fotografía que abarque más espacio que el titular, primero se verá la foto y luego el encabezado. Y en el mundo de los libros, cuando un autor es best seller, su nombre suele ser lo más grande de la portada pues lo que vende es el autor. En primeras novelas, el título es lo grande o elementos atractivos de portada que atraigan a su lectura. Y ya sabemos qué es lo primero que vemos en el *Sgt. Peppers*, pero te reto a encontrar el gnomo de jardín que por su tamaño, se hace irrelevante.
5. Posición en la composición: los elementos situados en el centro o en intersecciones estratégicas en las retículas de tercios (que es esa cuadrícula que ves en las pantallas de las cámaras fotográficas para lograr una buena composición), suelen captar mayor atención. En diseño web, los botones de "comprar" suelen colocarse en zonas de mayor impacto visual, y por costumbre y patrón ocular, los botones de home y menús de navegación se colocan arriba a la izquierda, mientras el tache de close se pone a la derecha. Si una página hiciera lo contrario, generaría grandes confusiones. Y otro elemento importante de posición en composición es la proximidad a la lente o la sensación de cercanía al ojo, que si bien también es tema de contrastes cuando son diseños gráficos, en fotografía los elementos colocados al frente y en primer plano captarán más la atención que los que están en segundos planos. Y en el *Sgt. Pepper's* el bombo está al centro, y el gnomo de jardín en la esquina inferior izquierda por si no lo habías encontrado, que por naturaleza ocular, es el último lugar de inspección.
6. Rostros y miradas: estudios de neurociencia visual han demostrado que los rostros humanos, de animales y de personajes en general, son de los elementos más llamativos en una imagen. Y si además los ojos

están dirigiéndose a la cámara, al sentirse visto el espectador provocará el contacto visual. Por eso en fotografía de retrato, los ojos siempre serán el punto focal. Busca ahora la contraportada del *Sgt. Pepper*, ya sea por contraste de color como por posición de proximidad, McCartney de azul es el primer punto focal, la atención final se ancla en los rostros de los otros Beatles y mucho más en Harrison, a quien se le percibe más la mirada. Pero ahora busca la portada del *Rubber Soul*. No hace falta analizarla mucho para saber que Lennon se la roba y será nuestro anclaje final.

7. Movimiento y dirección: nuestro último elemento de punto focal nos dice que las líneas y formas direccionales guían la mirada hacia puntos específicos, y esto puede ser tan explícito como poner una flecha señalando algo y que ayuda a dirigir la atención con "click aquí", o bien, utilizar recursos sutiles de líneas y dirección de elementos para señalar hacia dónde deben ir los ojos. La icónica portada del *Abbey Road*, que seguramente no tienes que buscar, obliga a que veamos abajo a la derecha constantemente, no sólo porque Lennon vista de blanco, sino por el fenómeno de sentido de dirección. Y en el punto anterior hablábamos de miradas, cuando las miradas en fotografía no se dirigen a la cámara, se crea una línea de dirección pues al cerebro le genera curiosidad qué están mirando, llevando su mirada al mismo sitio. Y un recurso muy usado en diseño y fotografía, es el punto de fuga, que es el punto focal en el cual convergen dos o más líneas o elementos que generan sensación lineal, y que tienden hacia el fondo infinito de una imagen colocando ahí el anclaje.

El punto focal es el área que capta la mayor atención y establece el inicio o final de la jerarquía visual dentro de un diseño. Su función es generar

interés, organizar la información y redirigir la mirada a través de la composición.

Percepción lineal

La percepción lineal es la influencia de las líneas en las formas, distribuciones espaciales y patrones de una composición. Y las líneas no sólo estructuran la forma de los objetos, también influyen en la distribución espacial y en los patrones repetitivos, afectando la percepción del orden y la experiencia del observador. Comprender cómo las líneas impactan la percepción permite diseñar con intención, ya sea para transmitir orden y seriedad o para fomentar dinamismo y creatividad.

Las formas de los elementos del diseño están definidas por sus líneas estructurales. Y dependiendo de si estas líneas son rectas o curvas, continuas o interrumpidas y angulosas o redondeadas, la percepción cambia significativamente.

Las líneas rectas y formas angulosas comunican orden, racionalidad y estructura, por lo que se usarán para transmitir autoridad, estabilidad y formalidad. Se asocian con conceptos rígidos, donde la simetría y la claridad en la disposición de los elementos generan un sentido de organización y precisión. Y las líneas curvas y formas redondeadas comunican fluidez, dinamismo y generan una sensación orgánica, por lo que se usarán para transmitir suavidad, movimiento y accesibilidad. Se asocian con conceptos más casuales e informales, donde la asimetría y la flexibilidad en la disposición de elementos, generan un sentido más natural que sugiere calma y fluidez.

Con todos los elementos de composición se crea la jerarquización visual, que es la organización

intencional de los elementos dentro de un diseño para establecer un orden de importancia y guiar la atención del observador de manera estratégica.

TRUCOS DE COLOR

Empecemos con el concepto básico: los colores claros atraen y los oscuros retraen. A este fenómeno Galileo Galilei le llamó irradiación óptica. Por lo tanto, la conclusión es obvia: usa colores claros para acentuar y atraer la atención, y colores oscuros para disimular o distraer la atención.

El otro concepto básico es el contraste, que ya quedó explicado en composición visual, y la regla es que los altos contrastes captan la atención y dan rompimiento visual, y el bajo contraste o falta del mismo, disimula y da continuidad. Y ya que sabemos de irradiación y contraste, hablemos ahora de combinaciones para lograr armonía cromática y diferentes percepciones.

El principal truco de combinar colores es pensar en yuxtaposición, o sea, en pensar en el color que estará inmediatamente a un lado del otro en las piezas visuales a realizar, para después, pensar en cuántos colores deseamos combinar y el efecto que con ello vamos a lograr. Por lo que la recomendación es seleccionar un sólo color y con base en él construir toda la combinación yuxtapuesta.

Habrá diseños donde quieras comunicar seriedad, balance y tranquilidad; y por el contrario, otros donde quieras comunicar jovialidad, diversión y alta energía. Y para lograr lo primero, no pensarás en hacer muchas combinaciones y contrastes de color, por lo que elegirás una combinación monocromática o análoga, o bien, elegirás solamente un sutil elemento de color en combinación complementaria de alto contraste para así comunicar poder. Además, para comunicar sobriedad, pensarás en usar como base colores neutros, oscuros o suaves. Por el contrario, para lograr lo opuesto, pensarás en mayor juego de combinaciones y contrastes.

IDENTIDAD VISUAL

Todo lo aprendido servirá para crear la identidad visual, que es un elemento fundamental en la percepción y diferenciación de una marca dentro del mercado, pues es el conjunto de elementos visuales que la representan, ya sea una empresa, producto, servicio, institución o marca personal, y que tiene como objetivo permitir su reconocimiento inmediato por parte del público.

Y la identidad visual no sólo es estética, también comunica valores, personalidad y posicionamiento de la marca, influyendo directamente en la confianza y comportamiento del consumidor, a través de lo que percibe y de lo que cree asociado a lo que ve.

El primer paso para crearla es la definición de esencia y estilo para que esté bien fundamentada, así como realizar la investigación externa para tener el diagnóstico de lo que se debe comunicar de acuerdo con las percepciones y necesidades de la audiencia, para luego definir el concepto creativo de posicionamiento que servirá como pilar de la identidad visual basados en la mercadotecnia de la imagen.

Con todo esto, se procede a la elaboración de la estrategia visual, que es el uso de las amplias herramientas de comunicación y composición visual, para así definir si la identidad debe ser simétrica o asimétrica, qué colores y líneas debe utilizar, qué distribución y jerarquía de elementos habrá, cuál será el principal punto focal y qué lectura tendrá, y qué tipo de marca gráfica será la más óptima para los resultados deseados. Y ya con esta estrategia visual y selección final, viene la etapa más creativa, que es el diseño de la marca gráfica, que será el principal identificador de marca, asegurando que sea reconocible, funcional, escalable y replicable. Existen distintos tipos de marcas visuales como isotipos, isologos, imagotipos, tipografías y demás; pero para que entiendas mejor, las marcas gráficas son lo que comúnmente generalizamos con el nombre de logotipo.

Y ya con la estrategia y marca gráfica creada, se procede al último paso que es la creación del manual de identidad gráfica, que es el documento que servirá como guía para garantizar la correcta aplicación de la identidad visual en cualquier contexto.

Este manual documenta y regula todos los elementos de imagen visual, desde los colores, tipografías oficiales y logotipo con sus variantes y usos permitidos y no permitidos, hasta todas las aplicaciones de la identidad visual como la papelería básica con sus tarjetas de presentación, hojas membretadas, sobres y demás. Los elementos de diseño digital como perfiles de redes sociales, plantillas de presentaciones y similares. Los empaques y etiquetas, y en general todas las aplicaciones bidimensionales y tridimensionales que van desde patrones repetitivos de la identidad o una de sus partes que pueden aplicarse en fondos, empaques o papelería, hasta la iconografía y señalética, que son los elementos visuales informativos que pueden alinearse con la identidad de la marca: como signos de baños, directorios, botones de plataformas, identificaciones, gafetes y cualquier cosa que use como signo, pasando por aplicaciones como elementos promocionales, materiales POP y mascotas o personajes.

El manual de identidad gráfica es el documento que contiene todos los elementos de imagen visual y que rige su correcta aplicación en cualquier contexto.

CONCLUSIÓN

Pues si de la vista nace el amor, de la imagen visual nace la conexión emocional, la memoria, el posicionamiento y el depositario de la buena reputación. Dominar la imagen visual no es un lujo estético, sino una necesidad estratégica. Quien controla lo que se ve, influye en lo que se cree. Y quien sabe construir identidad visual, tiene el poder de generar confianza, diferenciar, emocionar y persuadir. Por eso, más que diseñar logotipos o elegir colores, el verdadero reto es orquestar un sistema visual que represente con precisión, inspire con coherencia y perdure con fuerza simbólica. La imagen visual es, en esencia, la huella gráfica de una reputación. Y quienes la dominan, no sólo crean marcas memorables: crean significado y simbolismos que perduran.

Recuerda que el conocimiento aquí adquirido lo utilizarás en otros capítulos, ya que la comunicación y composición visual, así como la identidad gráfica, estarán constantemente presentes en la creación de una imagen personal e institucional.

De esta forma terminamos nuestra segunda parte del libro dedicada al posicionamiento, que estuvo sustentada en la primera parte que dedicamos a la esencia. El siguiente bloque estará enfocado en capítulos dedicados al lenguaje, donde conocerás, descifrarás y te capacitarás en el uso de otros códigos de comunicación que como humanos utilizamos para expresarnos. Transitando por los mundos del lenguaje oral, escrito y corporal, para convertirnos en comunicadores eficaces y transmisores de mensajes efectivos y poderosos.

¡Sigue disfrutando la Imagología!

TERCERA PARTE:
EL LENGUAJE

7
IMAGEN VERBAL

Winston Churchill declaró alguna vez: "Hablar en público es la cosa que más disfruto...", no por algo es considerado uno de los mejores oradores de la historia; pero la declaración no terminó ahí, sino que la remató diciendo: "Hablar en público es la cosa que más disfruto... de las cosas que menos disfruto". Y es que enfrentarnos a una audiencia y hacer presentaciones extraordinarias no es tarea sencilla, se necesita de mucha práctica, preparación y de sofisticados conocimientos.

Pero esto es una buena noticia, ya que, si fuera sencillo, no existiría el gran mercado laboral de capacitar y hacer consultoría en temas de imagen verbal. Además, como es complejo, a quien sabe transmitir con seguridad y eficiencia se le otorgan atributos que todos deseamos tener, pues el buen uso de la palabra siempre ha estado relacionado con liderazgo, admiración y poder.

Todos somos oradores y tenemos ideas en la cabeza que transmitimos a través de las palabras para lograr nuestros objetivos. Y es que la comunicación satisface tres necesidades básicas del ser humano: la de informar e informarnos, la de lograr objetivos en común y la de establecer relaciones interpersonales. Por lo tanto, mientras mayores y mejores niveles de comunicación tengas, mejor informarás, lograrás mejor tus objetivos y hasta mejorarán tus relaciones interpersonales.

La comunicación es el alfa y omega de nuestra sociedad. Todo lo que somos y tenemos como especie se lo debemos a nuestra habilidad de usar el lenguaje, y todas las ligas que unen a los seres humanos a lo largo de la historia, han sido posibles por nuestra capacidad de hablar. El poder de la palabra nos abre un inmenso abanico de posibilidades y es la mejor herramienta para lograr nuestros objetivos. Por lo tanto, desmenucemos aún más el poder de la imagen verbal.

DEFINICIÓN DE IMAGEN VERBAL

Ya sabemos que imagen es percepción que se convierte en identidad y que se produce por estímulos. Entonces, la imagen verbal será la percepción que se tiene de una persona o institución por parte de sus grupos objetivo como consecuencia del uso de la palabra oral o escrita. O lo que es lo mismo, el recuerdo con el que se quedará la gente después de haber interactuado con las palabras que alguien o algo enunció.

La imagen verbal es la percepción que se tiene de una persona o institución por parte de sus grupos objetivo como consecuencia del uso de la palabra oral o escrita.

Pero es más profundo e interesante aún, ya que suele confundirse a la imagen verbal con las más simples y sencillas formas de declamación o lo que coloquialmente llamamos "hablar bonito", con lo relativo que puede ser ese concepto. Y es que en sí, la imagen verbal es el manejo del fondo, la manera como las ideas que queremos transmitir las materializamos a través de recursos verbales para lograr nuestros objetivos. Y como ya sabemos que la imagen es relativa, la imagen verbal debe estar alineada con obtener algo y dejar satisfecha a una audiencia. Cuando pescas, pones de carnada la comida que le gusta al pez, no a ti, por lo tanto, la imagen verbal consiste en generar estrategias de comunicación para "pescar" a nuestra audiencia y de esta forma persuadirla. Recordarás que en el capítulo introductorio hablamos de la semiótica de las palabras o semántica, y uno de los grandes elementos de la imagen verbal es hacer conciencia de lo que las palabras no sólo significan, sino simbolizan. Es utilizar las palabras adecuadas en el momento preciso, para así transmitir emociones de manera más profunda y persuasiva.

La imagen verbal es tan añeja como nuestra especie, es a lo que hace 2500 años se le bautizó como retórica. La retórica es el arte de la persuasión. El intento de influir en el otro mediante las palabras. Si usamos el lenguaje es porque conseguimos algo con él. Los seres humanos somos un caldero que hierve en deseos, y lo que vincula al deseo con el lenguaje, eso es la retórica.

La retórica es el arte de la persuasión.
El intento de influir en el otro mediante las palabras.

Y si bien podríamos hacer todo un tratado sobre la misma, el objetivo de este libro es adentrarte en la ciencia, por lo que de momento nos meteremos al academicismo de temas que la integran como la semiótica de las palabras, la argumentación formal e informal, las diferentes formas de estructurar discursos, la asertividad y la multiplicidad de aplicaciones que la retórica tiene; eso lo veremos en los capítulos correspondientes. De momento simplemente lo resumiremos con una frase de Maya Angelou que engloba a la perfección el objetivo de la imagen verbal. Ella decía que "las personas olvidarán lo que dijiste... pero nunca olvidarán cómo las hiciste sentir". Esta frase nos recuerda que lo que importa es la percepción emocional que quedará en los demás y construirá nuestra reputación.

Antes de profundizar un poco más, tenemos que dejar en claro tres cosas:

La primera es que, como viste en la definición, dentro de la imagen verbal se encuentra todo lo relacionado con la palabra escrita, por lo que no puedes perder de vista que todo lo expuesto puede aplicarse a la palabra oral o escrita. Pero por el nivel académico de esta lectura, no meteremos a los temas básicos de ortografía y redacción, y obviaremos que sabes su importancia dentro de la imagen pública. En el plan de estudios de la maestría en imagen pública, en el marco de las materias relacionadas con la imagen verbal, se les aplica un examen básico de ortografía y redacción. Quien no lo acredita, debe tomar en paralelo un curso de regularización fuera del plan de estudios y sutilmente se le dice: menos maestría y más ortografía.

Lo segundo, es que dentro de este libro habrá capítulos que se desprenden del tema aquí visto, como es el caso del capítulo Dramatización de la realidad, otros que tienen aristas que lo complementan por la amplia aplicación de la imagen verbal, como son los capítulos Imagen kinésica, Persuasión y propaganda, Relaciones públicas y manejo de crisis, y otros más en donde se aplica el conocimiento en diferentes áreas, como en los capítulos Imagen política e Imagen institucional. Para que tengas presente la amplitud del tema.

Y lo tercero y más importante si lo que buscas es aprender, es que sobre Imagen verbal en el Colegio de Imagen Pública tenemos ya dos libros publicados sobre el tema: *El método H.A.B.L.A* y *¡Salte con la tuya!* La temática de este último se abordará en otros capítulos; a continuación nos centraremos en hacer un breve resumen de *El método H.A.B.L.A*. Sobra decir que lo encontrado en este texto no sustituye su lectura, así como con *El poder de la imagen pública*, son bibliografías obligatorias pues ambos forman parte de la Imagología.

EL MÉTODO H.A.B.L.A

H.A.B.L.A es un acrónimo que representa los cinco pasos de la imagen verbal. Son las cinco habilidades y acciones que comparten los buenos oradores y las características positivas que toda audiencia desea captar en un presentador. Veamos uno por uno.

H - HÁBITOS

Aristóteles dijo que somos lo que hacemos repetidamente. La excelencia, entonces, no es una acción, sino un hábito. La gran mayoría de las personas desconocen cómo usar la palabra y como seres humanos le tenemos miedo a lo desconocido, pues lo desconocido nos genera inseguridad. Por lo que el primer hábito es saber controlar la ansiedad de hablar en público.

La ansiedad al hablar en público es normal y puede controlarse. Cuando el cuerpo tiene miedo o se siente ansioso, se produce una sobrexcitación de la amígdala cerebral generando cortisol y adrenalina, que producen desoxigenación y sus desagradables consecuencias al hablar en público. Afortunadamente hay antídotos que te ayudan a controlar la ansiedad antes de que ésta te controle a ti.

Antídotos psicológicos:

Los antídotos psicológicos son la preparación y el conocimiento, y la preparación no solamente de estar capacitados, practicar y preparar nuestras presentaciones, sino también la preparación mental.

¡98% de lo que decimos al hablar en público se olvida! Por lo tanto, calla al crítico que vive en tu cabeza y no te tomes tan en serio. No eres tan importante como crees que eres, da por hecho que la perfección no existe, que algo se te va a olvidar y réstale importancia. No te compares y visualiza el éxito y no el fracaso.

Antídotos físicos:

Si antes comentamos que todos los síntomas de la ansiedad son producto de la desoxigenación... ¿cuál crees que sea el principal antídoto físico en contra de ella? ¡Pues obviamente la respiración! Y el segundo, aunque suene a frase cliché: el poder de una sonrisa.

Sobre la sonrisa hablaremos en el capítulo de Imagen kinésica. De momento sólo es importante saber que la sonrisa al hablar en público se convierte en un antídoto contra la ansiedad pues tiene un efecto doble: por un lado, genera empatía, por el otro, engaña al cerebro, disminuyendo nuestra ansiedad. Y es que, al sonreír, el cuerpo también genera otras sustancias: endorfinas, dopamina y oxitocina. Llamadas también "hormonas del placer", que nos dan una sensación de bienestar.

La ansiedad de hablar en público puede controlarse mediante antídotos físicos y psicológicos.

Y el segundo hábito es que, si el 98% de lo que decimos al hablar en público se olvida, ¿qué es el 2% que sí se recuerda? Pues la gente recuerda un mensaje y se queda con una imagen. Por lo tanto, si después de hablar en público sometieran a nuestras audiencias a las preguntas: ¿De qué te acuerdas?, y ¿qué te pareció?; quizá la respuesta a la primera sea la misma idea que nosotros queríamos transmitir, y la respuesta a la segunda sea algo favorable y que ayude a nuestra reputación.

El mensaje es lo que más le impactó de la presentación, la frase que más se recuerda o la idea con la que podría responder a la pregunta: ¿De qué te acuerdas? Elegir el mensaje a transmitir es seguramente el hábito más importante a tener antes de hablar en público. Para definirlo tenemos que tener muy en cuenta el *objetivo*, que es responder a la pregunta: ¿Qué quiero lograr? Es el puerto de destino, ¿a dónde queremos llegar? Para de ahí definir el *tema*. El tema es responder a la pregunta: ¿De qué voy a hablar?, y la recomendación es únicamente hablar de lo que sabes, piensas, sientes y/o has vivido.

Ya que tenemos nuestro objetivo y tema, debemos definir nuestro *mensaje*. Para fijar eficientemente un mensaje simplemente contesta a la pregunta: ¿Qué quiero que recuerden?, para después preguntarte: ¿Y si recuerdan eso estoy logrando mi objetivo?, si la respuesta es sí, ya lo tienes. Elige un sólo mensaje y ponlo a manera de una *frase mágica* en palabras cortas y simples que repetirás hasta el cansancio, o al menos tres veces durante tu presentación: al inicio, a la mitad y al final.

Para definir un mensaje hay que responder a la pregunta ¿qué quiero que recuerden?, ponerlo a manera de *frase mágica* y repetirla al menos tres veces durante la presentación.

Esta preparación es lo que en retórica clásica se llamaba la *invención*, y es donde pensamos lo que queremos decir. Ahora tenemos que pasar a la *disposición* y la *elocución*, que es donde lo organizamos y estructuramos y hallamos la forma en que queremos decirlo. Por esta razón hay que seguir un *modelo psicoemocional de estructura*, que es un esquema que sigue de manera lógica los estados psicoemocionales por los que atraviesa el público para que, respondiendo a ellos, actúen a nuestro favor y no en nuestra contra.

Toda audiencia pasa por cuatro estados psicoemocionales a manera de etapas: la expectación, el desconocimiento, el escepticismo y la satisfacción o insatisfacción según el resultado. Por lo que hay que estructurar y hacer una estrategia para que las emociones jueguen a nuestro favor. ¿Qué hay que hacer? Ante la expectación: abrir fuerte. Ante el desconocimiento: desarrollar el tema. Ante el escepticismo: dar pruebas y comprobaciones. Y para lograr la satisfacción: cerrar fuerte.

He aquí un cuadro general más explicativo del Modelo psicoemocional de estructura:

AUDIENCIA	ETAPA 1	ETAPA 2	ETAPA 3	ETAPA 4
Estado psicoemocional	Expectación	Desconoci-miento	Escepticismo	Satisfacción
Conducta	Indiferencia	Disposición	Consulta	Confianza
Necesidad	Atracción	Saber	Aclaración	Motivación
Presentador				
Objetivo	Interesar	Instruir	Resolver	Convencer
Estrategia	Llamar la Atención	Informar	Comprobar	Animar

Táctica	Abrir fuerte	Transmitir conocimientos y opiniones	Transmitir sentimientos y experiencias	Cerrar fuerte
Consecuencia por fallar	Desinterés	Defraudar	Desconfianza	Decepcionar

Antes de pasar a la siguiente letra, quiero mencionarte que toda audiencia desea captar los siguientes atributos de una presentación y por lo tanto debes convertirlos en requisitos. Toda presentación debe tener: sencillez, conocimiento, brevedad, orden y convicción; además se debe percibir a un orador natural y conversacional.

La práctica hace al maestro, dice una sobada frase. Pero es cierto, recuerda que somos los que hacemos repetidamente, por lo que más te vale que hablar en ti sea habitual.

A - ABRE FUERTE

Desde el inicio del libro hablamos de la importancia de la primera impresión y en el modelo psicoemocional de estructura vimos que hay que cumplir las expectativas de la audiencia, inclusive superarlas desde un inicio. Por lo que una vez terminado el saludo protocolario y cortesías de inicio, debemos sorprender a la audiencia y captar su atención recurriendo a diversas fórmulas de inicio.

Algunas fórmulas con las que podemos iniciar son: preguntando, mencionando una cita, deleitando a la imaginación, sorprendiendo con el absurdo, mostrando algo, casualmente, enojando a la audiencia, y la más fácil, con el mensaje.

Se debe abrir con una fórmula de inicio para captar la atención de la audiencia y superar las expectativas desde el primer momento.

El objetivo es echarnos al público a la bolsa desde los primeros minutos para captar su interés y que nuestro mensaje penetre y trascienda. Una vez que ya captamos su atención, ahora hay que llevarlos por un viaje entretenido e interesante no sólo con el conocimiento que les daremos, sino con la forma en la que se los daremos. Y para ello, nuestra siguiente letra.

B - BUENA VOZ

La gente asocia una voz firme y sonora con confianza, eficiencia y poder. Y no te confundas, al mencionar firmeza no estamos hablando de gritar o hablar fuerte, sino a que la voz debe ser sonora, clara, resistente y limpia. Y para ello, la voz tiene que ser impostada y estar bien ubicada. La impostación y la ubicación no son otra cosa más que el aprovechamiento de nuestro cuerpo para tener una voz más potente, agradable, resistente y que no nos cansemos, o que la voz se nos ponga opaca.

Pero aún más importante que eso, es saber utilizar nuestras características vocales para hacer la presentación más atractiva e interesante. Si tu presentación es plana, la audiencia se va a desinteresar y perderás su atención, pero si jugamos con principalmente tres de nuestras características vocales, la audiencia permanece cautiva. Cuando a Demóstenes se le preguntó cuál era la habilidad más importante de la oratoria, respondió: *el modo de hablar.* Cuando se le preguntó cuál era la segunda, dijo: *el modo de hablar.* ¿Y la tercera?: *el modo de hablar.* Y este modo está en la modulación del volumen, ritmo y pausas.

Volumen: es la fuerza con la que el sonido se emite y se divide en medio, alto y bajo, con todos sus grises intermedios, pues puedes ir de un volumen altísimo a uno ligeramente alto, así como de uno ligeramente bajo a un volumen bajísimo.

El volumen medio, es el tono conversacional y el que se convertirá en el hilo conductor de la presentación. El volumen alto da énfasis y subraya las palabras, son como las negritas en un documento de Word. Y el volumen bajo, al igual que el alto, también da énfasis y subraya las palabras, la diferencia es la actitud anímica que proyectan.

Por lo tanto, utilizaremos el recurso del volumen cuando queramos recalcar algo importante y cuando deseemos captar la atención de la audiencia, y qué mejor que hacerlo cuando decimos nuestro mensaje o frase mágica.

Ritmo: es la velocidad con las que las palabras son dichas y la grata y armoniosa combinación de sonidos y silencios. Se dividen en rápido, medio y lento, con todos sus grises intermedios. Al hablar en público tendremos que llevar a nuestra audiencia por diferentes ritmos, para ir generando puntos de interés en nuestras palabras, dándole una melodía disfrutable a nuestra exposición. A esto se le llama tener cadencia. Para lograrlo, lo que tenemos que hacer es combinar la velocidad con la que decimos las palabras con el volumen de la voz. Y generalmente van de la mano: a volumen alto, ritmo rápido y a volumen bajo, ritmo lento.

Pausas: son los espacios de silencio intermedios y generan una tensión positiva que motiva la atención, ¿sabes por qué?...

Si te quedaste con la duda, ya entendiste la expectativa y tensión que genera una pausa cuando tiene intención de captar la atención. Funciona porque lo que dices después tiene mayor impacto. La pausa también sirve para subrayar una idea que se acaba de mencionar pues permite la reflexión de la audiencia. Por lo tanto úsalas antes y después de decir tu mensaje.

Para hacer la presentación más atractiva e interesante, se debe variar la intensidad del volumen, el ritmo e intercalar pausas.

Para terminar el capítulo de la voz, hablemos brevemente del micrófono que es un tema que a muchas personas le impone. No hay que verlo como algo más de lo que es, una herramienta para amplificar el sonido y que tu voz pueda escucharse. Y si es una herramienta que sirve como vehículo de nuestro mensaje, no deberíamos darle mayor importancia al mismo que la que le damos a una pluma al escribir. Ahora bien, capacitarse y saber los diferentes tipos de micrófono siempre es recomendable.

Y ya que hablamos de herramientas, aunque no tenga que ver con la voz, pero sí con el paralenguaje y a ese tema vamos a entrar, reflexionemos sobre los apoyos visuales, videos, escenografías, programas para hacer presentaciones, vestuario y demás elementos que rodean, visten y le dan cuerpo a nuestra presentación. La recomendación es sencilla: en comunicación, menos es más. Recuerda que son apoyos y no protagonistas, por lo que nada puede llamar la atención más que tu palabra y mensaje.

L - LENGUAJE CORPORAL

Varios estudios demuestran que más de la mitad de lo que decimos al hablar en público recae en lo no verbal. Pero no hay que malinterpretar ni confundir, una cosa es la comunicación no verbal y otra el lenguaje corporal. La comunicación no verbal son todos los elementos comunicativos ajenos a las palabras, mientras el lenguaje corporal son todos los componentes de la kinésica, que es la comunicación no verbal de nuestro cuerpo, y de la que aprenderás a profundidad en el capítulo correspondiente.

Por lo que, el lenguaje corporal es extremadamente importante al presentar, pero no podemos ser tan exagerados al decir que más de la mitad del éxito de nuestras conferencias estará basado en saber usar nuestro cuerpo. Simplemente hay que hacer conciencia de lo que nuestro cuerpo está comunicando y en lo que puede estar contradiciéndonos.

Usaremos nuestro lenguaje corporal para transmitir ideas y sentimientos, para precisar o sugerir contenidos, para abrir o bloquear los canales de comunicación, y en general para aumentar las probabilidades de lograr influenciar a quien nos escucha. Por lo tanto, enunciemos las acciones de la kinésica que intervienen en nuestra imagen verbal, para que cuando las analices a profundidad en el capítulo correspondiente, recuerdes su importancia en la oratoria: proxémica, postura, gestos, ademanes y contacto visual.

A - ACABA

Tener un cierre fuerte es fundamental para dejar a la audiencia satisfecha, pues recordarás que el último estado por el que atraviesa la audiencia es el de la satisfacción. Un buen cierre puede salvar una presentación mediocre, pero un mal cierre puede echar a perder una buena presentación.

El objetivo es dejar el ánimo de la audiencia en alto y asegurar que el recuerdo será positivo, por lo que podemos utilizar *fórmulas de cierre* como: exhortar o llamar a la acción, producir un clímax, mencionar una cita, usar las mismas palabras de inicio, preguntando o reflexionando, resumiendo, y la más fácil, con el mensaje.

Una buena fórmula de cierre garantiza que la audiencia se quede con un sentimiento de satisfacción.

Una vez que cierres es normal que existan sesiones de preguntas y respuestas, pues son el complemento ideal para nuestra presentación y una gran oportunidad para reforzar nuestro mensaje e invitar a que se cumpla nuestro objetivo. Por lo tanto, la recomendación más importante es no perder el objetivo ni dejar que las preguntas nos desvíen del tema, o peor aún, de nuestro mensaje.

CONCLUSIÓN

La Universidad de Chapman, en California, todos los años hace un estudio en el que publica cuáles son los miedos más grandes de la humanidad, ¡hablar en público casi todos los años sale como el número uno! Pero eso no puede ser cierto, así que no seas de los que inflan esta estadística sin sentido. Desmitifiquemos que hablar en público es algo complejo o para unos cuantos, es para todos aquellos que quieren capacitarse y seguir un método que les traerá múltiples beneficios.

Recuerda que los seres humanos somos seres de HÁBITOS, prepara tu presentación definiendo claramente tus objetivos, temas y mensaje. Repite ese mensaje a manera de una frase mágica, mientras con naturalidad nos llevas por una charla sencilla, breve, ordenada y llena de conocimientos y convicción. ABRE FUERTE y sorpréndenos con un gran inicio. Luego llévanos por una montaña rusa llena de emociones mediante tu BUENA VOZ y sus cambios de volumen, ritmos y pausas, y dinos muchas cosas sin palabras con el poderoso idioma de tu LENGUAJE CORPORAL. Para que finalmente y si ya superaste nuestras expectativas, nos colmaste de conocimiento y nos dejaste convencidos de que lo que dices es verdad; ahora nos dejes totalmente satisfechos. ACABA de tal forma que nos hagas brincar de nuestros asientos para ahogarte en un mar de aplausos, mientras gozas de los beneficios de una buena imagen verbal.

Todos somos oradores y tú puedes ser uno de los mejores. Termina este capítulo, abre la boca y simplemente... ¡H.A.B.L.A!

8
IMAGEN KINÉSICA

Kinésica, quinésica o cinésica. Del griego kínēsis que significa "movimiento", palabra poco usada para referirnos al conjunto de elementos que forman parte del lenguaje corporal en relación al movimiento del cuerpo. Y palabra que recomendamos utilizar para acabar con las malas interpretaciones y confusiones que surgen en el amplio tema de la comunicación no verbal.

Y es que la gente confunde comunicación no verbal con lenguaje corporal, y piensa que todo el lenguaje corporal es kinésica, cuando no son lo mismo. La comunicación no verbal son todos los elementos comunicativos ajenos a las palabras. Por lo tanto, un color puede ser comunicación no verbal, como también lo es una señal de tránsito o el lenguaje marítimo de banderas. El lenguaje corporal pertenece a la comunicación no verbal, y es el código semiótico estructurado de nuestro cuerpo, o lo que es lo mismo, los mensajes significativos y simbólicos de todo aquello relacionado a la corporeidad. Por lo tanto, lenguaje corporal no solamente es el movimiento del cuerpo, también los elementos del paralenguaje como el volumen, ritmo y pausas de nuestra voz, o elementos como la altura de una persona o sus rasgos físicos, también son lenguaje corporal, pero no son kinésica. Pues la kinésica, como vimos al principio de este capítulo, es el conjunto de estudios científicos que se encarga de la interpretación de los movimientos del cuerpo como códigos de comunicación no verbal.

Aclarada la confusión, veamos qué elementos corresponden al estudio de la kinésica, pero antes reflexionemos para qué sirve su estudio dentro de la consultoría en imagen pública.

Nuestro cuerpo habla y no sabe mentir. Y es que nuestros movimientos corporales generan un camino directo al corazón de las personas, que cuando nos perciben, empiezan a decodificar muchísimos mensajes y a sentir cosas positivas o negativas acerca de nosotros. Los movimientos corporales abren o cierran los canales de comunicación, y son un complemento, incluso la sustitución de nuestras palabras, pues los usamos para transmitir ideas y sentimientos. Y lo más interesante de todo es que nadie nos enseña a interpretar el lenguaje de los movimientos de nuestro cuerpo. Traemos una especie de software integrado de fábrica, que desde que tenemos conciencia y desde antes de tenerla, ya podemos interpretar una sonrisa o una postura amenazante. No necesitamos clases de kinésica para saber qué movimiento significa qué, simplemente lo sabemos y, sobre todo, lo sentimos.

Pero de lo que sí necesitamos clases y por eso es fundamental su estudio dentro de la imagen pública, es sobre cómo controlar los movimientos del cuerpo para usarlos como un código de comunicación que trabaje a nuestro favor, y de cómo generar estrategias de estimulación que ayuden a lograr la tan deseada coherencia a través de la kinésica. Por lo tanto, hay que hacer conciencia de lo que nuestro cuerpo está comunicando y en lo que puede estar contradiciéndonos, para así gozar de los beneficios persuasivos de este lenguaje universal de movimientos corporales. Y si recordamos las neuronas espejo y las ligamos a que las acciones de nuestro lenguaje corporal nos generan sentimientos, podemos concluir que, al hacer movimientos corporales, la gente siente que también los está haciendo, despertando sentimientos en ellos ligados a esas acciones corporales.

Usaremos nuestra kinésica para transmitir ideas y sentimientos, para abrir o bloquear los canales de comunicación, y en general para aumentar las probabilidades de lograr influenciar a nuestras audiencias.

¿Y de qué acciones estamos hablando? Pues de aquellas que mandan mensajes a través de los movimientos de nuestro cuerpo mediante nuestra presencia física, proxémica, postura, gestos y ademanes, contacto visual y conducta táctil. Veamos cada una de ellas.

La kinésica es el conjunto de estudios científicos que se encarga de la interpretación de los movimientos del cuerpo como códigos de comunicación no verbal. Sus acciones son: presencia física, proxémica, postura, gestos y ademanes, contacto visual y conducta táctil.

PRESENCIA FÍSICA

La presencia física es un tema muy amplio dentro de la comunicación no verbal y el lenguaje corporal, ya que en general es la capacidad de una persona para proyectar una imagen de confianza y autoridad a través de su cuerpo. Incluso la apariencia personal y hasta la ropa pueden englobarse en este tema. Recuerda que estamos hablando de kinésica, por lo que nos limitaremos a hablar de la importancia de generar esta confianza y autoridad con los movimientos corporales a través de los ocho principios para una buena presencia física.

Antes de conocerlos, es prudente mencionar un tema muy interesante de la presencia física que, si bien no forzosamente está relacionado con el movimiento corporal, sí se relaciona con la forma en que la gente percibe cómo una persona sería y se comportaría por el tipo de motricidad que tendría su cuerpo en movimiento. Como todo en imagen pública, es mera percepción, por lo que no forzosamente los rasgos descritos tienen que ser realidad de acuerdo al tipo de cuerpo que se tiene, pero como coloquialmente en nuestra ciencia decimos que percepción es realidad, veamos las tres clasificaciones que hay de acuerdo con el tipo de cuerpo que se tiene y los mensajes que envían de manera no verbal:

1. Endomorfo

Características: cuerpo blando y redondo, tendencia a acumular grasa y metabolismo más lento.

Percepciones y mensajes transmitidos: calidez y afabilidad. Las personas con cuerpos endomorfos a menudo son percibidas como más amigables y accesibles. La redondez de su cuerpo puede asociarse inconscientemente con características de gentileza y generosidad. Algunos pueden ver a los endomorfos como personas confiadas y cómodas con su cuerpo, lo que puede transmitir una imagen positiva de autoaceptación. En contraparte, se les puede percibir como personas perezosas, con falta de disciplina y autocontrol.

2. Mesomorfo

Características: cuerpo robusto y musculoso, en buen estado físico, atlético y con metabolismo eficiente.

Percepciones y mensajes transmitidos: fuerza y competencia. Los mesomorfos son comúnmente vistos como fuertes, enérgicos y capaces. Su musculatura sugiere resistencia física, disciplina y determinación. Se les relaciona con la autoridad y el liderazgo, imponiendo respeto debido a su apariencia atlética y confiada. En contraparte, se les puede percibir como personas agresivas, dominantes e intolerantes.

3. Ectomorfo

Características: cuerpo delgado, espigado y constitución ligera. De apariencia frágil y metabolismo rápido.

Percepciones y mensajes transmitidos: intelectualidad y creatividad. Su figura delgada puede asociarse con características como la agilidad mental y los procesos creativos. Los ectomorfos por su altura y delgadez se relacionan con la gracia, la elegancia y la sofisticación. En contraparte, pueden comunicar fragilidad, timidez y las personas pueden asumir que son menos capaces físicamente.

Es importante recordar una vez más que estas percepciones son basadas en estereotipos y no reflejan necesariamente la realidad de cada individuo. La estructura corporal de una persona no define su carácter, habilidades o valor. Sin embargo, estar consciente de estas percepciones puede ayudarnos a entender mejor cómo los demás nos ven y cómo podemos manejar y proyectar nuestra presencia física de manera efectiva.

Dicho esto, veamos, ahora sí, los ocho principios para una buena presencia física. Para generar confianza y autoridad, los movimientos corporales deben tener:

1. Relajamiento: Un cuerpo relajado indica que la persona se siente segura y cómoda. La confianza se refleja en la ausencia de tensiones y en la proyección de apertura, receptividad, calma y control.
2. Flexibilidad: un cuerpo flexible comunica salud y bienestar. El buen funcionamiento de las articulaciones se asocia con juventud y dinamismo.

3. Alineación: se debe establecer una relación lineal entre la cabeza, la espina dorsal y la pelvis, dejando que guíe ligeramente la cabeza al andar. Cuando la postura es pélvica y ésta guía al caminar, se transmite pesadez, poca agilidad y nula autoridad.
4. Balance gravitacional: se debe establecer un balance entre los conceptos de gravedad y levedad. La gravedad hace que el cuerpo se sienta con pesadez y cargas emocionales, siendo más notorio en hombros y espalda que, al estar caídos y encorvados, transmiten lo opuesto a confianza y autoridad. Por eso, para comunicar levedad y relacionarnos con la ligereza, hay que imaginar que de la coronilla tenemos un hilo que está jalando el cuerpo hacia arriba y separando nuestras vértebras.
5. Paralelismo: este principio del caminado y la postura de los pies consiste en procurar que las puntas de los pies se encuentren paralelas. Cuando las puntas se separan luciendo como de "pato" o se juntan perdiendo el paralelismo, se demerita la buena presencia y los mensajes de confianza y autoridad que buscamos proyectar.
6. Tracción: corresponde también a un principio del caminado, consiste en cambiar la tracción con la que nos impulsamos al andar, comúnmente la gente suele jalarse con los talones del pie que va en la delantera, y se debe cambiar la tracción a empujarse con la punta del pie que va detrás. Esto comunica mayor decisión y dinamismo al andar.
7. Erección: este principio de la buena presencia física consiste en que la línea que hace nuestra visión debe ser paralela al piso. Si se pierde este principio y la cabeza se dirige hacia arriba o hacia abajo, perdemos también la buena presencia de confianza y autoridad.
8. Continuidad: el último principio consiste en dar continuidad al caminado evitando la sensación de que se concluye en cada paso. La continuidad se refiere a la fluidez y consistencia al andar creando una impresión de control y confianza.

Para generar confianza y autoridad, se deben seguir los ocho principios para una buena presencia física.

PROXÉMICA

En general, se entiende por proxémica al estudio del uso y percepción del espacio interpersonal o, en otras palabras, a la relación que los seres humanos tenemos con el espacio y la proximidad con los demás. Dentro de la proxémica se encuentra la proxemia, que es ya específicamente el empleo y la percepción personal que cada uno de nosotros le damos al espacio físico y de cómo y con quién lo utilizamos.

Uno de sus principales estudiosos fue el antropólogo Edward T. Hall (1959), quien describió las distancias entre las personas mientras interactuamos y los usos que le damos, y las dividió en: distancia pública, que es de más de 3.60 m y la que sostenemos con individuos con los que no tenemos ninguna interacción, distancia social: de 1.20 m a los 3.60 m y que se tiene con personas con las que vamos a interactuar, pero no a socializar; distancia personal: entre 1.20 m y 45 cm, y que es la de la convivencia social en la que, si estiramos el brazo, ya tocamos a la otra persona; y la distancia íntima: entre 45 cm y 15 cm o menos, siendo la zona de los amigos y la familia.

Existen factores que modifican las distancias que elegimos al interactuar con los demás como pueden ser: edad, género, trasfondo cultural y étnico, el tema o asunto a tratar, tipo de ambiente para la interacción, características físicas interpersonales, y la situación actitudinal y emocional de la interacción, pero el común denominador es que cuando buscamos aprobación y confianza, se reduce la distancia. Y cuando no buscamos la aprobación o la interacción es fría, se alarga, por lo tanto, podemos ampliar y cerrar las distancias a través de movimientos que nos acerquen o alejen y así ser percibidos de manera diferente.

La proxémica es el estudio del uso y percepción del espacio interpersonal.

Para la mayoría de los temas que veremos a continuación, dentro de la bibliografía del Colegio de Imagen Pública, se encuentra el libro *El Método H.A.B.L.A* de Alvaro Gordoa, la letra L se refiere a lenguaje corporal y su lectura es fundamental para comprender con profundidad los elementos kinésicos de postura, gestos, ademanes y contacto visual. Así como también en el libro *El Poder de la Imagen Pública* de Víctor Gordoa, dentro del capítulo dedicado a la imagen física se abordan estos conceptos y también el de la conducta táctil. Apelando a que los leerás, veamos una breve introducción a cada uno de estos temas.

POSTURA

La postura es la disposición y manera en la que un cuerpo está colocado, reflejando estados emocionales y actitudes psicológicas. La postura involucra elementos de movimiento si estamos de pie, sentados, caminando o en reposo; y de la interacción de movimientos de las diferentes partes del cuerpo, principalmente de brazos, piernas, torso, caderas y cabeza.

La postura, como todo lo que hemos visto dentro de este capítulo, la usamos para facilitar o inhibir la interacción con los demás, y para transmitir ideas y emociones sin palabras. Por ejemplo, un tip sencillo es el de "encuadrar" a tus audiencias con el torso durante la interacción a través de voltear todo el cuerpo hacia ella guiado por los hombros. Esto hace que se transmitan mensajes de interés y te sientan más personal y cercano. O simplemente hacer conciencia de que cuando cruzamos los brazos generamos una barrera en la comunicación que cierra los canales.

Una de las preguntas más comunes sobre la postura es: ¿Dónde van los brazos? La respuesta a la pregunta es tan sencilla como: ¡Los brazos van donde nos los puso la naturaleza!, relajados y sueltos a un lado del cuerpo. Los brazos, cuando están a nuestro lado, abren los canales de comunicación y transmiten confianza, seguridad y calma.

En cuanto a nuestra postura de piernas, la postura recomendada es la conocida como "5 para las 2" que hace que nuestro cerebro registre que no se puede mover, y por lo tanto, nos veamos con mucho aplomo y autoridad, mientras conservamos una postura que transmite confianza. Esta postura consiste en imaginar que estás parado sobre la carátula de un reloj en la que tus pies harán la función de manecillas, colocando el pie izquierdo al minuto 55 y el derecho hacia las dos, ligeramente separados uno del otro.

De la cabeza, ya explicamos el principio de erección de la presencia física en donde la línea de visión debe ser paralela al piso, pero si la cabeza se lleva hacia abajo sin contacto visual, lo que comunica es derrota, y si se realizara con contacto visual, lo que comunica es sumisión. Por el contrario, si la línea de visión se pierde llevando la cabeza hacia arriba y evitando el contacto visual, lo que comunica es desinterés, y si se hace con contacto visual, comunica prepotencia.

La postura estando sentados debe procurar conservar la espalda recta, con el torso ligeramente inclinado hacia adelante y dejando las manos una sobre otra en el regazo o sobre la mesa, según sea el caso. Todo esto, si lo que se desea transmitir es atención, cercanía y confianza. Haz lo opuesto a lo recomendado y transmitirás desidia, desinterés y falta de voluntad. Una postura recomendada es la del sentado ejecutivo, que se logra cruzando la pierna rodilla sobre rodilla y colocando las manos sobre ellas.

La postura es la disposición y manera en la que un cuerpo está colocado, reflejando estados emocionales y actitudes psicológicas.

GESTOS Y ADEMANES

Según la RAE, un gesto es un movimiento del rostro, de las manos o de otras partes del cuerpo, con que se expresan afectos o se transmiten mensajes. Y un ademán se define como el movimiento o la actitud del cuerpo o de alguna parte suya con que se manifiesta disposición, intención o sentimiento. Por lo que sólo con uno de estos vocablos sería suficiente para referirnos a toda la kinésica en general, pues además la RAE los considera sinónimos. Pero como el habla lo hacemos los usuarios, nos iremos por la variante coloquial en la que le decimos gestos a los movimientos de la cara y ademanes a los de manos y brazos.

Los gestos y ademanes también los usamos en nuestro día a día para favorecer o limitar la interacción con otros seres humanos, abriendo o cerrando los canales de comunicación. Estas expresiones faciales y manuales, cuando provienen de emociones verdaderas, son prácticamente imposibles de enmascarar o resguardarse, por eso mejor hay que centrarnos en lo que Ekman y Friesen (1975) llaman "emblemas", y que son los movimientos del rostro y brazos en contextos que no hay emociones y que podemos controlar. Por ejemplo, si quieres expresar que algo te disgusta, basta con arrugar la nariz, o simplemente con juegos de cejas y aperturas de ojos podemos dar a entender que algo es curioso o interesante. Los seres humanos hemos diseñado también todo un lenguaje de emblemas faciales y manuales que interpretamos igual los miembros de una misma sociedad; como guiñar un ojo, sacar la lengua o levantar el pulgar para comunicar aceptación.

Los gestos podemos catalogarlos como controladores, cuando su función es abrir o cerrar los canales de comunicación. Complementarios, cuando subrayan, magnifican, minimizan o apoyan el mensaje. Y sustitutivos, cuando reemplazan a las palabras y son los emblemas faciales de los que hablamos.

En el caso particular de los ademanes, simplemente hay que decir que son la palabra hecha movimiento, por lo que, si en una presentación faltaran, el resultado sería comunicar desgane y falta de ánimo; pero si los ademanes sobraran o no correspondieran a la palabra, entonces lo que comunicaríamos sería descontrol. Por lo tanto, los ademanes deben corresponder a la magnitud y acción de la palabra oral de manera natural.

Y como lo prometimos en el capítulo anterior, aquí mencionaremos nuevamente al gesto más favorecedor de todos: la sonrisa. Misma que ya vimos, incluso, sirve para el control de la ansiedad. Siempre ten presente que la sonrisa es el principal código kinésico para transmitir y lograr confianza, pues se decodifica como empatía, amabilidad y seguridad. Debido a las neuronas espejo, la sonrisa se contagia, y está comprobado que ver a alguien sonreír aumenta las posibilidades de que uno se sienta más feliz, generando la dopamina, oxitocina y endorfinas que hablamos en el capítulo de Imagen verbal. Por lo tanto, al sonreír ganarás la simpatía de los demás y los harás sentirse bien, ligando esos sentimientos positivos a tu persona y estableciendo vínculos emocionales positivos con quienes interactúas.

Siempre ten presente que la sonrisa es el principal código kinésico para transmitir y lograr confianza.

CONTACTO VISUAL

Establecer un buen contacto visual es fundamental para abrir los canales de comunicación y personalizar a los demás, no hacerlo produce una sensación de desconfianza e inseguridad. Con la sonrisa, el contacto visual es la acción que abre los canales de comunicación y genera confianza. Cuando vemos a los ojos a alguien estamos haciendo reconocimiento de su calidad individual. Esto quiere decir que, al vernos, nos damos cuenta de nuestra existencia y dejamos de ser dos seres desconocidos en el mundo, generando un vínculo emocional muy fuerte entre las personas.

Además, el contacto visual controla, pues cuando alguien te está mirando sabes que la atención está en ti y tiendes a controlar y hacer conciencia de tu comportamiento. Si se desvía la mirada se muestra desinterés, desacuerdo y se produce inseguridad, pero cuando se fomenta, los mensajes son de seguridad, acuerdo y confianza. El contacto visual señala que el canal de comunicación está abierto o cerrado, por lo tanto, cuando se quiere evitar el contacto y la interacción personal, basta con disminuir la cantidad e intensidad de la mirada. Haz lo contrario para lograr apertura.

En resumen, podemos decir que las funciones del contacto visual son la regulación de la comunicación, el control de las reacciones del interlocutor, la expresión de las emociones y la cercanía de la relación interpersonal.

CONDUCTA TÁCTIL

La conducta táctil o háptica, es el estudio del contacto físico en la comunicación, y es una parte crucial del lenguaje corporal porque el tacto puede transmitir una amplia gama de emociones y significados, desde afecto y apoyo hasta dominancia y control. El uso del sentido del tacto como medio de comunicación es una herramienta poderosa dentro de la kinésica, puede influir significativamente en nuestras interacciones sociales y relaciones. La forma en que tocamos a los demás, y cómo recibimos el tacto, puede fortalecer vínculos emocionales, establecer jerarquías sociales y expresar sentimientos que a veces las palabras no pueden.

Si bien cultural y contextualmente existen diversas permisibilidades de tocar y ser tocado, dentro de las reglas de etiqueta social a nivel general, podemos dividir la háptica en las siguientes categorías según los mensajes que comunican:

Funcional/Profesional:

Este tipo de conducta táctil es impersonal y se realiza con un propósito específico donde las personas son una herramienta para cumplir alguna función. Se da cuando se realiza una tarea o se brinda un servicio y no existe mensaje afectivo alguno, como el toque médico al paciente, el del sastre al cliente, o cuando se da o recibe un masaje terapéutico. Aquí entran también los contactos accidentales y los necesarios cuando hay hacinamiento.

Social/Cortés:

Estos contactos sirven para establecer conexiones sociales y demostrar educación. El mensaje es cortesía y buenas maneras, pues se afirma la identidad de la otra persona en su existencia. El saludo en sus diferentes variantes se incluye en esta categoría, como también una leve palmada en la espalda, un abrazo en contexto de felicitación o tenderle la mano a alguien que necesita ayuda.

Amistad/Calidez:

En este contacto se reconoce el carácter único del otro y se le separa de los demás. Su mensaje es de cercanía y expresa afecto. Suele darse entre cercanos, familiares y personas con las que se simpatiza. Es la diferencia entre saludar por mera cortesía y saludar por gusto y agrado. Incluye abrazos más largos, besos sin carga íntima, palmadas en la espalda y demás toques que expresan felicidad, cariño y afecto.

Amor/Intimidad:

Esta conducta táctil se reserva para relaciones muy cercanas y personales, en donde se expresa y demuestra un vínculo con alto contenido personal y emocional. Los mensajes son de extrema confianza y familiaridad; son las conductas táctiles que se dan entre padres e hijos, consanguíneos, mejores amigos y parejas fuera del ámbito sexual. Se incluyen caricias, mimos, besos y abrazos prolongados, posturas encimadas y cualquier interacción táctil que transmite amor.

Excitación sexual/Estimulación:

Es el tipo de contacto donde la connotación o denotación lleva una carga erótica y pretende manifestar o provocar la excitación física sexual. Esta conducta táctil debe darse de manera progresiva y consensuada para considerarse lícita. No debe confundirse que dentro de esta categoría sólo entra el coito o las prácticas relacionadas con el mismo, sino que todo el tacto de cortejo o expresiones cargadas de sensualidad, como frotar piernas por debajo de la mesa, tomar a alguien por la cintura o dar un beso muy cercano a la boca, llevan la carga del deseo sexual.

Si bien el contacto físico suele ser un acto espontáneo, debemos verlo ahora como una herramienta poderosa que puede ser utilizada de manera estratégica para comunicar diferentes emociones y estados. Y es que un apretón de manos firme puede proyectar confianza y profesionalismo, mientras uno más relajado y acompañado de una palmada en la espalda puede ser una muestra de apoyo o camaradería. Comprender y aplicar estas sutilezas del tacto nos permite manejar mejor nuestras relaciones personales y profesionales, estableciendo conexiones más profundas y efectivas. Y así, un candidato político puede elevarse a los niveles de amistad/calidez cargando y besando a un bebé, o un un artista puede bajarse del escenario y abrazar largamente a sus fans en una acción recíproca del amor que recibe. O por el contrario, se le puede capacitar a una figura pública para posar en fotografías sin tocar a otros para evitar posibles malinterpretaciones y escándalos, o poner políticas de saludo en una empresa para no salirse de los mensajes profesionales. Por lo tanto, es posible seguir una estrategia háptica consciente para comunicar de manera más efectiva y precisa en diferentes contextos, utilizando el contacto físico como un complemento valioso a nuestras palabras y acciones.

La háptica es el uso del tacto como medio de comunicación, y nos ayuda a expresar y entender las emociones y relaciones humanas en categorías que van desde lo profesional hasta lo sexual.

CONCLUSIÓN

Cerramos este capítulo dejando muy en claro que, en el tema de kinésica, no hay buenas o malas formas ni posturas correctas o incorrectas. Nuestra kinésica, como todo lenguaje, tiene una gran riqueza para expresar emociones y conceptos positivos y negativos. Es todo un sistema de comunicación plagado de significados que debemos utilizar para transmitir los mensajes de manera coherente y eficaz. Podemos suponer que casi siempre lo coherente y eficaz será abrir los canales de comunicación y transmitir confianza, autoridad y empatía; pero no siempre es así. En ciertos contextos la frialdad y cerrar la comunicación es lo coherente.

Como nota académica final, te darás cuenta al leer la definición de imagen física en su capítulo correspondiente, que todo lo relacionado al lenguaje corporal entra dentro de esa imagen subordinada, para que lo tengas presente y sepas siempre que el tema de la kinésica entra dentro de la catalogación de imagen física.

9
DRAMATIZACIÓN DE LA REALIDAD

¡Drama! Vaya palabra. ¡Vaya palabra y vaya drama! Al pensar en drama pensamos en tragedias, pensamos en películas y novelas que nos hacen llorar, y pensamos en los dramas de la vida real y los sufrimientos de esos sucesos desafortunados que nos toca vivir. ¡Todo un drama! pero no es así, por lo que empecemos quitándole esa acepción negativa a la palabra que nos remite a tristeza, conflicto y sufrimiento.

La palabra "drama" proviene del griego antiguo "**δρᾶμα**", que significa literalmente "acción". Se deriva del verbo "**δρᾶν**" que significa "hacer" o "actuar", por lo que, en su origen, el término se refería a cualquier acción que implicara una representación ante los demás, es decir, un tipo de actuación o representación de situaciones reales o ficticias con la capacidad de interesar y conmover. Por lo tanto, drama se refiere a cualquier representación de la acción humana, a la realización de algo que provoca una reacción emocional en los demás.

Pero basta de etimologías y entremos en acción. Dramatización, es la acción de dramatizar, o sea, darle una forma dramática a algo. Y aquí vamos a aprender a dramatizar la realidad, o sea, a representar la realidad de una forma que despierte emociones.

¿QUÉ ES LA DRAMATIZACIÓN DE LA REALIDAD?

Es simplemente darles a los eventos de la vida una forma atractiva y emocional para captar la atención de quien percibe. Y no te lo tendríamos que explicar, porque ¡todos los días usamos la dramatización de la realidad o estamos expuestos a ella! Sólo basta con observar lo que nos rodea: desde pedir un aumento de sueldo, los hijos adolescentes sacando el permiso para ir a la fiesta y los padres negándose, el niño queriendo que le presten un juguete o el político diciendo que el país está mejor o peor que nunca. En todos estos casos, la dramatización tiene un objetivo: convencer al otro de algo. La manera de transmitir el mensaje puede variar, pero la intención siempre es la misma: tener más dinero, obtener o no el permiso para ir a la fiesta, divertirse con el juguete o conseguir el voto. Y basta con que abras tus redes sociales o te expongas a un medio de comunicación para que te llenes de contenidos, campañas publicitarias, entrevistas y relatos que te presentan una realidad ensalzada... ¡la dramatización está en todas partes!

Pero como este es un libro académico, aquí te va la definición de libro de texto:

La dramatización de la realidad es la técnica de comunicación oral o escrita que convierte hechos cotidianos en representaciones emocionales, capturando la atención del público y haciendo más persuasiva y memorable la información transmitida.

Fría... aburrida... ¿por qué mejor no la dramatizamos un poco?

La dramatización es moldear la realidad con el poder emocional de las palabras.

Y ya te podrás imaginar su importancia en la imagen pública. Si imagen es percepción y la gente decide mayoritariamente basada en sentimientos, mediante la dramatización de la realidad podemos generar percepciones ligadas a emociones, y así persuadir a las audiencias. Por eso este tema es parte de la gran imagen subordinada llamada imagen verbal.

¿VERDAD O MENTIRA?

¿Una realidad dramatizada es verdad o mentira? Esta duda surge naturalmente, pero no nos vamos a complicar con largas discusiones filosóficas. Vamos al grano y aclaremos términos: realidad es aquello que existe de manera objetiva, mientras que la verdad es la conformidad de las cosas con el concepto que de ellas tenemos. Por lo tanto, la verdad es lo que elegimos creer, aunque objetivamente no sea la realidad.

La verdad, por lo tanto, es subjetiva, pues depende de quien interpreta esa supuesta realidad. La verdad vive en nuestra cabeza o en la cabeza de los demás. La verdad es lo que tú eliges creer. Por lo tanto, el público es quien tiene la última palabra, es el detector de mentiras por excelencia. Cada persona, al recibir un mensaje, lo procesará y decidirá si lo que está experimentando le parece auténtico o no. Si el público al que nos dirigimos está conforme con lo que le comunicamos, entonces el mensaje, como representación dramática de una realidad, será totalmente verdadero. Por lo tanto, dramatizar no es inventar, es darle forma emocional a la realidad para hacerla más atractiva y generar una percepción veraz. Considero que con esto queda muy claro que la dramatización de la realidad de ninguna manera pretende mentir o engañar, es simplemente hacer que la realidad brille para que conecte y cautive.

Dramatizar la realidad no es mentir, es transmitir de una manera emotiva para influir en la respuesta conductual de las audiencias.

LOS INGREDIENTES DEL DRAMA

No es un secreto que, si dramatizamos, es porque algo obtenemos a cambio. Como seres humanos decidimos el camino dramático más conveniente para lograr un objetivo particular. Dramatizamos para persuadir, seducir y negociar. Ya hablaremos de estas tres palabras. Pero para nuestra especialidad, podemos resumir que dramatizamos para crear una imagen convincente sobre algo y así lograr un objetivo.

Y para recordar el propósito de la dramatización de la realidad, pero sobre todo para tener muy claros los puntos que todo relato dramático debe tener para lograr el objetivo, utilizaremos el acrónimo DRAMA como artilugio nemotécnico. Entonces, siempre ten presente que la realidad debe presentarse con DRAMA: es decir, tiene que ser divertido, realista, atractivo, memorable y alineado.

D. Divertido

Y no confundas divertido con "chistoso". Lo divertido es lo que entretiene. La palabra viene del latín *divertĕre*, que significa "llevar por varios lados". Cuando algo es divertido es porque constantemente estimula la imaginación, capta nuestra atención y nos pone en un estado de ánimo, que es el estado latente de una emoción. Al construir un discurso dramático divertido pisamos el maravilloso terreno de la imaginación, pues la forma como representamos o relatamos los acontecimientos despertará la capacidad de imaginar, o sea, la creación de imágenes mentales sobre dicho acontecimiento, con la finalidad de obtener un mayor índice de atención y, por lo tanto, comprensión y memoria.

R. Realista

Una de las finalidades primordiales del discurso dramático es consolidar, en razón del estímulo imaginativo, la credibilidad del mismo, ¿recuerdas qué era la verdad? Por lo tanto, el relato debe ser realista y creíble según la verdad del otro. Al reforzar con imágenes mentales la transmisión del mensaje, provocamos que nuestra audiencia viva la historia y, por tanto, se involucre con ella dándola por verdadera. Tal como si la persona que la escucha la viviera. Por lo que nunca podemos rebasar los límites de lo que es verosímil para una audiencia, pues dejaríamos de empatizar. Debemos crear un vínculo emocional sólido con la audiencia, de tal manera que, al verse identificada con su realidad, se vea reflejada a sí misma.

A. Atractivo

El discurso dramático debe incrementar el interés en el mensaje, debe cautivar. Y eso es la atracción. Al comunicar los mensajes explotando los elementos de la dramatización, captamos la atención y despertamos el interés por nuestro relato, lo cual nos permitirá persuadir y transmitir mensajes de manera más efectiva.

M. Memorable

Lo memorable es aquello que es digno de vivir en la memoria. De nada sirve hacer un relato que se vaya a olvidar y que no vuelva a nuestros pensamientos con frecuencia. El discurso dramático debe ser inolvidable. Y la impronta más importante es la huella emocional que deja pues, como ya citamos a Maya Angelou, "la gente olvidará lo que dijiste, pero jamás olvidará lo que le hiciste sentir". Por eso, las ideas deben presentarse con una alta carga emocional.

A. Alineado

El propósito esencial, y que abarca los cuatro anteriores, es aumentar la efectividad del texto dramático, es decir, utilizar la capacidad de éste para incitar a la audiencia hacia un objetivo previamente planteado en la estrategia de la imagen pública. Por eso, el relato debe seguir una línea y tener claramente marcado un puerto de destino. De nada sirve ser un buen narrador si el texto no persigue un objetivo. Es responder a la pregunta: ¿Qué quiero lograr con este relato?, pues de esta manera los esfuerzos estarán encaminados hacia el objetivo y no nos desviaremos del mismo. El estar alineados nos ayuda a superar uno de los principales retos del storyteller, y es que, al hacer relatos, es más difícil saber qué quitar en lugar de qué poner. Al estar alineados, la edición nunca se sentirá como un "sacrificio", sino como una obligación para no distraernos del objetivo final.

La dramatización de la realidad es eficaz cuando es divertida, realista, atractiva, memorable y alineada.

STORYTELLING

En su esencia, el storytelling es el arte de contar historias, por lo que ya te podrás imaginar la amplitud del término y la cantidad de recursos y aplicaciones que podrían entrar bajo este paraguas. Pues tanto el cuentacuentos infantil, el guía de turistas, el candidato político, el maestro, el líder religioso o ese amigo que te está pasando un chisme; entrarían dentro de la categoría de storyteller.

Desde tiempos inmemoriales, las historias han sido la forma más natural que tenemos los humanos para transmitir conocimientos, tradiciones, creencias, valores y emociones. Ya sea a través de un relato personal, un mito o una simple anécdota, el storytelling está presente en nuestra vida cotidiana, y quienes saben usarlo bien, tienen una llave directa al corazón de sus oyentes. Es por eso que, al día de hoy, el término se asocia más allá que con una simple narración. En la actualidad, el storytelling se relaciona con la capacidad de estructurar la información de manera que no sólo informe, sino que emocione y conecte a nivel personal. Pretende convertir datos, hechos o ideas, en una experiencia envolvente que capture la atención de una audiencia y la mantenga enganchada hasta el final.

¿Entonces cuál es la diferencia entre la dramatización de la realidad y el storytelling? La realidad es que ninguna, ya que toda dramatización de la realidad es un storytelling. Sin embargo, no todo storytelling es dramatización de la realidad. La dramatización de la realidad es una de las muchas categorías que tiene el storytelling, ya que dentro del gran mundo que es el contar historias, existen muchas que se basan en la ficción y ya sabemos que la que es motivo de este capítulo se basa en la verdad. El storytelling siempre será una herramienta para generar historias memorables y emocionales, mientras que la dramatización de la realidad, será una técnica que usa el strorytelling para resaltar la intensidad de hechos concretos o vender mejor una realidad.

Una vez aclarada la diferencia, vayamos al núcleo del storytelling, para ver cuáles de sus características clave, sin importar el género y subgénero del mismo, tenemos que tomar en cuenta al hacer una dramatización de la realidad.

Características clave del storytelling:

1. Personajes memorables: toda buena historia tiene personajes con los que el público puede identificarse. Estos personajes actúan como puentes entre la historia y la audiencia, permitiéndoles vivir la experiencia desde una perspectiva emocional. En la dramatización, las personas se convierten en personajes por lo que hay que buscar protagonistas, antagonistas, héroes, comparsas, villanos y cualquier otro personaje al que se le exacerbarán sus cualidades y defectos.
2. Conflicto: el motor de toda historia es el conflicto. Ya sea un obstáculo externo o interno, el conflicto es lo que mantiene la tensión y la expectativa en una narración. Es lo que impulsa la acción y hace que la audiencia quiera saber más. En la dramatización, cuando encuentras un problema encuentras una buena historia que contar. No hay que caer en el riesgo de hacer narrativas de personas e instituciones donde todo sea perfecto, pues si no hay vulnerabilidad, no hay conexión emocional.
3. Trama: una historia bien contada tiene un comienzo, un desarrollo y un desenlace claro. La trama es la estructura narrativa que mantiene cohesionados todos los elementos de la historia, es el hilo conductor que lleva a los oyentes de un punto a otro sin perder el interés. En la dramatización de la realidad, llevar un hilo conductor no es tratar de encontrar el hilo negro, por eso la recomendación es seguir la construcción básica del relato literario con sus cuatro partes esenciales: título, que debe ser atractivo para captar la atención; introducción, que ofrece una visión general clara y concisa del mensaje (recuerda las fórmulas de inicio del capítulo Imagen verbal); cuerpo, donde se desarrollan las ideas principales sin redundancias ni divagaciones; y conclusión, que refuerza el mensaje y deja una impresión final contundente (fórmulas de cierre de imagen verbal).
4. Emoción: nuevamente, lo que diferencia una historia que se olvida de una que se recuerda es la capacidad de generar emociones. Las

historias que tocan el corazón, provocan sonrisas o lágrimas, son las que realmente logran conectar con el público. Al dramatizar la realidad, dirígete al corazón y no al cerebro.

5. **Mensaje o finalidad:** todo storytelling debe tener un propósito. Aunque la historia sea entretenida, debe estar orientada hacia un mensaje o perseguir un fin. En una fábula, el fin es dejar una moraleja que aleccione, en una película o novela comercial el fin es comercial, en la dramatización, el fin es dejar un mensaje persuasivo. ¿Recuerdas la importancia de la frase mágica del capítulo de Imagen verbal?

Hay una última característica clave del storytelling que no depende del relato en sí, sino que se relaciona con el autor y el estilo de narración. Es lo que se conoce como "la voz". La voz se refiere al estilo único y distintivo con el que un autor o narrador expresa sus ideas, emociones y perspectivas. Es el conjunto de características que hacen que un texto se sienta personal y auténtico, permitiendo que la personalidad del autor brille a través de las palabras.

Cuando se habla de "encontrar tu voz" como escritor, se refiere al proceso de descubrir ese estilo propio, ese tono, ritmo y manera de contar historias que te diferencian de otros. La voz de un autor incluye el lenguaje que usa, la forma en que construye sus oraciones, las emociones que comunica, y la actitud que proyecta hacia los temas y los personajes de su obra. Es lo que hace que al leer un texto puedas reconocer quién lo escribió, incluso si no sabes de quién es al principio. Por ejemplo, la voz puede ser informal, poética, humorística, seria, introspectiva o cualquier combinación que refleje la forma en que el autor ve y siente el mundo. Encontrar la voz es un proceso clave en el desarrollo de un escritor, porque es lo que le permite conectar genuinamente con la audiencia y hacer que las historias o textos sean únicos. Y aquí es donde viene uno de los grandes conflictos al hacer dramatización de la realidad dentro de la consultoría en imagen pública. Quien hace imagen no tiene que encontrar su voz ni darle su sello particular al storytelling. ¡Tiene que encontrar la voz de sus clientes! La voz de esa persona, institución o producto que está transmitiendo la idea. Pensaremos como consultores, pero hablaremos como nuestro cliente para satisfacer las necesidades de su audiencia. Y para ello recurriremos a esa norma que desde inicio detectamos y que nos ayuda a producir todo con coherencia: el estilo. Esa expresión de la individualidad que nos ayudará a hacer textos tan naturales, tradicionales, elegantes, románticos, seductores, creativos y dramáticos como sean nuestros clientes. Por eso nunca haremos dramatizaciones sin antes haber cumplido el requisito de reconocer la esencia.

SEMIÓTICA DE LAS PALABRAS Y RETÓRICA

Ya desde el capítulo introductorio hablamos de este concepto y después lo reforzamos en el capítulo Imagen verbal. Dijimos que las palabras no sólo significan, sino simbolizan, y que consiste en utilizar las palabras adecuadas en el momento preciso, para así transmitir emociones de manera más profunda y persuasiva. En este capítulo hemos reiterado constantemente la importancia de producir emociones con el habla. Francis Scott Fitzgerald dijo que podemos acariciar a la gente con palabras y se me hace el resumen más poético para explicar el poder de la semántica.

Semántica, según la Real Academia Española, es una palabra derivada del griego *sema*, que significa signo. Y que, como ya sabes, es la relación entre un medio (lo que significará), el objeto (lo que significa) y su intérprete (quien lo puede decodificar), o dicho de manera muy coloquial, un signo es cualquier cosa que representa algo. La semántica es la semiótica aplicada a las palabras o, lo que es lo mismo, el significado de las palabras.

La semántica es a lo que te remite una palabra cuando la lees o escuchas. Las palabras son lo que te recuerdan, por lo que son tan importantes las definiciones de diccionario o las etimologías (lexicografía y lexicología), como lo que la persona representa a nivel mental y emocional al escuchar las palabras. Los signos pueden elevarse a categoría de símbolos, que es cuando se pasa de la denotación a la connotación. Es la diferencia entre un signo de más y una paloma como símbolo de la paz. Uno señala, el otro representa a nivel emocional.

Dentro de la semántica pasa igual. Las palabras como signos, pasan de tener simplemente denotaciones (relación entre una palabra y aquello a lo que se refiere) y pueden elevarse a la categoría de símbolos; empezando a tener connotaciones (experiencias y valores asociados al significado). Aquí es cuando las palabras empiezan a ser poderosas y a ejercer su poder de influencia. Ya lo decía el polímata francés Henri Poincaré: "Una palabra bien elegida puede economizar no sólo cien palabras, sino cien pensamientos".

Y al hablar de lenguaje simbólico, nos empezamos a adentrar en otra rama de la lingüística que es muy importante: la pragmática, que es el estudio del uso del lenguaje en contextos específicos y cómo los hablantes producen e interpretan significados más allá de lo que las palabras o frases dicen literalmente. En otras palabras, la pragmática se enfoca en cómo los factores contextuales —como el entorno, las intenciones del hablante, la relación entre los interlocutores, y las convenciones sociales— influyen en el significado de un enunciado. Se ocupa de cómo las personas entienden indirectas, ironías, implicaciones y otros aspectos del lenguaje que dependen del contexto.

Por lo tanto, para persuadir con la palabra, hay que saber jugar con el contexto, y eso es lo que hace la retórica. Definimos en el capítulo de Imagen verbal que la retórica es el arte de la persuasión, el intento de influir en los otros mediante las palabras. Mencionamos que si usábamos el lenguaje, es porque algo conseguimos con él; y lo que vincula al deseo con el lenguaje, todo eso era retórica.

Tendremos todo un capítulo del libro dedicado a la persuasión ligado a la propaganda, y dentro de la bibliografía del Colegio de Imagen Pública se encuentra el libro *¡Salte con la tuya!*, de Alvaro Gordoa, que es lectura obligatoria para dramatizar la realidad con efectividad. Sabemos que recurrirás a ese texto, pero aquí dejamos resumidos tres conceptos fundamentales que se abordan en ese libro relacionados a la pragmática y la semiótica de las palabras.

ETHOS, LOGOS Y PATHOS

Los tres recursos de la persuasión propuestos por Aristóteles. El ethos es apelar directamente a las características de quien habla, son rasgos de orden afectivo y moral que atañen directamente al emisor del mensaje. Son los recursos con los que contamos para inspirar confianza en el auditorio y lograr credibilidad. En resumen, es la reputación de quien comunica.

El logos es apelar a la razón. Consiste en razonar y respaldar datos objetivos que te ayuden a demostrar tus argumentos, mismos que están ceñidos al tema y mensaje del relato. Al comunicar, debemos documentarnos para desarrollar nuestro tema y definir el mensaje clave a transmitir. La dialéctica y la lógica en esta parte son fundamentales y el logos será el hilo conductor de cualquier exposición. Pero como has aprendido, hay que dirigirnos al corazón y no al cerebro, por lo que el logos no es lo más convincente de un relato dramatizado.

Pathos sí que es convincente y poderoso, pues consiste en apelar a las emociones. Son argumentos de orden puramente afectivos y ligados fundamentalmente al receptor del discurso. Es seleccionar las palabras correctas para despertar los sentimientos deseados en la audiencia y ponerlos en un estado vulnerable de aceptación de nuestros mensajes e instrucciones. Según Aristóteles, estos argumentos se basan en suscitar ira (ὀργή), calma (πραότης), odio (μίσος), amistad (φιλία), miedo (φόβος), confianza (θάρσος), vergüenza (αἰσχύνη), indignación (τὸνεμεσάν), agradecimiento (χάρις), compasión (ἐλεῖνος) y envidia (φθόνος). Pero sabemos que hay una gran mezcla de emociones y que, de Aristóteles al día de hoy, las técnicas para despertar emociones en la audiencia han avanzado mucho.

En el terreno de pathos también entrarían las figuras retóricas, que muchas veces es lo primero que piensa la gente cuando escucha la palabra retórica. Metáforas, eufemismos, hipérboles..., Sam Leith las define como un intento de categorizar a la extraordinariamente amplia gama de cosas que se pueden hacer con el lenguaje. Dice que es como el baile, en donde no hay sólo una lista de pasos, sino una infinidad de recursos y combinaciones para bailar. Las figuras retóricas son las cerezas del pastel, los malabares que el acróbata del lenguaje ejecuta para entretener a su exigente público, y que, aunque nombre quisiéramos ponerles, nunca terminaríamos de nombrar... ¿Te diste cuenta?, si no, relee este párrafo y encontrarás al menos cinco figuras retóricas.

Y, por si fuera poco, en pathos también se encuentra la lógica informal, que es la lógica basada en falacias. Es la lógica en la que la falla no está en la forma del argumento, sino en la irrelevancia, falsedad o debilidad de alguna de sus premisas. La lógica informal (en *¡Salte con la tuya!* la llamamos *lógica abasurada*) confunde a la razón por la sobresimplificación de los argumentos, pues éstos son válidos en forma y parecen ser sensatos... aunque son sumamente debatibles. La lógica informal parte del principio de que el pensamiento y el lenguaje humano son a menudo incorrectos o tendenciosos. Se le atribuyen sus inicios a los sofistas, considerados los alquimistas del lenguaje, pues podían hacer parecer lo negro blanco y viceversa, además de transformar en oro todo lo que salía por sus bocas o las de sus estudiantes. Hoy podemos encontrar técnicas de lógica informal tan poderosas como las de *envenenar el pozo* o las *vacas sagradas*, o recurrir a las clásicas como las apelaciones a la culpa, a la misericordia, a la adulación o al miedo; entre muchas otras.

Si quieres aprender a empoderar el ethos, trabajar con el logos y sacarle todo el provecho al pathos con sus figuras retóricas y lógica informal, no te pierdas *¡Salte con la tuya!*

Para ser efectiva, la dramatización de la realidad necesita aplicar las características clave del storytelling, así como utilizar la mayor cantidad de recursos retóricos disponibles.

EL PODER DE LA REDACCIÓN CREATIVA EN LA CONSTRUCCIÓN DE UNA IMAGEN PÚBLICA

La creatividad es el arte de engendrar ideas útiles para lograr un objetivo, por lo que, en temas de redacción, nunca terminaríamos de hablar de recursos creativos o de imaginar la cantidad de posibilidades con las que podríamos jugar. La redacción creativa es el arte de transformar palabras comunes en experiencias memorables. No es sólo escribir bonito, es crear un impacto, dejar una huella y conectar emocionalmente con quien lee o escucha. En el mundo de la imagen pública, donde cada palabra importa para crear percepciones, la redacción creativa es la herramienta que convierte un mensaje en una experiencia que define a una persona o una institución. No es sólo la voz y el estilo que informa, sino que seduce, convence y, sobre todo, construye reputación.

En este capítulo hemos aprendido mucho más que a juntar palabras de manera elegante. Le hemos dado un enfoque narrativo que utiliza varias técnicas del storytelling para jugar con el lenguaje y unirlo a la emoción; ponerlo al servicio de la persuasión para transmitir mensajes que realmente importan. Mientras que la redacción estándar busca ser clara y directa, la redacción creativa al servicio de la dramatización de la realidad añade una capa extra: la de respetar la esencia y potenciar el estilo de quien habla, eligiendo no sólo el qué decir, sino cómo decirlo para que resuene en el corazón de la audiencia.

Es como una conversación con alguien que admiras o que amas, el impacto del mensaje es mayor pues sientes que te habla directamente y que fue diseñado especialmente para ti. Así funciona la redacción creativa al dramatizar realidades: engancha, envuelve y hace que lo que se comunica sea memorable.

¿Pero por qué es tan importante en la imagen pública? Porque en la imagen pública todo comunica. Y la forma más poderosa de comunicar es con las palabras: un discurso, una presentación ejecutiva, las palabras durante un manejo de crisis, la creación de historias y mitos fundacionales, la redacción de una biografía, el *copywriting* publicitario, el contenido de una página web, el boletín de prensa, el podcast y las palabras que se dicen en una publicación en redes sociales y los textos que acompañan, deben usar la redacción creativa para dramatizar una realidad, controlar el mensaje a nivel emocional, dar forma a la percepción y, sobre todo, crear una narrativa poderosa.

Un texto bien dramatizado no sólo informa, sino que moldea la percepción. Haz que cada palabra cuente y disfruta de moldear la realidad con el poder emocional de las palabras.

De esta forma llegamos al ecuador de este libro, en el que dedicamos la primera mitad a poner las bases de la esencia, el posicionamiento y el uso del lenguaje; por lo que ahora entraremos a la parte más práctica, en donde aprenderemos a masificar una imagen pública y a aplicar todo el conocimiento en diferentes áreas de la percepción.

Entremos a la quinta parte a la que denominamos El desempeño, pues en sus tres capítulos experimentarás con las áreas más técnicas de la imagen pública, las que requieren de mayor acción, destreza e interacción con los estímulos, ajustándose a la realidad de cada persona o institución y persiguiendo un fin reputacional a través de la imagen física, los protocolos y la imagen ambiental.

¡Sigue disfrutando y aprendiendo de la Imagología!

CUARTA PARTE:

EL DESEMPEÑO

10
IMAGEN FÍSICA

Con la colaboración de Loren Fernández*

*Licenciada en Ciencias de la Comunicación por la UIA. Como consultora en Imagen física desde 1994, ha tenido a su cargo el diseño de la imagen personal de políticos y empresarios del más alto nivel. Pionera del estudio de la imagen física en México y fundadora de la materia del mismo nombre en la maestría en Imagen Pública. El Aula Loren del Colegio de Imagen Pública, donde se realizan todos los trabajos de imagen física, lleva ese nombre en su honor.

INTRODUCCIÓN

La imagen física es la percepción que se tiene de una persona por parte de sus grupos objetivo, como consecuencia de su apariencia personal y lenguaje corporal. El tema de lenguaje corporal ya quedó explicado con profundidad en el capítulo de imagen kinésica, por lo que ahora nos adentraremos en el de la apariencia personal.

Con la indumentaria, cada individuo encuentra su propia forma de expresarse empleando variaciones de tono y significado, y su enfoque integral incluye la apariencia física, el vestuario, los accesorios y el aliño corporal.

EL ORIGEN DEL VESTIDO

La creencia general, hasta ahora, es que el vestido se originó como respuesta a la necesidad de protegerse contra las inclemencias del tiempo y al pudor. Sin embargo, recientes investigaciones han revelado que las motivaciones iniciales fueron otras. Sin restarle importancia a esos dos aspectos que jugaron un papel importante en el desarrollo de la indumentaria en épocas posteriores, los investigadores reconocen cuatro orígenes simultáneos que están presentes en todos los grupos humanos. Veámoslos a continuación.

1. Protección mágica

La vida de los pueblos primitivos estaba caracterizada por la influencia de la magia y de los espíritus. Creían que las enfermedades, la muerte, los terremotos, las inundaciones, etcétera, procedían de espíritus malignos, de fuerzas hostiles contra las que ellos no podían luchar, por lo que eran contrarrestadas con amuletos. Las pinturas corporales y los adornos se usaron en un primer momento para atraer fuerzas positivas y alejar el mal. Estos hombres pensaban que las influencias maléficas podían penetrar fácilmente por los orificios del cuerpo y por eso se adornaban las orejas, la boca o la nariz con objetos cuya acción era defensiva.

El uso de pulseras, brazaletes, pectorales y collares tiene su origen también en una protección. Se creía que la vida podía escaparse por la cabeza o por las manos, por eso la aprisionaban mediante aros para evitar una muerte prematura.

Cuando un hombre de las cavernas se ponía la piel del animal que acababa de cazar, intentaba una forma de magia por contacto, ya que creía que esa piel debía transmitirle la fuerza o la fiereza del animal. Un collar de dientes de animal o unas plumas tenían esa misma función.

Con la pintura corporal sucede lo mismo. Su uso se remonta al paleolítico; los hombres de esa época ya conocían los colores de origen mineral, como el ocre. En algunas tribus se pensaba que las pinturas faciales podían proteger de enfermedades, otras se pintaban el cuerpo de rojo para ahuyentar a los espíritus malignos y otros recurrían a ella para suscitar miedo en el enemigo y adquirir mayor seguridad.

Las pinturas corporales y los adornos se usaron en un primer momento para atraer fuerzas positivas y alejar el mal.

2. Instinto de ornamentación

La mayoría de los estudiosos consideran este instinto como uno de los orígenes del vestido. Darwin afirma: "Los vestidos surgieron primeramente con un fin ornamental y no para producir una sensación de calor". Cuando visitó Tierra de Fuego, territorio frío y húmedo, se encontró que los nativos sólo usaban plumas y unos dibujos en el cuerpo. Testimonios de otros investigadores confirman que en las razas más primitivas existen individuos carentes de vestido, pero en todas está presente la ornamentación, lo que los ha llevado a concluir que el placer de arreglarse precedió al de vestirse. A esta instintiva y espontánea necesidad de adornarse se le ha asignado también una función lúdica.

"Los vestidos surgieron primeramente con un fin ornamental y no para producir una sensación de calor". Darwin

3. Necesidad de distinción

Esta necesidad del hombre tiene que ver con un instinto de rivalidad. Se hace uso de la pintura corporal, del tatuaje, de los ornamentos y de los diferentes vestidos para diferenciarse de los demás. Este fenómeno es típicamente humano y no se encuentra en el mundo animal, en donde sólo se exhiben aspectos naturalmente bellos.

Los seres humanos desnudos son iguales unos a otros. Desde los albores de la historia, los hombres han intentado huir de esta homogeneidad y han manifestado una necesidad individual de distinción. La conciencia del Yo se expresa diferenciándose de los demás y del medio ambiente; es una necesidad de afirmar la propia individualidad y, al mismo tiempo, de comunicar a los otros integrantes del grupo social las propias características e individualidades, así como la actividad que se desarrolla.

Estas primeras motivaciones del vestido fueron fusionándose y evolucionando a través del tiempo, asumiendo, además, una función práctica. Imaginemos al cazador que se pone la piel de su presa para contagiarse de sus poderes y descubre, adicionalmente, una sensación de calor y protección frente al ambiente. El vestido, por tanto, adquiere una utilidad múltiple y no siempre resulta clara la distinción entre la función estético-ornamental y la función utilitario-protectora. Todavía hoy podemos encontrar en el vestido estas dos tendencias: la de proteger y la de simbolizar.

Si hacemos un recorrido por los diferentes pueblos —tribus africanas, aborígenes australianos, indios de Norteamérica, etcétera— y las diferentes culturas —egipcia, griega, romana, bizantina, persa, árabe, hindú, china o maya—, encontraremos que en todos están presentes los mismos objetos ornamentales: pulseras, anillos, collares o pectorales, pintura corporal, tatuajes, adornos en la cabeza. Estas semejanzas se deben más que a un contacto cultural, a que las motivaciones psicológicas iniciales son comunes a todos los hombres. Todos estos ornamentos han sobrevivido a siglos de cambios, sin que sus diseños y funciones hayan sufrido casi modificaciones, y han estado presentes en las diferentes etapas de la civilización.

En la sociedad civilizada actual seguimos usando todos estos objetos y formas de ornamentación y en muchos casos seguimos otorgándoles poderes sobrenaturales y funciones mágicas. Nos colgamos al cuello medallas, cruces, estrellas, cuarzos o piedras con poderes diversos, usamos pulseras a las que les atribuimos capacidades curativas o nos ponemos prendas de vestir que nos dan suerte.

Se hace uso de la pintura corporal, del tatuaje, de los ornamentos y de los diferentes vestidos para diferenciarse de los demás.

4. El pudor

Este sentimiento, que hasta ahora era considerado como una de las motivaciones primeras por las que el hombre había comenzado a vestirse y taparse, resulta que no es inherente al hombre, y la vergüenza ha desempeñado un papel poco importante en la historia del vestido. Como se puede observar, no en todos los sitios el pudor afecta a las mismas partes del cuerpo y existen muchos grupos en los que tanto hombres como mujeres están desnudos o apenas cubiertos. En la antigua Grecia, un cuerpo desnudo no era considerado impúdico y los atletas romanos habitualmente no usaban ropa.

Algunos autores han concluido que el vestido surgió como un mecanismo para despertar el interés sexual y no, como se creía, para reprimirlo; al esconder ciertas partes del cuerpo, las ropas son una provocación, despiertan la imaginación y la curiosidad. De cualquier manera, como señalamos, no se puede negar que el pudor ha tenido un papel determinante a lo largo de la evolución de la indumentaria en el transcurso de la historia.

La vergüenza ha desempeñado un papel poco importante en la historia del vestido.

LA MODA

La palabra moda proviene del latín *modus* -modo, manera- y es el modo o la costumbre que está en boga durante algún tiempo. Abarca un vasto campo, que va desde lo artístico, lo literario y las costumbres, hasta el juego y el vestido. Pero desde el siglo XVII esta palabra se emplea principalmente para designar los continuos cambios de la indumentaria.

A continuación, vamos a hacer un breve recorrido por la historia del vestido y la moda occidental y su evolución, dando enormes saltos por razones de espacio, pero deteniéndonos en momentos importantes de grandes cambios que se reflejan en la forma de vestir. Las modas, como veremos, no son arbitrarias ni caprichosas, sino el signo externo y visible de profundas alteraciones sociales y culturales.

En la antigüedad, los cambios en los estilos o en las prendas eran muy lentos. Los egipcios, por ejemplo, mantuvieron el mismo tipo de indumentaria tanto masculina como femenina durante dos mil quinientos años, con variaciones insignificantes. Este largo dominio egipcio fue sustituido por la ropa más ligera de griegos y romanos que dominaron el Mediterráneo durante siglos. Su forma de vestir se extendió por todo el territorio del Imperio y fue adoptada por los naturales de las diferentes regiones.

Durante el primer milenio de nuestra era, las invasiones de los bárbaros del norte obligaron a los romanos a retirarse; y en la medida que su influencia se fue debilitando, el idioma, sus costumbres y sus tradiciones, entre ellas la forma de vestir, fueron desapareciendo. Con la caída del Imperio romano cayó también el estilo grecorromano del vestir, que fue sustituido por los estilos de ropa cosidos y ajustados, como los pantalones, las capuchas y túnicas ajustadas de los habitantes del norte. Con la estabilización de las migraciones, comenzó un lento proceso de asimilación de culturas y de formas de vestir.

La palabra moda significa el modo o la costumbre que está en boga durante algún tiempo. La moda en la indumentaria es el signo externo y visible de profundas alteraciones sociales y culturales.

El siguiente cambio importante ocurrió durante los siglos XI y XII con el regreso de los cruzados, que introdujeron nuevos tejidos, como sedas, damascos y terciopelos de brillantes colores, conceptos de lujo que tuvieron un impacto importante en la forma de vestir, sobre todo en las clases altas. Las calzas —especie de medias— sustituyeron a los pantalones ajustados que habían impuesto los habitantes del norte.

A lo largo de la Edad Media y del Renacimiento, las prendas básicas fueron las mismas y se llevaron a cabo sólo ligeros cambios de estilo, aunque se aprecia un continuo refinamiento. Cada cambio duraba un tiempo relativamente largo y estaba unido a grandes transformaciones en distintos sectores de la cultura. Esto se pudo deber a la ausencia de un sistema productivo; los trajes y los vestidos eran caros y llevaban muchas horas de trabajo, por lo que pasaban de una generación a otra. Por otro lado, la dignidad y la belleza estaban asociadas a los valores éticos y estéticos de unidad y duración. Sólo se permitían variantes en los vestidos rituales de príncipes y miembros del alto clero, ya que a éstos se les asignaba un importante valor simbólico.

La moda comienza a manifestarse como fenómeno de gran relevancia en las cortes del siglo XVI, en el último Renacimiento, cuando las formas de vestir de los príncipes y los nobles se sometieron a una constante innovación. A partir de aquí empezó una evolución en la que el lujo y el rebuscamiento fueron cada vez mayores, hasta llegar a su máxima expresión en Versalles.

Hasta este momento, fines del siglo XVIII, no había diferencias significativas entre la indumentaria masculina y la femenina desde el punto de vista ornamental: tanto hombres como mujeres usaban formas de atavío espectaculares, lujosas y elaboradas. Con la Revolución francesa se produjeron dos cambios radicales en la moda europea: el hombre adoptó un estilo sobrio, austero y retomó los pantalones después de 600 años de olvido, y la mujer dio una vuelta consciente a lo que se consideraba el estilo griego clásico. Las sedas, encajes y brocados desaparecieron del atuendo masculino y durante un tiempo también del femenino. Las causas de este drástico cambio se atribuyen de forma unánime a factores de carácter político y social derivados de los ideales de la Revolución. La forma del traje masculino actual se remonta a este suceso histórico, cuando los calzones debajo de la rodilla y las medias se convirtieron en tabú por sus connotaciones aristócratas, y los pantalones hasta la rodilla adquirieron dignidad de atributo proletario. Nadie sabe la razón por la que el pantalón fue adoptado por los arquitectos de este nuevo orden social, y puede parecer irónico que hayan elegido como modelo el traje de los bufones italianos —la palabra pantalón viene de Pantaleone, un personaje de la Comedia del Arte—. El caso es que desde finales del siglo XVIII el hombre adoptó el traje simple y uniforme, de líneas rectas y colores sobrios, exento de cualquier adorno y ornamentación, como expresión de los valores de la Revolución, representando también el inicio del ya difundido proceso de democratización del vestido.

Hasta el siglo XVIII no existían diferencias significativas entre la indumentaria masculina y femenina desde el punto de vista ornamental, es la Revolución francesa la que recupera el pantalón y aporta austeridad a la moda.

La llegada de la Revolución industrial facilitó la fabricación de trajes y vestidos a la moda y las clases ascendentes copiaron a las acomodadas.

El siglo XX, con sus guerras y revueltas sociales, aportó los últimos cambios radicales en la historia del vestido occidental. La lucha de la mujer contra las limitaciones sociales y políticas fue acompañada por la desaparición del corsé. Muchas mujeres empezaron a trabajar fuera del hogar o servían como enfermeras o auxiliares, por lo que la incomodidad de las faldas largas impuso un cambio y, como ocurre con los cambios repentinos, el ajuste fue brutal, así que a mediados de los años 20 la falda había subido hasta la rodilla. Después de la Primera Guerra Mundial reapareció la silueta natural de la mujer, con vestidos rectos y sueltos, cortos y escotados, a menudo sin mangas, las curvas pasaron de moda y se admiraba una figura de tipo infantil.

El siglo XX con sus guerras y revueltas sociales aportó los últimos cambios radicales a la historia del vestido occidental.

Durante las décadas de los treinta y los cuarenta, las mujeres continuaron luchando por la igualdad frente a los hombres; como respuesta, Coco Chanel incorporó al vestuario femenino una prenda que hasta entonces había sido patrimonio exclusivo del hombre: el pantalón. Otra vez, una prenda de vestir fue el signo de un cambio social y cultural. La mujer usaría el pantalón como símbolo de igualdad.

Coco Chanel aporta el pantalón al vestuario femenino; éste simboliza la igualdad de la mujer con el hombre.

En los años sesenta, las revueltas estudiantiles y la rebelión de los jóvenes ante el orden establecido se manifestaron también en la forma de vestir. Había que romper con las reglas impuestas por los adultos, y éstas incluían el aspecto físico. Los jóvenes se dejaban crecer el pelo y había una revolución en cuanto a colores, formas y texturas; no había reglas, todo estaba permitido. Fue una época de gran exuberancia y variedad. El mensaje de la indumentaria era radical, de menosprecio a los adultos de la época por considerarlos farsantes, mentirosos, hipócritas y belicistas.

A partir de este momento ocurrió otro cambio; antes, las modas las imponían los adultos, y niños y jóvenes obedecían; ahora los jóvenes propondrían los cambios y los adultos se adaptarían a los estilos de la juventud.

A partir de los sesenta y por primera vez en la historia, los jóvenes imponen las modas y los adultos han adoptado sus tendencias.

SEMIÓTICA DEL VESTUARIO

Mucho antes de que dos personas entablen una conversación ya han estado comunicándose a través de una vasta gama de señales de las que no están muy conscientes y a las que generalmente no se les presta atención. Antes de hablar, ya comunicaron su sexo, su edad, la clase social a la que pertenecen, su nivel educativo, etcétera. Mediante lo que llevan puesto, han dado información sobre su profesión, sus gustos, incluso sobre su personalidad. Estas señales se mueven de un interlocutor a otro y éstos, con base en ellas, intentan catalogarse. Cuando por fin entablan conversación, cada uno ha hecho un juicio sobre el otro, han hablado en una lengua más antigua y universal: la de los signos.

10. IMAGEN FÍSICA

La presentación de nosotros mediante señales no verbales es generalmente más inmediata e incisiva que a través de la comunicación verbal, debido a que estamos utilizando un lenguaje de signos. Hoy, gracias a las investigaciones semiológicas, se ha tomado conciencia de que la indumentaria, que incluye además de las prendas de vestir, el peinado, complementos, accesorios, maquillaje y adornos corporales en una interacción armónica con todas las demás modalidades expresivas del cuerpo, es un fenómeno comunicativo, un lenguaje visual articulado.

La semiótica es la ciencia que se encarga del estudio de los signos y un signo es todo aquello que pueda ser entendido como un sustituto significativo de alguna cosa, o sea, todo aquello que hace referencia a un significado.

El estructuralista francés Roland Barthes y el escritor italiano Umberto Eco extienden el campo de la semiótica a todos los fenómenos que encierran un significado; afirman que ésta no puede limitarse a los fenómenos de comunicación intencional, sino que debe interesarse por todo aquello que haga referencia a un significado, prescindiendo del hecho de que tal significación tenga o no la intención explícita de comunicar. Por tanto, los distintos elementos de la indumentaria, precisamente porque están cargados de significado y se caracterizan más por su valor simbólico que por el valor funcional, pueden considerarse parte de un proceso de significación, es decir, asumen la función de signo. Por ejemplo, pensemos en la corbata. En realidad, no tiene ningún valor funcional, no tiene ninguna utilidad práctica, sin embargo, es un accesorio indispensable para el hombre. Observando su calidad, la textura, el diseño, el color, el tipo de nudo, podremos adivinar la profesión, la posición social, la personalidad, los gustos de quien la lleva, o en su caso, de quien no la lleva. Esto mismo sucede con muchos otros accesorios y prendas que usamos cotidianamente. La semiótica del vestuario se refiere al estudio de los signos y símbolos que emite nuestra ropa. Cada prenda, color o accesorio tiene un significado, y ese significado puede variar según el contexto cultural y social.

La indumentaria, el peinado, los accesorios, el maquillaje y los adornos corporales deben considerarse como un lenguaje visual articulado.

Los estilos, los colores, las texturas y los patrones comunican. Unos zapatos femeninos de piel cerrados y unas sandalias de tacón alto envían mensajes diferentes; lo mismo sucede con los colores: hablan y llevan mensajes implícitos. ¿Por qué una camisa blanca es símbolo de autoridad? Porque antiguamente, cuando no existían las lavadoras ni los detergentes con blanqueador, solamente los hombres muy ricos, que tenían la posibilidad de tener una gran cantidad de personas a su servicio, podían usar ese color. Las camisas de los hombres trabajadores eran siempre oscuras, ya que estos colores permitían disimular la suciedad. Hoy día, los colores oscuros como el negro y el azul marino suelen asociarse con la autoridad y la formalidad, mientras que los colores claros como el blanco o los pasteles evocan sensaciones de accesibilidad y amabilidad.

Las texturas también envían mensajes diferentes: un pantalón de lana, uno de pana o unos jeans, comunicarán diferentes cosas.

Por tanto, debemos estar conscientes de que cuando escogemos la ropa que vamos a usar durante el día, o cuando hacemos una elección en una tienda, nos estamos describiendo, estamos reflejando nuestra individualidad a través de lo que nos ponemos. ¿Todos los elementos de mi apariencia física son coherentes?, es decir, ¿están enviando el mismo mensaje? Si la respuesta es positiva, adelante; si es negativa, cambie el elemento incoherente.

Al pararnos frente a un espejo no debemos pensar cómo nos vemos, sino qué mensajes estamos enviando.

DISEÑO DE IMAGEN FÍSICA

Se piensa que diseñar una imagen física es cuestión de moda, estilismo y de seguir las tendencias y corrientes que la industria del vestuario nos impone; y que, para diseñar una imagen física, se necesita tener una sensibilidad creativa para decorar sobre un lienzo que es el cuerpo humano. Cuando en realidad, diseñar una imagen física es ayudar a las personas a lograr sus objetivos mediante la apariencia personal, por lo que es un proceso más estratégico, semiótico y metodológico, que artístico o *fashionista*.

El primer paso para diseñar una imagen física será recordar todo lo aprendido sobre el tema de esencia y estilo, que quedaron explicados en el primer capítulo de este libro y en el de Imagen interna. Recordarás la realización de la entrevista a profundidad, pues es durante esta entrevista que también se reconoce el estilo, ya sea mediante la observación directa o con la ayuda de cuestionarios. Una vez recabada la información de esencia y estilo, se procederá a detectar cuáles son los objetivos de la persona y cuáles son las necesidades de su audiencia, para esto último utilizaremos las técnicas que aprendiste en el capítulo de Auditoría de la imagen, así como se le cuestionará a la persona para detectar cuáles son sus roles, las personas con las que interactúa y los objetivos que desea lograr.

Y una vez que se cuenta con toda esta información, es que se podrá hacer un diseño de imagen física y recomendar el uso del vestuario, del peinado, de los colores, de los accesorios y de todos los elementos que potenciarán a la persona para lograr sus objetivos. El diseño de una imagen física debe responder a lo que cada persona necesita de acuerdo con su esencia, sus objetivos y las necesidades de sus audiencias; por esa razón, dejemos de ubicarlo de una vez por todas como un tema de simples modas y caprichos personales.

Diseñar una imagen física es ayudar a las personas a lograr sus objetivos mediante la apariencia personal.

EL MÉTODO P.O.R.T.E

Para saber el resto de la metodología para diseñar una imagen física, es importante recomendar la lectura del libro *El método P.O.R.T.E.* de Alvaro Gordoa, una obra que te enseñará a profundizar en el manejo estratégico de la imagen física y a realizar todos los estudios necesarios para implementar un guardarropa que ayude a lograr objetivos y a sacarle el mayor provecho a lo que la naturaleza nos dio. A continuación encontrarás una muy breve explicación de este método y lo que significa cada una de las letras de este acrónimo:

Psicología de la ropa: entender cómo la ropa influye en nuestra mente y en la percepción de los demás, afectando el comportamiento humano. Afecta en cómo nos sentimos y actuamos, pues las prendas que elegimos influyen en nuestro comportamiento y estado emocional. Cuando nos vestimos bien, nos sentimos bien. Esta afirmación va más allá de lo anecdótico, está respaldada por investigaciones psicológicas. La ropa tiene el poder de alterar nuestro estado de ánimo, nuestra confianza y nuestra autoimagen. Cuando elegimos vestimenta que nos hace sentir con seguridad, proyectamos esa confianza hacia los demás. Esto crea un círculo virtuoso en el que la percepción externa alimenta nuestra percepción interna, y viceversa. Y el efecto psicológico del vestuario también afecta en la manera como los demás se comportan con nosotros, de ahí la frase popular *como te ven te tratan.*

Organización de guardarropa: organiza tu guardarropa y organizarás tu vida. Al organizar nuestro guardarropa, deshacernos de la ropa que no nos sirve y seleccionar únicamente prendas que se alineen con nuestro tipo físico y objetivos personales y profesionales, podremos influir positivamente en la manera en que los demás nos perciben. La realización de un closet detox, una auditoría de guardarropa y un servicio de personal shopping, es fundamental en este apartado.

Reconocimiento 3C (cuerpo, cara y color): Uno de los puntos más importantes del método es el reconocimiento de las medidas, formas y proporciones de cara y cuerpo, así como el análisis de color aplicado a la persona de acuerdo con su color de ojos, piel y pelo. A estos estudios formalmente se les conoce como antropometría, antropomorfolgía, carametría, caramorfología y cromometría, coloquialmente también conocida como colorimetría. Estudios que te permitirán identificar qué tipo de ropa, cortes y colores favorecen más. Este conocimiento es esencial porque muchas veces cometemos errores al elegir prendas que no se ajustan a una fisonomía o tono de piel.

Trucos ópticos: esta parte del método consiste en usar técnicas visuales para realzar nuestras características y minimizar cualquier área que se desee disimular. A través del uso de líneas, escalas y colores, se engaña al ojo para alargar, ensanchar, acortar, estrechar y dar o quitar volumen según sea el caso.

Estilo: ya conoces el tema, pero en *El Método P.O.R.T.E* se enseña a desarrollar e implementar el estilo personal, y a trabajar con su volumen para que sea coherente con nuestra esencia y objetivos.

CONCLUSIÓN

La imagen física es una parte importantísima del proceso de la comunicación no verbal. El aspecto físico, el vestuario y los accesorios deben ser considerados como signos que envían mensajes y, por tanto, constituyen un lenguaje que nos comunica con los demás.

La imagen física es una herramienta de comunicación que no debe ser subestimada. Cada prenda que usas, cada accesorio que portas y cada elemento de tu estilismo y aliño corporal, envía mensajes que configuran tu imagen pública. Al respetar la esencia, dominar los conceptos de la semiótica del vestuario y aplicar los principios del Método P.O.R.T.E., se podrá diseñar una imagen física coherente que se convierta en un factor fundamental al momento de crear reputaciones.

La imagen física no es simplemente un reflejo superficial, sino una herramienta poderosa que proyecta quiénes somos y qué queremos comunicar. Cada día, consciente o inconscientemente, emitimos señales que los demás interpretan, y esas señales tienen un impacto directo en cómo nos perciben. Esta percepción, como hemos señalado en varias ocasiones, es lo que realmente define la realidad que los demás construyen sobre nosotros.

Por lo tanto, diseñar y producir una imagen física es algo más profundo y complicado de lo que se cree. Se necesitan conocimientos y una metodología para lograr resultados afortunados. Desconfía de las personas que creen que la creación o cambio de una imagen física es un proceso instantáneo que se logra con tan sólo cambiar el color y el corte del pelo o recomendar la fácil compra de un traje o un vestido. Recuerda que diseñar una imagen física es usar la semiótica aplicada a la apariencia para satisfacer la necesidad que tienen las personas de agradar, distinguirse y darse a conocer, con miras a un objetivo determinado: ¡Triunfar!

11
IMAGEN PROFESIONAL

"Toda interacción social es un performance creado para la audiencia". Este es el enfoque dramatúrgico que Erving Goffman, padre de la microsociología, plasmó en su libro *The Presentation of Self in Everyday Life* (*La presentación de la persona en la vida cotidiana*), en donde menciona que cuando nos mostramos ante otras personas intentamos transmitir, de forma consciente o inconsciente, una determinada impresión sobre nosotros. Y que como "actores", nos expresamos para causar una impresión en nuestra audiencia. Sus estudios exponen la teoría de la auto-presentación, que sugiere que las personas tenemos el deseo de controlar las impresiones que otras personas se forman sobre nosotros a través de nuestro comportamiento. Y esta regulación de nuestro actuar frente a los demás es parte esencial de nuestra humanidad, y se convierte en la mejor forma de resumir qué es la imagen profesional, ya que, si de todas formas la gente va a asistir al teatro de la vida... ¡démosle nuestra mejor representación!

Si imagen es percepción, podemos definir la imagen profesional como la percepción que se tiene de una persona o institución, por parte de sus grupos objetivo, como consecuencia del desempeño de su actividad profesional.

Y la palabra profesional no deberá limitarse únicamente a una actividad ejecutiva remunerada, sino a todo lo perteneciente o relativo a una profesión, que es la acción o efecto de profesar algo. Profesar es ejercer un rol determinado, por lo que, al interactuar en sociedad, siempre estamos representando un rol de profesión. Y así, en ocasiones tu profesión es "asistente a un restaurante" o "viajero en avión", como claro que también seguramente en algún momento has jugado el rol de estudiante o de colaborador para una empresa. Y simplemente haciendo un recuento de tu última semana o incluso el día de hoy, piensa cuánto roles has ejercido donde profesas comportamientos que se esperan de ti: ¿Padre, madre, hijo, pareja, asistente a una fiesta, al gimnasio, al supermercado, a un concierto, anfitrión, visita, organizador o participante de una junta...? La lista sería interminable, ya que a lo largo de nuestra vida representamos roles que se convierten en nuestra "profesión", y la percepción que se desprende de ellos es nuestra imagen profesional.

Y dentro de la gran gama de estímulos que se pueden emitir en el ejercicio de este quehacer profesional, independientemente del rol que se desempeñe, hay dos factores primordiales que influirán decisivamente en la percepción profesional. Y son la manera como nos comportemos durante el transcurso del contacto personal, y la forma como respondamos en el momento que suceda una crisis. Por lo que, los dos grandes rubros que conforman la imagen profesional son el protocolo y el manejo de crisis.

El protocolo es el conjunto de reglas sociales que rigen una actividad y que han quedado establecidas por decreto o por costumbre. Por ejemplo, por decreto puede existir un protocolo ejecutivo donde les digan a los miembros de una institución cómo deben comportarse y el tipo de prendas que deben portar para trabajar. Y por costumbre, en el ambiente social, en algunos lugares se acostumbra saludar de beso y en otros de mano; así como en las mesas formales se acostumbra que nuestro pan sea el de la derecha y las bebidas de la izquierda. No existe un decreto, pues se apela a las tradiciones y se establece como un constructo social compartido. Pero ya sea establecido por decreto o por costumbre, si se rompiera ese protocolo o no se supiera cómo comportarse ante diferentes situaciones, se vería afectada la reputación.

El protocolo son todas las formas de comportamiento que se dan por sentado que se seguirán y observarán.

Y cuando se rompe con este deber ser, es donde surgen las crisis; y el comportamiento y comunicación que se dé al momento que sucede una situación desafortunada, es fundamental para no dañar aún más la reputación. Pero sobre manejo de crisis hablaremos con profundidad en otro capítulo del libro, por lo que de momento lo dejaremos a un lado.

LA RELATIVIDAD DE LA IMAGEN PROFESIONAL

Al realizar imagen profesional, tenemos que tener muy presente el axioma de la relatividad de la imagen, que menciona que en imagen pública no hay cosas buenas ni malas, sino lo que debe ser de acuerdo a la esencia, los objetivos y las necesidades de la audiencia. Pues no es lo mismo los protocolos que se siguen en un bar que en un funeral, o lo que necesita proyectar para lograr sus objetivos alguien que se dedica a las leyes y las finanzas, que alguien dedicado al diseño o al arte conceptual. Como diferentes serán las necesidades de los cuentahabientes de un banco que los de los pacientes de un hospital. La palabra clave es coherencia.

Por lo que, para juzgar y crear objetivamente la imagen profesional nos tenemos que preguntar: ¿Se está respetando la esencia personal o institucional?, ¿los mensajes emitidos con los protocolos ayudan a lograr los objetivos o son un obstáculo?, y ¿los procesos, rituales, formas y el comportamiento en general, satisface las necesidades de las audiencias? Si la respuesta es sí, entonces estaremos hablando de una imagen profesional bien lograda que seguramente será persuasiva, pero si encontramos una respuesta negativa a cualquiera de estas tres preguntas, entonces se deberán hacer los ajustes necesarios.

QUÉ NO SON LOS PROTOCOLOS

Puntualizamos la relatividad de los protocolos, ya que desafortunadamente hay muchos prejuicios y falsas concepciones respecto a este tema tan fundamental para la imagen pública, ya que se piensa que el protocolo es rigidez, esnobismo, extrema formalidad y algo que atenta contra el progreso o la evolución social, cuando es todo lo contrario. El protocolo es algo dinámico, incluyente y progresista, ya que el protocolo no lo inventa un grupo de expertos que tiene el control sobre el comportamiento social, ¡lo inventa la misma sociedad! Misma sociedad que juzga lo que "debe ser" y que en algunos contextos acepta un comportamiento y en otros lo castiga. Los expertos en imagen profesional nos limitamos a analizar, estudiar y recopilar los comportamientos sociales protocolarios, para después diseñar y producir estrategias para que su uso genere aceptación y no rechazo.

Por lo que el protocolo no es algo del pasado: día con día surgen nuevos estándares de comportamiento y otros se van. Si hoy leyéramos el famoso

Manual de Carreño publicado en 1853, lo tacharíamos de infame y hasta ofensivo, pues la sociedad ha evolucionado a pasos agigantados y con ella sus protocolos. O nada más de analizar un fenómeno social como fue la pandemia de COVID del 2020, nos daríamos cuenta que con ella surgieron o cambiaron muchos protocolos de trabajo a distancia y uso de videoconferencias, hasta alteró la forma de vestir en las oficinas o de políticas de usos de redes sociales en el entorno laboral.

Tampoco los protocolos son reglas rígidas, pues si bien ya quedó clara la relatividad de los mismos, muchas veces romper el protocolo o lo que se da por sentado puede traer efectos positivos, ya que salirse de las normas y ser disruptivos en algunos contextos es lo que se necesita. Por ejemplo, en política se acostumbra el respeto de las normas más tradicionales al hablar o vestir, por lo que siempre imaginamos a los políticos hablando con propiedad y vistiendo de traje, con códigos de autoridad, por lo que imagina si alguien se apareciera hablando de manera desfachatada, con malas palabras y vistiendo de una manera casual o alternativa ¿crees que sería negativo?... ¡Pues depende! Ya que, en un contexto de hartazgo a la política tradicional, un personaje que no siga las costumbres será visto de manera positiva, pero en otro donde la ciudadanía necesite orden, respeto y prudencia, el romper con lo esperado no sería positivo. Por eso es que no son reglas rígidas.

Los protocolos también se piensan como algo exclusivo de la alta diplomacia, de la realeza o de los niveles socioeconómicos más elevados, cuando son para todas las personas y no excluye nivel socioeconómico, edad, sexo, raza o cualquier otra característica que nos agrupe o separe. Nadie es inmune a ser percibido por sus maneras y toda acción social lleva un protocolo. Piensa en actividades comunes como ir al cine, a una reunión de amigos o subirse a cualquier transporte público y te darás cuenta que hay formas y comportamientos que se dan por sentado y que, si alguien los rompiera, provocaría un juicio social adverso al transgresor.

Los protocolos son relativos, dinámicos y para todos, por lo que no deben tomarse como reglas rígidas e inflexibles que aplican sólo para unos cuantos.

DIFERENCIA ENTRE PROTOCOLO, ETIQUETA Y CEREMONIAL

Aunque suelen usarse como sinónimos, protocolo, etiqueta y ceremonial son conceptos distintos, pero forman parte del mismo universo: el de las normas de comportamiento. Por lo que, aunque estén hermandados, tenemos que saber diferenciar semánticamente estos tres elementos.

El protocolo: ya quedó definido como el conjunto de reglas sociales que rigen una actividad y que son establecidas por decreto o por costumbre. Son las normas que regulan el comportamiento colectivo en actos sociales, y establecen las formas correctas de actuar en función del contexto. El protocolo es el gran paraguas que cubre a toda la normativa social.

La etiqueta: tiene un enfoque más personal y cotidiano. Se refiere a las cortesías y buenas maneras que guiarán las formas en situaciones específicas, siempre relacionadas a un contexto. La etiqueta indica cómo hay que vestirse, comportarse, comunicarse y relacionarse a partir de la naturaleza del contexto, por lo que podríamos hablar de etiqueta en la mesa o en bodas, y dentro de las mismas, no es lo mismo la etiqueta en una mesa casual que una formal, o asistir a una boda de etiqueta rigurosa que una en la playa. Por eso habrá etiqueta para todo: para fiestas, uso de lugares públicos, funerales, cine, teatro o conciertos, la lista sería interminable, pues nada más dentro de conciertos o teatro, la etiqueta para asistir a la ópera tiene sus buenas maneras que dictan desde cómo vestir hasta cuándo aplaudir. Y es que todo acto protocolario incluye la etiqueta.

Y dentro de la etiqueta básica se encuentra la **urbanidad,** que es el conjunto de normas de convivencia que rigen el comportamiento respetuoso y armonioso entre las personas en los espacios públicos y en sociedad. Es la base de la cortesía y de las buenas maneras, y se aprende desde la infancia a través de la educación familiar y social. La urbanidad está presente en los pequeños detalles de la vida diaria: la puntualidad, saludar, dar las gracias, respetar los turnos, no alterar el orden públicos, ceder el paso y cualquier detalle cívico. La urbanidad es el arte de vivir con los demás de forma civilizada y se convierte en una expresión de empatía, consideración y respeto.

El ceremonial: es la expresión simbólica del protocolo. Consiste en los rituales, formalidades y actos solemnes que acompañan eventos oficiales, religiosos o diplomáticos, que otorgan significado y solemnidad al momento. Sus normas son de carácter particular y zonificado, y se practican sólo en determinados momentos o circunstancias. Y así podríamos hablar de una ceremonia de graduación, de un ritual religioso, de una investidura real o de un ritual de invocación esotérica o pensamiento mágico. Se considera que existe ceremonial en cualquier evento que tenga rituales con carga simbólica.

**Si bien son parte del mismo conjunto,
podemos resumir que el protocolo regula,
la etiqueta suaviza y el ceremonial enaltece.**

CLASIFICACIÓN DEL PROTOCOLO

Para comprender con profundidad el campo de la imagen profesional, es necesario clasificar el protocolo según el entorno en el que se desarrolla. Esto permite aplicar las normas y formas de comportamiento adecuadas al contexto, maximizando la eficacia de la percepción que se proyecta.

Protocolo social

Es el conjunto de normas, usos y costumbres que regulan la convivencia entre personas en diferentes situaciones del día a día. Se basa en tradiciones y valores compartidos, y varía según la región, cultura o sociedad de la que se forma parte. En este protocolo, los individuos se adaptan a las normas de comportamiento mientras hacen vida social, por lo que no hay ningún interés de tipo comercial.

Este tipo de protocolo tiene una fuerte carga de etiqueta y urbanidad, ya que moldea el comportamiento individual a través de lo que la sociedad espera. Cuando alguien rompe estas normas sin motivo o contexto justificado, genera incomodidad o rechazo.

Protocolo ejecutivo o empresarial

Es el protocolo que rige en el mundo laboral, principalmente en entornos corporativos. Abarca desde el código de vestimenta hasta el comportamiento en reuniones de trabajo, trato con superiores, pares y subordinados, así como el uso de herramientas digitales y modos de comunicación.

Este tipo de protocolo busca proyectar competencia, respeto y credibilidad, y es fundamental en cualquier profesión remunerada o con miras comerciales, pues vela por la reputación laboral e institucional.

El libro *La Biblia Godínez* de Alvaro Gordoa, es un divertido pero profundo compilado de recomendaciones de protocolo ejecutivo, por lo que te recomendamos su lectura.

Protocolo diplomático e internacional

Es el conjunto de normas y rituales establecidos para las relaciones entre Estados, organizaciones internacionales o en actos solemnes oficiales. Aquí, el ceremonial adquiere un peso crucial, pues todo acto tiene implicaciones políticas, simbólicas y culturales.

Dentro de este protocolo, también se estudian y adecuan las etiquetas en las relaciones sociales y ejecutivas a nivel internacional, ya que los usos y costumbres cambian, pues no es lo mismo la etiqueta de comidas de negocios en México que en Estados Unidos o en Japón, o asistir a un funeral o boda en culturas orientales que occidentales. Por lo que hay que entender a la diplomacia como toda cortesía protocolaria en el ámbito de las relaciones internacionales.

Su incumplimiento puede derivar en crisis diplomáticas o interpretaciones simbólicas graves.

Protocolo religioso

Es el conjunto de normas vinculadas a actos litúrgicos, ritos o costumbres sagradas. Aquí, el simbolismo es protagonista y su cumplimiento está ligado a convicciones profundas. En este protocolo el respeto al ceremonial es de alta importancia, pues atentar contra él se considera una afrenta grave pues se relaciona con elementos sagrados para las personas.

Un punto muy importante es la urbanidad del respeto en credos, pues suele perderse por no compartir convicciones, alertando la convivencia cívica. A su vez, hay que saber respetar la etiqueta y el grado de participación ceremonial cuando se asisten a rituales o eventos de una religión a la que no se pertenece.

Protocolo militar

Uno de los más estrictos pues establece todas las normas marciales que regulan la conducta y actos ceremoniales dentro de las fuerzas armadas o milicias. Se rige por sólidas e inflexibles reglas de jerarquías, uniformes, códigos de honor, saludos, respuestas verbales y respeto absoluto de procesos.

Protocolo en la organización de eventos

Es el que opera en la planeación y ejecución de actos públicos o privados, con base en logística de calendarios, invitados, tiempos, espacios, precedencias, etiqueta y ceremonial específicos para un evento de cualquier índole. Se establece cómo debe ser la experiencia del asistente, pues desde su recepción hasta su despedida, debe contar con formas que se deben respetar y adecuar al buen funcionamiento del evento y percepción de quien lo organiza.

Protocolo digital o netiquette

La digitalización de la sociedad y el establecimiento de relaciones humanas en línea, hizo que surgiera un nuevo tipo de protocolo que trata del comportamiento adecuado en dispositivos, plataformas y medios sociodigitales. Al protocolo digital se le llama *netiquette* o netiqueta, que es el juego de palabras entre net (Red) y etiqueta, y regula los usos y costumbres en redes sociales, sabiendo que cada una de ellas tiene sus propios rituales y lenguajes sociales establecidos por costumbre; pero también el uso social y profesional de correos electrónicos, videoconferencias, chats o mensajería instantánea. Por lo que este protocolo contempla desde el uso de los dispositivos en ambientes sociales como tenerlo presente, guardado o lo que implica ponerlo sobre la mesa o perder el contacto visual y la interacción personal por estar atentos a una pantalla, hasta el uso de emojis o compartir fotos donde aparece alguien más.

Sin duda un protocolo muy cambiante y complejo, ya que los seres humanos jugamos diferentes roles, pero se tiene la mala costumbre de juntar a todas las audiencias en las mismas redes sociales o plataformas de comunicación, ¡por lo que es muy fácil romper el protocolo! Ya que seguramente una foto o comentario que es coherente en un rol, sea totalmente incoherente en otro. O un avatar o emoji que es bienvenido en el ambiente social, esté fuera de lugar o se malinterprete en un ambiente ejecutivo. Por lo que hay que tener diferentes redes, plataformas, configuraciones y hasta dispositivos, para lograr la coherencia protocolaria ante los diferentes roles y audiencias.

Conocer la clasificación y las diferencias entre los distintos tipos de protocolo permite actuar con precisión según el contexto, evitando errores y fortaleciendo la coherencia, el respeto y la reputación personal o institucional.

MANUAL DE NORMAS DE CONDUCTA Y APARIENCIA

En ausencia de normas claras y decretadas, lo ambiguo pero repetitivo se vuelve costumbre, y lo que es inadecuado se normaliza, convirtiéndose en lo común y lo aceptado. Así funciona la evolución social y el protocolo: lo que hoy es normal y adecuado, sin darnos cuenta, evolucionará, haciendo que cosas que hoy son impensables o que consideremos inadecuadas en un comportamiento, en un futuro puedan ser normales. Y es que no nos daríamos cuenta cuándo fue el momento exacto que se empezaron a aceptar jeans y sneakers en las oficinas, cuándo dejamos de entregar tarjetas de presentación, o cuándo los roles de género empezaron a cambiar. Son una cantidad de factores que por repetición se normalizan y se terminan aceptando. Por lo que en ambientes que deseamos controlar, como al construir una imagen institucional, debemos considerar también esta evolución social natural, y para ello tenemos que establecer y decretar normas claras. Ya que desde la manera de saludar o vestir, hasta el tono y la firma de un correo electrónico o el que te hablen de tú o de usted, cada interacción y experiencia vivida en el contacto personal con los miembros de una institución, suma o resta valor a la percepción que el público tiene de esa organización.

Y es precisamente en ese entramado de acciones cotidianas donde entra en juego una herramienta clave: el manual de normas de conducta y apariencia. Que es un documento formal que establece los protocolos de actuación y presentación personal que deben seguir los integrantes de una organización. En él se especifica lo que se espera de cada miembro en términos de comportamiento, comunicación, lenguaje, trato interpersonal y aspecto físico.

Su función principal es alinear los estímulos que emiten las personas con la esencia institucional, generando coherencia y consistencia en la imagen profesional que se proyecta tanto interna como externamente.

Este manual funge como una brújula: marca el norte del comportamiento deseado, previene desviaciones y establece consecuencias claras ante la falta de alineación.

En organizaciones donde no existe un manual, es común observar vicios de comportamiento: bromas fuera de lugar, tratos informales en contextos formales, vestimenta inapropiada o uso inadecuado del lenguaje. Y aunque muchas personas creen que estas cosas se resuelven con "sentido común", la verdad es que el sentido común es el menos común de los sentidos. Y lo que para un colaborador puede parecer simpatía, para otro puede resultar ofensivo. Lo que uno considera un atuendo profesional, otro lo puede ver como un desatino. O lo que para una persona es un halago y proceso aceptable de coqueteo, para otra puede ser un terrible acoso. Por ello, establecer pautas claras y capacitar sobre su implementación, es indispensable para evitar malentendidos y garantizar que todos se comporten en coherencia con la cultura organizacional.

Recomendaciones para crear un buen manual

Un buen Manual de normas de conducta y apariencia no debe ser un catálogo de reglas arbitrarias, sino un documento vivo, útil, práctico y profundamente conectado con la esencia de la institución. Por lo que debe ser explicativo, claro y preciso, y cada directriz debe estar alineada con la misión y valores institucionales. No se trata sólo de decir "qué hacer y qué no hacer", sino de reforzar la identidad institucional a través del comportamiento diario.

El manual no es sólo un documento de control, sino también de desarrollo. Debe incluir los beneficios de cumplir y las consecuencias reputacionales de no hacerlo, por lo que sensibilizar sobre la importancia de la imagen pública, es fundamental para que la gente lo acepte y lo adopte como parte de su rol organizacional. Ya que, si se siente impositivo, coercitivo o que atente a la libertad individual, al no existir convicción no se seguirá o afectará el clima organizacional. Pero cuando se genera una cultura de la imagen y se integra a la gente en su elaboración, se convierte en lo que es: una herramienta de comunicación que ayuda al correcto desarrollo institucional.

No existe una lista exacta sobre qué temas debe incluir, pues cada organización es diferente y cuenta con particularidades que se tendrían que abordar. Pero de manera general, un buen manual aborda de manera concreta y ejemplificada los siguientes aspectos:

- Código de vestimenta: reglas sobre uso de vestuario, accesorios, uniformes, estilismo, aliño corporal y decoración física en general como tatuajes visibles, uñas, mensajes y gráficos en prendas, etcétera.
- Lenguaje y comunicación: normas sobre correos electrónicos, llamadas telefónicas, mensajería instantánea, uso del lenguaje en reuniones o con clientes.
- Trato interpersonal: tipo de saludo, puntualidad, normas de cortesía, relaciones jerárquicas, manejo del humor, romance en el lugar de trabajo, etcétera.
- Comportamiento digital (netiqueta): uso de redes sociales, comentarios públicos, reuniones virtuales, uso de cámara y fondo en videoconferencias, etcétera.
- Manejo de espacios: orden y limpieza del lugar de trabajo, respeto por áreas comunes, música en la oficina, personalización del espacio, etcétera.
- Actitud profesional: disposición laboral, trato al cliente, trabajo en equipo, confidencialidad, etcétera

Hay que recalcar que lo que se busca es la proyección de una imagen coherente, para que todos los miembros se alineen con la narrativa institucional, reforzando la percepción deseada ante clientes, proveedores y socios. Por lo que el manual se convierte en una herramienta de cohesión interna, establece un lenguaje común y un comportamiento compartido y sirve de puente entre los valores de la organización y las acciones concretas de su gente.

Si queremos construir una imagen sólida, duradera y confiable, debemos empezar por establecer claramente las reglas del juego profesional; eso es el manual de normas de conducta y apariencia.

CONCLUSIÓN

La imagen profesional no es algo que se improvisa ni se deja al azar, es una construcción estratégica que se basa en entender cómo queremos ser percibidos, cómo nos perciben y qué comportamientos debemos ejecutar para que ambas realidades converjan.

Comprender los protocolos, respetarlos cuando sea necesario y romperlos con sentido estratégico cuando sea oportuno, es el verdadero arte del profesionalismo en la imagen.

Una buena imagen profesional busca proyectar una identidad sólida, coherente y adaptativa, que permita cumplir con los objetivos de una persona o institución, ganarse el respeto de sus audiencias y construir confianza duradera.

Si Goffman dijo que toda interacción social es un performance creado para la audiencia en el teatro de la vida, la imagen profesional se convierte en el guion que decidimos escribir antes de que los demás lo hagan por nosotros.

¡Representemos nuestro mejor papel!

12
IMAGEN AMBIENTAL

Cada vez que entras en un lugar nuevo te formas una opinión en segundos. Algo dentro de ti lo aprueba, lo rechaza o lo clasifica en un sinfín de adjetivos positivos o negativos. ¿Cómo es posible que un espacio hable tanto de quien lo usa? ¿Cómo puede un olor, una textura o un color susurrar reputación al oído?

En imagen pública, el ambiente también comunica. Y lo hace con fuerza brutal cuando se trata de los espacios que habitamos. Desde una oficina minimalista hasta un restaurante estridente, todo lugar es un escenario donde ocurre una acción: la percepción ambiental.

Entendamos la palabra "ambiente" como toda la serie de estímulos que impactarán los sentidos al estar presente en un espacio funcional. Y por espacio funcional, nos referimos a todo aquel diseñado, configurado o utilizado para cumplir con un propósito específico. Ya sea que se trate de una oficina, comercio, casa, o cualquier espacio público o privado donde se realice alguna actividad, la gama es tan amplia como posibilidades de escenarios existen.

La imagen ambiental es la percepción que se tiene de una persona o institución, por parte de sus grupos objetivo, como consecuencia de los estímulos emanados de sus escenarios.

Y no te confundas con la palabra "escenario", pensando en ella exclusivamente como cuando la usamos en un ambiente teatral o el de un show, sino que es el lugar donde ocurre una acción e interactúa una audiencia. Por lo que, para la imagen ambiental, un escenario es cualquier espacio físico donde ocurre una acción significativa, y en el que los estímulos sensoriales influyen en la percepción que las audiencias tienen de una persona o institución.

Es muy interesante el fenómeno de la percepción ambiental, pues si bien estamos percibiendo un ambiente, quien se lleva el juicio de valor, y por lo tanto la identificación reputacional, no es el espacio en sí, sino el usuario del que depende el ambiente. Para que lo entiendas mejor, si entras a una habitación y está sucia y descuidada, el castigo reputacional es para quien la habita y se encarga de ese espacio. Por lo que, aunque tus palabras sean: "¡Qué cuarto más sucio!", tu cerebro lo interpreta como: "¡Qué persona más sucia!" Igualmente sería si un comercio tiene un ambiente que genere admiración y agrado, o el tipo de restaurante que se elija para una comida de negocios, quien se lleva el crédito reputacional es la marca o quien invitó a comer.

Por lo que concluyamos que la definición de imagen ambiental se refiere a la percepción que una audiencia tiene de una persona o institución, influenciada por los estímulos que emanan de los espacios en los que interactúan. Y como veremos, estos estímulos pueden incluir elementos como el color, la iluminación, la música, los aromas y el mobiliario, los cuales impactan directamente en los sentidos de las personas presentes en un entorno determinado. El objetivo será crear una atmósfera coherente que refuerce la imagen pública deseada y genere una experiencia positiva para los usuarios, ya que esta imagen subordinada tiene que ver con las sensaciones que se crean al estar en un lugar y pueden influir en los estados de ánimo, consumo, decisiones, incluso en la salud de las personas. Todo esto produce la percepción sobre el espacio.

Y retomando los conocimientos que ya tienes acerca de los fundamentos de la imagen pública, los ambientes están cargados de estímulos no verbales que facilitan o inhiben actividades. Por ejemplo, en las oficinas podemos distribuir el espacio para facilitar e influir en la interacción entre los colaboradores, o bien todo lo contrario, distribuir para limitar las interacciones interpersonales y no fomentar la convivencia. Y como todo en imagen pública, no hay bueno o malo, sino lo coherente y alineado a la esencia, objetivos y necesidades de la audiencia.

La percepción del ambiente implica el proceso de conocer el espacio físico a través de los sentidos. Y no es un acto pasivo ni unidimensional, sino un proceso activo, complejo y dinámico, que ocurre en tiempo real mientras una persona está presente en un lugar.

Es activo, porque requiere la inmersión directa en el entorno. Una fotografía de un espacio es una representación sobre el mismo, por lo que no constituye una percepción ambiental genuina, ya que ésta sólo ocurre cuando los sentidos interactúan con el ambiente en el momento presente.

Es complejo, porque involucra múltiples estímulos sensoriales—visuales, auditivos, táctiles y olfativos—procesados en su mayoría de manera inconsciente. Además, estos estímulos tienen una alta carga semiótica, pues su interpretación está condicionada por factores culturales, sociales e históricos. Pues, lo que en un contexto transmite elegancia o autoridad, en otro puede percibirse como inaccesible o soberbio.

Y es dinámico, porque el ambiente cambia constantemente. La percepción de un espacio no es la misma de día que de noche, en verano o invierno, o en un estado de calma frente a una situación más caótica. Por ejemplo, el mismo espacio donde sucede una fiesta, será diferente cuando hay poca gente que cuando está a su máxima capacidad, si llueve o hace mucho calor, si es de noche o hasta si ya amaneció. Las variaciones de luz, temperatura, hacinamiento, música y demás elementos, influyen en la forma en que experimentamos y significamos un entorno.

Por ello, diseñar un ambiente con propósito, implica entender que la percepción ambiental no es estática, sino un flujo constante de interacciones entre el espacio y sus ocupantes.

Y, como todo diseño de imagen pública, la imagen ambiental requiere una estrategia alineada a cumplir los objetivos reputacionales. Es por ello que nuestro pensamiento estratégico siempre tiene que estar encaminado a cumplir con las siguientes características:

1. Marco de percepción: es el contexto que influye en la manera como se interpretará lo que ocurre en el espacio.
2. Composición multisensorial: es contemplar la integración de elementos visuales, sonoros, olfativos y táctiles, para generar una experiencia integradora y coherente.
3. Soporte de esencia e identidad: un buen escenario refuerza la identidad de quien lo ocupa o representa, ya sea una persona, marca, institución o empresa.
4. Espacio funcional y estratégico: no es sólo un lugar físico, sino un espacio diseñado estratégicamente para cumplir con un objetivo y busca la practicidad del entorno.
5. El efecto persuasivo: persigue el objetivo de quien lo creó o utiliza, ya sea comercial, social, político, profesional, o cualquier otro con miras a incidir en las personas.

El proceso de percepción ambiental es dinámico y a la vez complejo, ya que es activo y multisensorial;

consiste en crear ambientes balanceados y coherentes entre estética y funcionalidad, que logren impactar positivamente en la reputación.

PSICOLOGÍA AMBIENTAL

Definamos la psicología ambiental como la disciplina que estudia la relación entre las personas y su entorno físico, analizando cómo los espacios influyen en el comportamiento, las emociones y los procesos cognitivos de los individuos, por lo que podrás imaginar la cantidad de aplicaciones que podemos darle a la psicología ambiental. Pero sin importar su función, al diseñar una imagen ambiental desde la psicología, debemos pensar siempre en el usuario y sus conductas, y no sólo en la estética o el diseño de interiores desde su parte meramente decorativa.

A esto se le conoce como categorización basada en las prioridades del usuario, que es un enfoque de diseño y organización de espacios que prioriza los elementos en función de las necesidades, expectativas y objetivos de quienes interactúan con el entorno. En lugar de diseñar un espacio de manera genérica, este método asegura que cada elemento esté dispuesto estratégicamente para optimizar la experiencia, la funcionalidad y la percepción del usuario.

Los tres principios claves de la categorización basada en prioridades del usuario son:

1. La identificación del usuario y sus necesidades: es comprender quién interactuará con el espacio y qué necesidades deben resolverse.
2. La jerarquización de elementos: consiste en establecer qué aspectos del ambiente deben tener mayor presencia y cuáles pueden ser secundarios sin afectar la experiencia. Esto nos permitirá crear categorías

dentro del espacio que permitan atender distintas prioridades sin generar conflicto. A su vez, ayuda a optimizar presupuestos, pues ayuda a detectar espacios de interacción con públicos externos e internos, y hasta espacios meramente utilitarios que no necesitarán gran proyecto ambiental.

3. Diseño con enfoque funcional: asegurar que la distribución y los recursos disponibles optimicen la experiencia del usuario. Donde se asegura que el diseño contemple comodidad y facilidad de uso para los distintos tipos de usuarios, pero también que persiga las funciones persuasivas para el alcance de objetivos.

Al diseñar con base en la psicología ambiental, debes recordar también la importancia del cognitivismo; que estudia cómo las experiencias pasadas influyen en las decisiones presentes, o lo que es lo mismo, cómo respondemos a los estímulos con base en nuestras vivencias previas.

Por ejemplo: en un restaurante de lujo, la iluminación tenue, la música suave y los colores oscuros, comunican exclusividad e intimidad, porque el cerebro asocia estos elementos con experiencias previas de confort y elegancia. O si estás en un lugar luminoso, con sonidos de naturaleza y olores frescos, tu cerebro se transportará al aire libre, aunque estés en un espacio cerrado.

Por lo que el juego estratégico del cognitivismo es muy interesante, ya que la lógica es que los ambientes deben recordarte lo que son: por ejemplo, un hotel con una entrada majestuosa, un gran candil dorado y acabados en mármol de alta calidad, generará en el visitante la percepción de lujo, lo que nublará la razón y no juzgará como incoherente cuando conozca que la tarifa es alta. Y desafiando a la lógica, a veces los espacios deben parecer cosas diferentes para engañar al cerebro y así cambiar el estado emocional. Por ejemplo, si un consultorio pediátrico parece más bien un lugar de fiestas infantiles, puede reducir la ansiedad de los pequeños pacientes y hasta provocar el deseo de asistir. O cuántas empresas de tecnología tipo Silicon Valley, decidieron incorporar en sus oficinas elementos como toboganes, mesas de billar o espacios divertidos para hacer sus juntas, con el objetivo de que la gente no se sintiera en una oficina corporativa y así despertar su creatividad.

Y cerramos el tema de psicología ambiental reflexionando sobre uno de sus elementos más importantes: el estilo. Esa expresión de la individualidad que tan bien conoces y que en la imagen ambiental también es fundamental, ya que una vez que identificamos qué mensajes y fortalezas se deben transmitir, definimos qué estilo debe tener el escenario pues, a partir de ahí, todos los estímulos que diseñemos como el color, la iluminación, la música, el mobiliario, los elementos decorativos y cualquier otro que se nos pueda ocurrir, debe seguir la línea del estilo reconocido.

La memoria influye aplastantemente en cómo interpretamos un ambiente. El cerebro asocia estímulos actuales con experiencias pasadas, creando juicios instantáneos sobre un lugar, por lo que el cognitivismo y la teoría del estilo son fundamentales.

ESTÍMULOS AMBIENTALES

Los estímulos ambientales son todos de carácter no verbal, y podemos hacer una subclasificación de acuerdo con el canal sensorial que los percibe. De esta forma, habrá estímulos ambientales visuales, olfativos, auditivos y táctiles.

ESTÍMULOS VISUALES

La percepción visual es la principal forma en que discriminamos e interpretamos los distintos estímulos relacionados con el ambiente. Estos estímulos visuales ambientales podemos separarlos en cinco categorías: los colores, las formas, la distribución espacial, los patrones y los tipos de iluminación.

El color en el ambiente

Los colores evocan diferentes emociones y percepciones, y si bien son conocimientos que ya hemos abordado en otros capítulos, debemos tener presente que el color modifica la percepción del espacio, haciéndolo parecer más amplio o más acogedor, más formal o accesible, y cualquier otro adjetivo que pudiéramos imaginar. Por lo que el color es estratégico en el diseño ambiental, pues permite crear emociones, hacer ambientes funcionales y óptimos para diversas actividades, y además reforzar la identidad de las marcas, instituciones o personas, pues también habrá colores ligados a las identidades gráficas como los logotipos o colores institucionales, que pueden llevarse a los elementos decorativos ambientales.

Y nada más para poner un ejemplo del poder del color en el ambiente, pues podríamos dedicarle todo un libro nada más a este tema, en su libro *Drunk Tank Pink*, Adam Alter habla de cómo un tono específico de rosa (el P-618 o baker-miller pink) tiene efectos calmantes en las personas, reduciendo su agresividad y nivel de estrés, lo que hizo que algunas prisiones y estaciones de policía pintaran sus celdas de este color, detectando que quienes eran encerrados en una celda rosa, incluso si estaban bajo los efectos del alcohol o drogas, mostraban una disminución en su agresividad en cuestión de minutos. O también menciona cómo los colores dentro de un avión influyen en la percepción de los pasajeros, y mientras los tonos azules y grises evocan sensaciones de tranquilidad, seguridad y estabilidad; los cálidos y brillantes pueden generar una sensación de claustrofobia o incomodidad, generando percepciones de que el avión se mueve más, sin ser esto cierto.

Formas, distribuciones espaciales y patrones

Entendemos por formas, a las estructuras de todo lo que genera un ambiente en general, pues pueden ser las formas de un mueble como un sillón o una mesa, las formas de algún elemento decorativo como el marco de un cuadro o una lámpara, y por supuesto las formas de la misma arquitectura, como la forma de una escalera, de una ventana, un techo o de una fachada en general.

En cuanto a la distribución espacial, nos referimos a la organización y disposición estratégica de los elementos dentro de un espacio. Y al hablar de patrones, nos referimos a las estructuras repetitivas en el diseño relacionadas a la disposición de los elementos, o lo que es lo mismo, a la repetición de formas, texturas y colores en un espacio.

Y lo que une a estos tres elementos son la percepción lineal, la jerarquización visual y el uso estratégico del vacío y el lleno. Y que, si bien reflexionamos sobre parte de estos elementos en el capítulo de Imagen visual, apliquémoslos al ambiente.

Percepción lineal

Es la influencia de las líneas en las formas, distribuciones espaciales y patrones de un ambiente; y determina cómo los elementos dentro de un entorno son interpretados visualmente, en referencia a la manera en que el ojo recorre y organiza la información en función de las líneas presentes en el espacio, ya sean rectas o curvas, continuas o interrumpidas, angulosas o redondeadas.

Y las líneas no sólo estructuran la forma de los objetos, también influyen en la distribución espacial y en los patrones repetitivos, afectando la percepción del orden y la experiencia del usuario dentro de un ambiente. Las líneas impactan la percepción, ya sea para transmitir orden y seriedad o para fomentar dinamismo y creatividad.

Las líneas rectas, formas angulosas y distribuciones simétricas, comunican orden, racionalidad y estructura, por lo que se usarán para transmitir autoridad, estabilidad y formalidad. Se asocian con ambientes rígidos, donde la simetría y la claridad en la disposición de los elementos generan un sentido de organización y precisión. Los espacios lineales siempre serán más predecibles, por lo que se relacionan a los estilos que mandan mensajes más sobrios, sin embargo, cuando se exagera, la extrema rigidez hace que el espacio se perciba como más frío, fuerte, poco humanista y agresivo, al grado de llegar a transmitir hostilidad y violencia, por eso también podría relacionarse con el estilo dramático o el seductor. Por lo tanto, las líneas rectas tienen la dualidad de ser muy tradicionales y minimalistas, pero a su vez, ser muy comunes en diseños modernos y vanguardistas.

Por su parte, las líneas curvas, formas redondeadas y distribuciones asimétricas, comunican fluidez, dinamismo y generan una sensación orgánica, por lo que se usarán para transmitir suavidad, movimiento y accesibilidad. Se asocian con ambientes más casuales e informales, donde la flexibilidad en la disposición de elementos, generan un sentido más natural, acogedor y sugieren calma y fluidez. Los espacios no lineales son poco predecibles, por lo que se relacionan con los estilos que mandan mensajes más relajados, como el natural y el romántico. Como también se relacionan con la espontaneidad, relacionándose con el estilo creativo. Por lo tanto, las líneas curvas y el rompimiento de lo lineal tienen la dualidad de ser muy gentil y tranquilo, pero a su vez ser muy espontaneo, lúdico y original.

Jerarquización visual

Se refiere a la organización intencional de los elementos dentro de un ambiente para establecer un orden de importancia y guiar la atención del usuario de manera estratégica. Este concepto es aplicable tanto a la arquitectura, donde se jerarquizan volúmenes y estructuras, como al diseño de interiores, donde se destacan ciertos muebles, colores o texturas para enfatizar la función y la estética del espacio.

El objetivo de la jerarquización visual en la imagen ambiental es crear espacios que no sólo sean funcionales, sino también intuitivos, armónicos y comunicativamente efectivos. Un ambiente bien jerarquizado permite que las personas interpreten y naveguen el espacio con facilidad, ya sea en una oficina, una tienda comercial o una vivienda. Pero que también se fomenten comportamientos como el flujo y la permanencia, o se provoquen acciones persuasivas como aumentar las compras y consumos.

Uso del vacío y el lleno

Es la relación entre las áreas ocupadas y los espacios libres dentro de un entorno. Esta interacción no sólo define la funcionalidad y estética de un espacio, sino que también influye en la percepción, el comportamiento y las emociones de quienes lo habitan. Desde una perspectiva visual y espacial, el lleno representa los elementos sólidos dentro de un espacio: muros, muebles, estructuras arquitectónicas, objetos decorativos y cualquier otro componente físico. En contraste, el vacío es el espacio libre que rodea y se encuentra entre estos elementos, permitiendo que el diseño "respire" y facilitando la percepción de la composición.

El vacío y el lleno no pueden existir de manera independiente, siempre se complementan y generan equilibrio visual y funcionalidad en un espacio. Su correcta aplicación permite crear ambientes que pueden ser livianos o pesados, abiertos o cerrados, dinámicos o estáticos, dependiendo de la intención del diseño. Los espacios con mayor vacío pueden transmitir sofisticación, minimalismo o amplitud, mientras que una composición con predominancia de elementos llenos puede generar solidez, estructura y protección. Pero en contraparte, el vacío en exceso genera sensación de soledad y frialdad, y el exceso de lleno provoca una sobrecarga y agobio.

Iluminación

La iluminación es uno de los factores más determinantes en la percepción del espacio, la funcionalidad de un entorno y la experiencia emocional de quienes lo habitan. Más allá de su propósito funcional de proporcionar visibilidad, la luz tiene un impacto profundo en la imagen ambiental, la arquitectura, el diseño de interiores y la psicología del comportamiento humano. A través de sus distintas aplicaciones, la iluminación puede modificar la percepción de un lugar, influir en el estado de ánimo, mejorar la eficiencia en el trabajo y hasta persuadir el comportamiento de las personas en entornos comerciales o sociales.

La iluminación es la aplicación estratégica de la luz para iluminar un espacio, facilitando la visibilidad y reforzando su carácter funcional y estético. La iluminación no sólo permite ver, sino que construye atmósferas, estructura espacios y dirige la percepción visual.

Temperatura de color de la luz

La temperatura de color, es una medida que describe la apariencia cromática de una fuente luminosa, por lo tanto, si bien estamos hablando de temperatura, es importante recalcar que no nos referimos explícitamente al grado de calor que emiten. Es una analogía en referencia al color, por lo tanto, determina si una luz se percibe como cálida, neutra o fría, afectando la percepción del ambiente y el confort visual.

Luz cálida

Su apariencia cromática es en tonos amarillos, anaranjados y rojizos, similar a la luz directa del sol, la de un atardecer o de una vela. Por eso, toda luz natural directa siempre será cálida. El efecto cromático que produce es natural, de poca visibilidad, con volúmenes y sombras, por lo que disimula, contrasta, crea intimidad y da privacidad, generando sensaciones de confort, relajación y calidez. La recomendación de uso es el estético, ideal para espacios donde se busca crear un ambiente acogedor e íntimo. También es muy útil en la decoración para generar acentos y crear puntos de interés con elegancia.

Luz fría

Su apariencia cromática es en tonos blancos intensos y azulados, por lo que no se asemejan a ningún tipo de luz que encontramos en el ambiente de manera natural. Por esta razón, sus fuentes de luz siempre serán artificiales. El efecto cromático que producen es de extrema claridad y visibilidad, perdiéndose el volumen y las sombras, generando un efecto plano y detallado. Estimula el estado de alerta pues inhibe la secreción de melatonina, mejora la concentración y reduce la fatiga visual en tareas detalladas. Genera también una sensación de limpieza y de hecho, la fomenta, ya que, si un espacio u objeto está sucio, bajo esta luz saltaría a la vista, pues no disimula. Las recomendaciones de uso son funcionales, para trabajos y tareas donde se requiera máxima claridad, concentración, alerta, calidad visual y percepción de limpieza. Por lo que su uso ideal será en ambientes profesionales de corte industrial o donde se practican oficios, como fábricas, talleres, laboratorios, clínicas, centros de distribución, almacenes y bodegas.

Los estímulos visuales de color, formas, distribución espacial, patrones e iluminación, tienen gran peso en el ambiente y son fundamentales para moldear la conducta e interacción con el espacio.

ESTÍMULOS TÁCTILES

A través de estímulos táctiles como la temperatura, la ventilación, la proxémica y las texturas de los materiales, se moldean respuestas psicológicas y de comportamiento en los individuos.

La temperatura ambiental es un factor determinante en el confort y rendimiento humano, ya que una temperatura inadecuada puede afectar negativamente la productividad, el estado de ánimo y la salud.

Los efectos psicológicos del frío y el calor, con exposiciones prolongadas, generan respuestas que ponen al organismo en sensaciones de incomodidad afectando al resto de la percepción ambiental. Las temperaturas altas pueden provocar irritabilidad, fatiga y disminución de la capacidad cognitiva, y las bajas generan un estado de alerta y vigilia ligado a la supervivencia, afectando la concentración y el bienestar general. Estudios demuestran que debajo de 15°C y arriba de 27°C es donde se dan las situaciones de incomodidad, dejando un rango de entre 16°C y 26°C donde todavía el cuerpo humano es capaz de estar en confort y capacidad de rendir social y laboralmente. Pero la temperatura de confort en espacios interiores oscila entre 19°C y 21°C, por lo que mantener estas temperaturas favorecerá el bienestar y la eficiencia en actividades cotidianas.

La ventilación adecuada es esencial para mantener una buena calidad del aire y una temperatura confortable. Una ventilación deficiente puede afectar la salud y el confort de los ocupantes, pues se relaciona con la necesidad fisiológica más importante que tenemos los seres humanos para sobrevivir, que es la respiración, además de provocar acumulación de humedad, concentración humana y demás elementos que son proveedores de aromas desagradables.

La proxémica ambiental, que es la relación entre los individuos y los elementos del espacio físico, afecta en la conducta y emociones, por lo que la percepción de hacinamiento o amplitud en un ambiente tiene gran influencia. En espacios saturados, no sólo de personas sino de acumulación excesiva de mobiliario y objetos, se generan sensaciones de agobio, estrés y falta de control, mientras los espacios vacíos suelen relacionarse con la soledad, el abandono y la frialdad. Por lo que, respetando corrientes de estilo del diseño y los mensajes que mandan, debe haber un equilibrio entre los elementos y personas para que las áreas se perciban como ocupadas, pero a su vez despejadas, y así asociarse con la tranquilidad, libertad y claridad mental. Por lo que el equilibrio en la distribución debe procurar que se facilite el movimiento y se evite la sensación de hacinamiento, así como incorporar "zonas de respiro", que son áreas libres que permitan una circulación fluida y proporcionen descanso visual.

Y en cuanto a la percepción de texturas en los materiales de interiorismo, las texturas suaves y lisas transmiten sensaciones de elegancia y calma; mientras que las texturas rugosas y gruesas, aportan al tacto calidez, rusticidad y una conexión más cercana con la naturaleza. No es lo mismo lo que transmite un piso de mármol pulido que uno de madera no tratada. Por lo que la elección de texturas puede evocar diferentes emociones y estados de ánimo, pues los materiales que se sienten al tacto fríos y lisos pueden percibirse como formales y sofisticados, mientras que texturas cálidas y ásperas pueden generar una sensación acogedora y relajante.

Los estímulos táctiles, incluyendo la temperatura ambiental, la ventilación, la organización espacial enfocada en la proxémica y las texturas de los materiales, desempeñan un papel fundamental en la configuración de experiencias.

ESTÍMULOS OLFATIVOS

El sentido del olfato es una herramienta poderosa en la percepción y experiencia de los espacios que habitamos. Aunque a menudo subestimado, el olfato tiene la capacidad de evocar recuerdos, influir en emociones y modificar comportamientos, siendo una herramienta poderosísima e invisible en la toma de decisiones.

El olfato está directamente vinculado al sistema límbico, la región del cerebro responsable de las emociones y la memoria, y tiene un acceso directo al mismo sin tener que pasar por el sistema nervioso periférico, por lo que lo convierte en un sentido diez mil veces más agudo que el resto y es considerado el sentido con más retención de memoria, haciendo que lo olido en una sola ocasión, se quede grabado y después se pueda asociar fácilmente a esa experiencia o vivencia cuando se vuelve a exponer al mismo estímulo olfativo.

Esta conexión explica por qué ciertos aromas pueden desencadenar recuerdos vívidos y respuestas emocionales intensas. Por ejemplo, el aroma del café recién hecho puede transportarnos a momentos de calidez y convivencia, mientras que el olor a limón suele asociarse con frescura y limpieza. O los olores fuertes e intensos como el tabaco, el cuero y el almizcle se asocian con la masculinidad, y los olores frutales, florales y suaves con la feminidad. Esta capacidad única del olfato para evocar experiencias pasadas lo convierte en una herramienta esencial en el diseño de ambientes que buscan generar respuestas emocionales específicas en sus ocupantes.

Los estímulos olfativos no sólo enriquecen la experiencia sensorial, también influyen en decisiones y percepciones. En entornos comerciales, la incorporación de aromas agradables puede mejorar la percepción del espacio y motivar comportamientos deseados. Estudios han demostrado que ciertos olores, como la menta o el limón, pueden estimular la mente y aumentar la productividad, mientras que otros, como la lavanda, pueden promover la relajación y reducir el estrés. Por lo tanto, la selección cuidadosa de fragancias en espacios residenciales, laborales o comerciales, puede ser una estrategia efectiva para mejorar el rendimiento y el bienestar de los usuarios.

El secreto para producir una emoción determinada en la audiencia será conocer cuáles son los aromas ligados con la emoción que se desea producir, y de ahí elegir el estímulo olfativo que, cumpliendo con dichas características, se deberá usar.

El aroma es una herramienta poderosa en el diseño sensorial de espacios, ya que impacta directamente en la percepción, las emociones y el comportamiento de las personas, ejerciendo un poder invisible en la toma de decisiones. Su correcta implementación en entornos laborales, comerciales

y residenciales, puede mejorar la experiencia del usuario, aumentar la productividad y reforzar la identidad de una marca o espacio.

ESTÍMULOS AUDITIVOS

La percepción auditiva desempeña un papel crucial en la configuración de nuestras experiencias y estados emocionales dentro de diversos entornos. Comprender cómo procesamos e interpretamos los sonidos, así como los efectos de la música y el ruido en nuestro bienestar y rendimiento, es esencial para diseñar ambientes que promuevan la salud y la productividad.

El proceso de cognición auditiva y la percepción de sonidos se refiere al conjunto de elementos mediante los cuales nuestro sistema nervioso detecta, analiza e interpreta los estímulos sonoros del entorno. Este proceso implica la transformación de ondas sonoras en señales eléctricas que el cerebro puede interpretar, asignando significado y contexto a lo que escuchamos.

Por lo que, lo primero que tenemos que analizar es la elección de sonorizar contra la insonorización, pues hay un impacto en el rendimiento y el bienestar según lo que se elija.

La insonorización es el conjunto de técnicas y materiales utilizados para reducir o eliminar la transmisión de sonido en un espacio determinado. Su objetivo principal es bloquear el ruido no deseado proveniente del exterior o de otras áreas dentro del mismo recinto, mejorando el confort acústico y la calidad del ambiente. A su vez, la insonorización es la aplicación de estrategias y políticas para garantizar el silencio en el ambiente, como decidir no incorporar música ambiental o fomentar el uso de auriculares y dispositivos en modo silencioso.

La insonorización es fundamental en espacios como oficinas, escuelas, auditorios, salas de juntas, hoteles, estudios de grabación, hospitales y viviendas, y en general donde se busca privacidad, concentración, descanso, la no filtración de sonidos externos y la reducción del estrés generado por el ruido ambiental.

Por su parte, la sonorización implica la incorporación deliberada de estímulos sonoros en un ambiente, como música de fondo, música protagónica y sonidos ambientales o soundscape, por su nombre en inglés.

Los sonidos de bajas frecuencias o en tonos graves y profundos, suelen asociarse con sensaciones de calma, fuerza y estabilidad. En la naturaleza los encontramos en el romper de las olas del mar, en el flujo de una cascada grande y abundante, y en el murmullo del retumbar de un trueno lejano. Pueden inducir estados de relajación y son efectivos en entornos que buscan fomentar la introspección y la solemnidad, como spas, templos o salas de meditación.

Por su parte, los sonidos de altas frecuencias, son sonidos en tonos agudos y vibrantes que suelen captar rápidamente nuestra atención y generan alerta. En la naturaleza los encontramos en el canto de las aves pequeñas, en las chicharras y grillos, en el zumbar de las abejas y en el chorreo de agua en pequeñas cantidades. Son útiles en contextos que requieren atención plena y vigilia, como en espacios sociales y festivos. Sin embargo, una exposición prolongada a sonidos agudos puede resultar estresante y afectar negativamente la concentración.

Y por supuesto hay frecuencias medias que producirán las emociones de manera más moderada mientras más se acerquen al rango alto o bajo. Lo que hay que tener presente es que los sonidos son una herramienta poderosa para evocar y modular emociones, por lo que veremos a la sonorización como una productora de las mismas y no como un simple estímulo trivial en la ambientación.

Decíamos que para la sonorización podíamos contar con elementos como la música de fondo, la música protagónica y el soundscaping.

El soundscaping es aprovechar los sonidos ambientales para crear estados de ánimo. Son efectos sonoros que imitan o integran elementos naturales o artificiales para enriquecer la percepción del espacio. A diferencia de la música, estos sonidos no siguen estructuras musicales, sino que buscan replicar sensaciones auditivas específicas que simulen entornos naturales o urbanos.

La música protagónica, también conocida como foreground music en antagonismo con la backround music o música de fondo, es aquella que toma un rol central en el ambiente, captando la atención del público y generando una experiencia inmersiva. Su propósito es estimular emociones y acciones de forma activa, tales como el baile o la concentración en un escenario. Es lógico que es la experiencia sonora que se utiliza al organizar un concierto, pero también se usa en ambientes sociales como una fiesta. Sólo que en el caso de las fiestas, hay que cuidar mucho la zonificación sonora, ya que hay espacios donde la música será protagónica, como en una pista de baile, pero no forzosamente debe serlo en lugares donde la gente conversa o hace otras actividades. Por lo que no será lo mismo un club nocturno de música electrónica donde la música tendrá protagonismo hasta en los baños, que un evento de lanzamiento de un producto donde tal vez la música será más protagónica mientras se hace un performance de presentación, a que cuando la gente está llegando o ya más entrada la fiesta.

Y la música de fondo o background music, a veces mal llamada "música ambiental", ya que cualquier tipo de música lo sería, es aquella que acompaña el ambiente sin ser el centro de atención. Su propósito es crear una atmósfera agradable y mejorar la experiencia del usuario sin distraer. Por lo que su volumen es bajo pero perceptible, sin cambios o transiciones bruscas entre canciones o géneros.

Se recomienda su uso en espacios tanto residenciales, como profesionales y comerciales, donde se quiera generar un ambiente más casual y no de la solemnidad que la concentración y el formalismo requieren. De hecho, si se omite la música ambiental en espacios más relajados o sociales como reuniones, restaurantes o tiendas, se genera una sensación de frialdad e inconscientemente el cerebro detecta que algo falta. Y en espacios comerciales como centros de consumo y tiendas, está comprobado que la música adecuada puede influir en el comportamiento de los clientes, prolongando su estancia y por lo tanto el aumento de posibilidades de consumo y compra.

La sonorización tiene una multiplicidad de aplicaciones, pues tendrás sonidos para la productividad y para la relajación, música para comer tranquilo o para enfiestar, igualmente podrás tener elementos sonoros para orar, amar y cualquier otra actividad que amerite el espacio. El secreto será conocer puntualmente las actividades a realizar en el recinto para después elegir las emociones y conductas que deseamos en los usuarios y así determinar cuáles son las características sonoras y géneros musicales ligados a esas emociones y conductas, y con ello diseñar y producir la mejor experiencia sonora o insonora.

La elección entre sonorizar o insonorizar depende de las actividades a realizar y la actitud anímica que se desea en el usuario.

CONCLUSIÓN

El diseño ambiental cambia conforme cambia el mundo, por eso la actualización continua y la búsqueda constante de lo nuevo, es labor del experto en imagen pública que busca persuadir con los espacios. Pero una cosa nunca cambiará, que todo es un juego de estímulos dentro de un espacio funcional, que provoca percepciones y por tanto reacciones conductuales en las audiencias.

La gran lección de este capítulo es que no diseñamos espacios... ¡diseñamos percepciones! Y en un mundo donde todo comunica, cada rincón puede ser un aliado o un traidor de la reputación.

Así que la próxima vez que entres a un lugar, detente y escucha: ¿Qué está diciendo ese ambiente sobre quien lo habita? Porque en este teatro de la vida, el ambiente es escenografía, pero quien lo usa y se lleva el juicio reputacional, es el personaje principal.

Y así llegamos al final de este bloque de conocimiento aplicativo de gran utilidad para desempeñarnos en los terrenos de la imagen. Pero toca el turno de adentrarnos a la parte más persuasiva de la percepción. La que nos ayudará a proyectar la imagen con miras a alcanzar la mayor cantidad de gente, a través de las técnicas más avanzadas para convencer a las audiencias y ganar credibilidad.

Continuemos con el conocimiento y ahora... ¡masifiquemos la imagología!

QUINTA PARTE:
LA MASIFICACIÓN

13
IMAGEN AUDIOVISUAL

La imagen audiovisual es una de las seis imágenes subordinadas a la imagen personal o institucional, y se define como la percepción que se tiene de una persona o institución por parte de sus grupos objetivo como consecuencia del uso de estímulos dirigidos al sentido de la vista o del oído, emitidos ya sea simultáneamente o por separado, con el objetivo de influir en la opinión pública.

Veamos algunas partes importantes de esta definición para no caer en confusiones y saber qué estímulos se clasifican en esta imagen subordinada.

Lo primero que nos dice es que en ella se contemplan los estímulos que van dirigidos a la vista o al oído ya sea simultáneamente o por separado. O sea, que pueden sólo verse, o sólo oírse, o verse y oírse al mismo tiempo. Y aquí es donde a algunos les podría surgir la confusión ya que, si pueden ser dirigidos únicamente al sentido de la vista y en este momento estás viendo tu ropa, o si volteas a ver algún elemento decorativo del espacio en que te encuentras, ¿eso los haría estímulos de imagen audiovisual? ¡Pues no! Porque la ropa es de imagen física y la decoración del espacio es imagen ambiental. Igualmente con la parte del oído, pues si escuchas una voz o hay música en el ambiente, la voz sería estímulo de imagen verbal y la música de ambiental.

Por eso, como termina la definición es muy importante: estímulos dirigidos al sentido de la vista o del oído, simultáneamente o por separado, con el objetivo de INFLUIR EN LA OPINIÓN PÚBLICA.

Por lo que eso que se ve o se escucha, debe incidir en el pensar o sentir de la gente sobre algún asunto determinado. Por lo que el objetivo de estos estímulos es la persuasión masiva. Y eso es la opinión pública: es el conjunto de actitudes, creencias y percepciones compartidas por un grupo social respecto a un tema específico en un momento determinado. Por lo que todas las herramientas de imagen audiovisual se enfocan en la comunicación masiva y en la difusión de estímulos a gran escala.

Por lo tanto, piensa en qué elementos ves, escuchas, o ves y escuchas todos los días, que tienen el objetivo de persuadirte o convencerte sobre algo...

Y seguramente estás pensando en un anuncio o un comercial que, si analizas, puede estar dirigido únicamente a la vista porque está impreso en una revista, diario o cartelera urbana, o porque aparece como una composición visual con mensajes que pretenden venderte algo entre las publicaciones de alguna red social. Y puede ser únicamente auditivo, como cuando escuchas ese anuncio en la radio, en un podcast o es un jingle o canción publicitaría. Pero igualmente pueden verse y escucharse simultáneamente, ya que ese anuncio te aparece como un video extra en YouTube, entre las publicaciones de tus redes sociales, o bien, estás por ver una película en el cine y antes de que empiece, te pasan trailers y anuncios de diversos productos.

Todos los días somos bombardeados por cosas que vemos o escuchamos, o lo hacemos en simultáneo. Y mencionamos que somos bombardeados ¡porque no las estamos buscando! Si te subes al metro, verás anuncios en los andenes y en los vagones, si conduces, anuncios en las carteleras publicitarias, en lo que vas escuchando y hasta el exterior de los autobuses se convierte en un anuncio móvil.

Según estudios, un adulto promedio recibe un aproximado de 7,000 mensajes de este tipo al día, si es que vive en zonas urbanizadas. Es de no creerse pues piensas que nos volveríamos locos, y no, lo que pasa es que nuestro cerebro se defiende y hace caso omiso a la aplastante mayoría de ellos, filtrando algunos pocos que captaron nuestra atención, pero reteniendo casi ninguno de ellos a menos que realmente haya sido de nuestro interés y agrado total.

Por eso es muy importante hacer estrategias que realmente impacten y convenzan. Y no todo es publicidad, sino que la imagen audiovisual se construye a través de diversas herramientas y áreas de especialidad, ya que cuando los anuncios no funcionan porque se compite con otros 7,000 mensajes, se debe recurrir al poder de otras áreas que sirvan para masificar mensajes e influir en la opinión pública.

Por lo tanto, para comprender la imagen audiovisual en su totalidad, vamos a desglosarla en sus cuatro componentes principales:

1. Publicidad

Es la estrategia comercial que usan los medios de comunicación masivos para influir en el comportamiento humano con el objetivo de vender. Y de esta forma se persuade al público para que compre algo: un producto, una idea o a una persona, como cuando "compras" a un político con tu voto.

La publicidad funciona comprando los espacios que ofrecen los medios masivos de comunicación e información, creando todo un mercado que es del que viven los medios de comunicación, las redes sociales, los buscadores y los que tienen concesionada la explotación comercial del espacio público con fines publicitarios.

2. Propaganda

Es la estrategia ideológica que usan los medios de comunicación masivos y otros medios para influir en el comportamiento humano. Se define como la acción y el efecto de difundir algo con el fin de ganar adeptos para persuadirlos. Viene del latín *propagare*, que quiere decir multiplicar y extender el conocimiento de algo o la afición a ello.

Por lo tanto, en la propaganda se persuade al público para que crea algo. Y aquí no se compran los espacios, se crean. Por lo que se usa la fuerza de los medios de comunicación y se construyen plataformas para difundir los mensajes propagandísticos.

Y claro que se usa mucho en la política, las causas sociales, las religiones y muchos otros temas donde las creencias tienen un peso muy importante, pero también en los productos de toda índole, ya que la propaganda se enfoca más en un convencimiento no egocentrista o de mero trueque, pues si te fijas, en la publicidad siempre hay un intercambio que dice: "Compra esto y tendrás lo otro" o "vota por tal y estarás mejor". Mientras que la propaganda tiende hacia las causas ideológicas, hacia la lealtad y la fidelidad. Por eso su objetivo es ganar adeptos, que son partidarios o seguidores que están totalmente convencidos.

Y la propaganda tiene tanto peso en la imagen pública, que habrá un capítulo entero sobre este tema.

La publicidad es una estrategia comercial, por lo tanto, su fin es vender y su mensaje es "cómprame". Y la propaganda es una estrategia ideológica, por lo tanto, su fin es ganar adeptos y su mensaje es "cree", pero sobre todo: "quiéreme".

3. Producción de audio y video

El tercer elemento de esta imagen subordinada incluye la creación de materiales audiovisuales que pueden tener fines publicitarios, propagandísticos, promocionales, corporativos, de social media y de cualquier otro fin que tenga como objetivo difundir masivamente y convencer.

Por ejemplo, los videoclips de artistas musicales no son publicidad ni propaganda, son promoción, pues su objetivo es que se difunda y conozca más el artista y la canción. Así como los videos que se hacen para redes sociales, pueden tener fines propagandísticos, publicitarios o simplemente de generación de contenidos para lograr awareness y engagment social. Por ejemplo, en una campaña política se hacen muchas producciones audiovisuales con distintos fines, desde spots políticos que son publicidad, hasta videos testimoniales con historias emotivas, con la vida dramatizada del candidato, y microvideos para diversas redes sociales que documenten la campaña o humanizan al político retratando su día a día con fines propagandísticos.

Y si hablamos sólo de producción de audio, puede ser desde un anuncio para radio, un jingle, la grabación de un podcast o la producción de audios para que se difundan masivamente en voceos públicos y perifoneo, que es cuando una grabación se reproduce en lugares públicos con volúmenes altos.

Y al hablar de los videoclips mencionamos que era promoción, y la promoción es todo aquello que acerca un producto o una idea al cliente a través de su difusión masiva, por eso muchas producciones audiovisuales se realizan con estos fines. Como un video de promoción turística o un video de promoción de alguna idea o concepto, o los videos corporativos que hablan de qué hace la empresa y sus valores, o cuando te hospedas en un hotel y te recibe la televisión encendida promoviendo sus restaurantes y spa.

El tema de promoción se tocará con profundidad en el capítulo Relaciones públicas, ya que la promoción se hace también de otras formas como la organización de eventos y similares. Y a su vez, en ese capítulo también veremos con profundidad el cuarto y último elemento de esta imagen subordinada, que es el manejo de medios de comunicación.

4. Los medios de comunicación

Son los grandes difusores y formadores de la opinión pública. Y pueden ser tradicionales como la prensa escrita, televisión y radio. Digitales como las redes sociales, sitios web y buscadores. O alternativos, y no porque sean más vanguardistas, sino porque son alternativas a las opciones más comunes, y así tenemos el cine, las publicaciones urbanas y medios exteriores, los medios en tránsito, y cualquier vehículo comunicativo que se convierta en un espacio para llegar a muchas personas.

La imagen audiovisual tiene como objetivo influir en la opinión pública; su enfoque integral abarca la publicidad, la propaganda, la producción de audio y video, y el manejo de medios de comunicación.

Dejando en claro que esta imagen subordinada es multidisciplinaria y que su contenido lo veremos a lo largo de los tres capítulos que conforman este bloque dedicado a la masificación, centrémonos de momento en la publicidad y en la reputación en internet.

LA PUBLICIDAD

Ya la definimos como la estrategia comercial que usan los medios de comunicación masivos para influir en el comportamiento humano con el objetivo de vender. Y a diferencia de otras estrategias de comunicación, la publicidad siempre requiere de una inversión económica para garantizar que su mensaje llegue a una audiencia específica. Por lo que, de acuerdo con lo general o especifico de la audiencia a la que se desea llegar, y al alcance territorial que pretende abarcar el mensaje, la inversión económica será mayor o menor, pero siempre debe haber un presupuesto o recurso disponible y, como en toda compra, mientras mayor sea el recurso económico, más alcance e impactos se pueden conseguir.

Pero sin importar el recurso, pasemos a ver las cuatro funciones esenciales que debe cumplir cualquier campaña o pieza publicitaria.

1. Persuasión

La publicidad busca influir en el comportamiento humano e incidir en la decisión del consumidor, por lo que una pieza que no es persuasiva y no despierta el deseo racional y emocional de consumir, no es buena.

2. Branding

Sabemos que el branding es todo lo relacionado en la construcción de una identidad de marca, por lo que la publicidad debe reforzar los valores, la personalidad y el posicionamiento de una marca en la mente del consumidor.

3. Fomentar la conversión

La conversión es lograr la venta, por lo que fomentar la conversión es hacer acciones puntuales para lograrla. Va de la mano de la persuasión, pues se refiere a la capacidad de la publicidad de motivar a la audiencia a realizar la acción concreta de compra.

Se logra a través de los llamados a la acción o call to action, que son frases, palabras o elementos gráficos diseñados para incentivar al público a realizar esa acción específica e inmediata, o dentro de un plazo claramente definido. Su propósito es dirigir al consumidor hacia una conversión concreta, ya sea una compra formal, un registro, una descarga, una suscripción, el voto o cualquier otro objetivo publicitario.

4. Fidelización

Más allá de persuadir y atraer nuevos clientes, reforzar el branding y fomentar la conversión, la publicidad también debe ayudar a mantener la lealtad de los consumidores actuales, asegurando que sigan eligiendo la marca en lugar de la competencia y que se sientan orgullosos y satisfechos de sus decisiones pasadas.

PLAN DE MEDIOS

Un plan de medios es el proyecto estratégico que define la selección, distribución y programación de los canales publicitarios en los que se difundirá una campaña con el objetivo de maximizar su impacto y optimizar el uso del presupuesto.

El plan de medios debe responder a tres preguntas clave:

1) ¿Dónde aparecerá la campaña?

Contemplando si se usarán medios tradicionales, digitales o alternativos, o una mezcla de los mismos.

2) ¿Cuándo se publicará la campaña?

Situando la temporalidad y duración, ya que hay campañas que se ejecutan por ocasión única, se activan por temporadas o corren de manera continua. También se debe responder a la selección de días y horarios, ya que habrá campañas que, por el público al que se dirigen y su tipo de mensajes, funcionan mejor entre semana o en fin de semana, o por la mañana o por la noche. Además, se debe contemplar la frecuencia de aparición, ya que habrá anuncios que aparezcan con menos regularidad o solamente en una ocasión, y otros aparecerán de manera permanente.

3) ¿Cómo se distribuirá el presupuesto?

Para saber cuánto dinero se destinará a medios tradicionales, digitales y alternativos. Para ello primero tenemos que saber qué medios se utilizarán y justificar el por qué es necesario invertir en ellos.

TIPOLOGÍA DE MEDIOS

Primero tenemos los medios tradicionales, conocidos en el argot publicitario y mercadológico como:

Above the line o ATL

Los medios ATL son los masivos. Se refieren a las estrategias publicitarias de alto alcance, donde la comunicación se realiza a través de medios tradicionales como televisión, radio, prensa y revistas, que llegan a miles o millones de personas.

Sus características son la gran cobertura y alcance nacional o global y el alto impacto. Por lo que los costos son elevados y no hay segmentación muy fina por la masificación. Además de que hay mayor dificultad para medir los resultados exactos en estos medios tradicionales.

Below the line o BTL

El BTL engloba estrategias dirigidas a segmentos específicos, utilizando técnicas más personalizadas y creativas. Por lo que aquí entrarían todos los medios de nicho y cualquier recurso que no sean los medios tradicionales. Podemos clasificarlos en cuatro grandes grupos por las semejanzas del tipo de espacios que se comercializan para que aparezca la marca o sus mensajes.

1. Medios POP

La publicidad POP que viene de las siglas en inglés de point of purchase o punto de venta, es una estrategia de comunicación comercial que se implementa directamente en el lugar donde se consigue el producto con el objetivo de influir en la decisión de compra in situ. Su función principal es captar la atención, destacar productos y estimular la compra impulsiva a través de elementos visuales y promocionales en el entorno de compra. Este tipo de publicidad es ampliamente utilizada en supermercados, tiendas departamentales, farmacias, tiendas de conveniencia y cualquier establecimiento donde se exhiban productos físicos, y se basa en el principio de que la mayoría de las decisiones de compra se toman en el punto de venta.

2. Patrocinios

La publicidad por patrocinios es una estrategia en la que un producto financia total o parcialmente un evento, persona, equipo, contenido o iniciativa, con el objetivo de generar visibilidad en espacios estratégicos, fortalecer su imagen y asociarse con valores relacionados a lo que patrocinan.

En eventos patrocinados, la marca puede aparecer inmersa en la propia publicidad del evento, en su recepción, en sus espacios y escenografías, materiales informativos, palabras de agradecimiento y hasta en el nombre. En los deportes es muy visible, pues hasta los estadios se llaman como las marcas y los uniformes de los equipos, como en el futbol, son espacios que se comercializan.

3. Product placement

Es una estrategia publicitaria en la que un producto, marca o servicio es integrado de manera natural dentro de un contenido visual o audiovisual, como películas, series, programas de televisión, videojuegos y contenidos digitales de influencers, con el objetivo de promocionarlo sin que parezca una publicidad tradicional. A diferencia de los anuncios convencionales, el product placement no interrumpe el contenido, sino que forma parte de la narrativa, logrando que la audiencia lo perciba de manera más orgánica y sutil.

4. Publicidad en espacios públicos

También conocida como OOH por las siglas en inglés de out of home o fuera de casa, es la publicidad que se encuentra en espacios públicos y urbanos. Y puede ser estática como las carteleras o anuncios espectaculares, o móvil, como en transportes públicos ya sea en sus interiores o exteriores. Cualquier espacio exterior que se comercialice entra en esta categoría, por lo que a veces consiste en pintar una barda, en desplegar una lona frente a conductores o hasta que una persona haga malabares con un letrero en la calle.

Y por supuesto que también existen los medios digitales, que son aquellos que funcionan dentro del ecosistema digital, pero en estos medios no todo es publicidad, por lo que la publicidad digital es tan sencilla como pagar para anunciarse en buscadores y redes.

Un plan de medios consiste en combinar diferentes canales publicitarios para potenciar la difusión de un mensaje y maximizar su impacto en el público objetivo.

IMAGEN DIGITAL Y CREACIÓN DE CONTENIDOS

La imagen digital es la percepción que se tiene de una persona o institución como consecuencia de los contenidos que sobre la misma se encuentran en el ecosistema digital.

Se conforma por el contenido publicado y generado en su sitio y plataformas web, redes sociales y campañas publicitarias digitales; pero también por la interacción y comportamiento de los usuarios a través de sus reacciones, comentarios, reseñas, calificaciones y menciones en redes y foros digitales, y la posición que se ocupa en los motores de búsqueda y los contenidos que en ellos aparecen. Arrojando mediante la unión de todos esos contenidos lo que se conoce como reputación en línea o reputación en internet.

Y para construirla, echamos mano de las herramientas del marketing digital, que es el conjunto de estrategias, tácticas y herramientas utilizadas para promocionar marcas y productos en medios digitales con el objetivo de atraer, convertir y fidelizar clientes mediante la interacción en línea.

A diferencia del marketing tradicional, el marketing digital permite tres cosas que lo hacen de gran interés: la segmentación precisa, pues se dirige a públicos específicos según sus intereses, ubicación y comportamiento en línea.

La interacción bidireccional, pues el usuario no es sólo receptor, sino que también participa activamente en la conversación y contenidos. Y la medición y optimización en tiempo real, pues se pueden analizar métricas de rendimiento y optimizar las campañas mientras están sucediendo.

El marketing digital se compone de varias disciplinas que trabajan en conjunto para mejorar la visibilidad y conversión de una marca y son:

1) El SEO o search engine optimization: que como dice su nombre en inglés, es la optimización de los motores de búsqueda para mejorar el posicionamiento. Se logra de forma orgánica y sin pagar, y se utiliza para posicionar los contenidos que más convienen en la primera página de búsqueda.

Por lo tanto, el SEO es una estrategia a mediano y largo plazo que se basa en la optimización de contenido, estructura web y factores externos para que una marca sea más relevante y valiosa para los buscadores y usuarios. Para lograr un posicionamiento sólido en los buscadores, es fundamental trabajar en acciones de programación y optimización de sitios web, redes y plataformas digitales.

Parte de este SEO es también asegurarse que la marca, cuando tiene espacios físicos, aparezca en los sistemas de geolocalización como mapas y apps de navegación, así como cuidar todo lo que aparece en la página principal del buscador.

2) El SEM o search engine marketing: que es la publicidad pagada en buscadores y redes sociales. Su fin es aumentar la visibilidad de una marca tanto en los resultados de búsqueda como en los espacios entre publicaciones en redes, ofreciendo un posicionamiento inmediato ya que los anuncios aparecen cuando el usuario busca una palabra clave específica.

Sus principales formatos son los ads, que por esta abreviatura se les conoce a los anuncios en los sitios de búsqueda o en las plataformas de redes sociales. Los display networks, que son plataformas de exhibición que permiten poner banners y anuncios visuales, o pequeños videos comerciales, para que aparezcan en diferentes páginas web, redes, apps y plataformas de diversa índole. Y los shopping ads, que son todos los anuncios enfocados en productos de consumo y compras online, se puede observar muy fácil al interior de Amazon o en la sección de shopping de Google.

3) El influencer marketing: que son las estrategias de promoción, publicidad o propaganda, mediante la colaboración con personas influyentes y de alta visibilidad en redes sociales, quienes tienen una audiencia leal y segmentada, lo que les permite generar confianza y credibilidad en los consumidores. Y esto puede ser pagado o en intercambio con colaboraciones; sobra decir que las imágenes se permean, por lo que elegir al influencer debe ser coherente con la esencia, estilo y personalidad de marca, y no nada más por sus métricas y popularidad.

4) El user-generated content o UGC: que es el contenido generado por los usuarios como herramienta de credibilidad, donde entran también las reseñas, testimoniales, calificaciones y cualquier contenido que suban a sus redes relacionado con las marcas.

5) Las estrategias de reforzamiento: como el email marketing, los newsletters, el remarketing y el retargeting, que son las estrategias de comunicación digital directa con personas que ya han tenido alguna interacción con la marca.

Y la más importante de todas:

6) El content marketing o marketing de contenidos: usado para atraer y retener a la audiencia.

MARKETING DE CONTENIDOS

Una cosa es publicar por publicar, y otra la creación de contenidos con una estrategia; por lo que el marketing de contenidos es la estrategia más importante de marketing digital, basada en la creación, distribución y optimización de contenido relevante, útil y atractivo, para de esta forma lograr los tan deseados awareness y engagement.

El awareness digital es ponerte en el radar de los usuarios y es el primer paso en el proceso de posicionamiento en los espacios digitales, ya que permite que los usuarios identifiquen a los creadores. Su métrica es el número de impactos y el crecimiento en followers. Y el engagement es el nivel de interacción, compromiso y conexión emocional que una marca genera con su audiencia en plataformas digitales. Y se mide a través de métricas como likes, comentarios, compartidos, tiempo de permanencia y la lealtad del usuario para que no deje de seguir.

Las C's del marketing de contenidos

Para lograr su eficiencia, los contenidos digitales deben ser o tener:

1. Calidad

La calidad de un contenido es tanto el fondo como la forma, por lo que importa lo que se dice tanto cómo se dice. Por eso se debe cuidar la calidad del diseño gráfico, del audio y video, de la ortografía y redacción y de cualquier elemento de forma que la creación de contenidos utilice, siempre respetando la esencia y el estilo. No confundas que calidad es siempre hablar de manera apropiada y con una producción de estudio. No, tal vez una persona está hablando de manera desfachatada y con una producción más natural, pero será de calidad ya que seguramente el producto es igual de desfachatado y natural.

2. Cantidad

Tema complejo porque no hay reglas, pero debe haber presencia constante. Por lo que se debe realizar una cantidad razonable de contenidos para que se dé a notar y lograr awareness, y después, para no soltar, y crear engagement.

Y no es lo mismo una estrategia de newsletter por mail que el posteo en redes y plataformas, y dentro de las redes y plataformas no es lo mismo un canal de YouTube o un podcast, que las stories y los post de social media. Lo importante es que tengas una planeación donde te comprometas a cumplir con la cantidad pactada, y hacer valer la siguiente C:

3. Constancia

La constancia es el compromiso y la disciplina de crear contenidos, apelando a la paciencia temporal. El marketing de contenidos da resultados a mediano y largo plazo, por ello, será necesaria la constancia en cada acción.

4. Curaduría

La curaduría es el proceso estratégico de seleccionar, organizar y diseñar lo que aparece en una red social con el objetivo de construir una identidad visual coherente y mejorar el impacto de la comunicación digital.

Este proceso implica mantener una estética unificada, un estilo definido, una línea de contenidos bien determinada, y la integración de otros elementos visuales y auditivos, como portadas, soundbites, plantillas gráficas y anclajes de contenido que faciliten el reconocimiento de la marca.

Y si bien la curaduría incluye que cuando entres a un perfil veas un feed estético, la curaduría va mucho más allá, aunque se piensa que sólo es eso. Para que se entienda su amplitud, pongamos un ejemplo.

Imagina que un creador de contenidos desea hablar de alimentación. Tener una línea de contenidos bien definida es decidir si quiere hablar de nutrición, de recetas o de reseñas de restaurantes. E imaginemos que la curaduría ya se decantó por las reseñas. Debe aterrizarlo a si será el que reseña nuevos lugares, street food o lugares durante viajes. De ahí, decidir si va a ser humorístico, serio o cualquier otro tenor de personalidad, y adoptar un lenguaje verbal y visual que se repetirá. Para después seleccionar las redes en las que estará, un nombre que haga referencia a lo que hace, una paleta de colores, crear un logo, y demás elementos que pueden ir desde una manera de saludar y despedirse, hasta el ritmo de la edición y una forma de decirle a sus seguidores.

¡Todo eso es la curaduría! Pero si te diste cuenta, no es otra cosa más que el marketing tradicional y la imagen visual con un nombre más sofisticado que a los marketeros digitales les encanta usar, haciendo analogía a la curaduría del arte.

Dentro de la curaduría, tenemos que pensar también en el punto donde se mezcla con las Cs de cantidad y constancia, para lograr un orden que facilite la operación, garantice el respeto a la temporalidad, y vele por la estética deseada. Y para ello se hace la parrilla de publicaciones, que es la planificación estratégica del contenido que se publicará en una red social, estructurada en función de objetivos específicos, tipos de publicaciones y frecuencia de posteo; facilitando la operación, programación y automatización de publicaciones.

5. Conexión

El gran objetivo del marketing de contenidos es conectar con los usuarios. Por lo tanto, el contenido debe enganchar al público objetivo. Para lograrlo, lo que se comparta debe ser adecuado y útil para el consumidor, y que lo haga sentirse identificado y hasta agradecido.

La gente encuentra utilidad ya sea cuando aprende, se informa, se entretiene o se forma una opinión. De allí la utilidad de conexión de los tutoriales, los contenidos informativos, los perfiles de ocio en general y los liderazgos de opinión, y si juntas todos estos elementos, la conexión es mayor.

6. Creatividad

Si bien a veces es recomendable subirse a las tendencias, lo mejor es innovar y crear un sello único. Cuando los contenidos se tratan sólo de imitar lo que hacen los demás o subirse a las tendencias, el producto se convierte en uno más quitándole todo valor particular.

La creatividad es la facultad de crear, por lo que para el marketing de contenidos, la creatividad es generar contenidos propios y, al mismo tiempo, saber utilizar los de terceros para llevarlos a otro nivel y darles una nueva visión.

7. Comunidad

Sin duda, una de las más importantes. En el contexto de contenidos digitales una comunidad es que las personas se sientan parte de un mismo grupo, que perciban que comparten intereses, valores o afinidades con el creador de contenidos y el resto de la comunidad, y que crean que son parte de una causa mayor dentro del entorno digital.

La comunidad se construye a través de la interacción continua con el usuario, sabiendo que la creación de contenidos es bidireccional y fomentando el diálogo. El usuario debe participar, opinar y sentir que pude tomar decisiones en la línea de contenido, por lo que pedir su opinión, solicitarle propuestas y hacerlo interactuar con el contenido es fundamental. Responder sus mensajes directos, reaccionar a los comentarios públicos y darles protagonismo, son las bases para generar comunidad.

8. Compartible

El marketing de contenidos debe apuntar a que se comparta. De este modo, tu audiencia o público objetivo será quien transmita el mensaje para que se conviertan en cajas de resonancia.

9. Cuantificable

Es la última pero no por eso es la menos importante. Por el contrario, es la más útil a nivel estrategia ya que nos dice qué está funcionando y qué no, y qué rumbo se debe tomar.

Por esta razón, se deben analizar las estadísticas de las redes en sus apartados correspondientes, así como usar herramientas y plataformas de analíticas para conocer datos que pueden ir desde el aumento de seguidores y el número de interacciones, hasta el nivel de permanencia en un video, quién es el seguidor principal o con más influencia, y cuáles son las palabras clave o keywords que más funcionan. En otras palabras, es un resumen detallado de métricas donde conoces cuáles publicaciones han generado más atención y enganche.

Las Cs de la creación de contenidos son: calidad, cantidad, constancia, curaduría, conexión, creatividad, comunidad, compartible y cuantificable.

PSICOLOGÍA DEL CONSUMIDOR Y PERSUASIÓN PUBLICITARIA

Entendido cómo la publicidad se construye desde sus fundamentos, su plan de medios y su desarrollo en entornos tradicionales y digitales, así como entendida la gran importancia de la imagen digital y la reputación en internet, no nos queda más que reflexionar sobre si todas estas estrategias serían inútiles si el contenido no logra atraer, persuadir y generar impacto en la audiencia.

La psicología del consumidor es la disciplina que estudia los procesos mentales, emocionales y conductuales que influyen en la toma de decisiones de compra, analiza cómo las personas perciben, interpretan y reaccionan ante los estímulos audiovisuales, y cómo sus creencias, valores y experiencias influyen en su comportamiento.

El consumidor no toma decisiones de manera completamente racional. A menudo, factores emocionales, sociales y culturales tienen un peso mayor en la elección de una marca o producto que la lógica o la utilidad objetiva, por el gran peso que tiene el cognitivismo y la semiótica en las conductas ligadas al consumo. Y es que, por ejemplo, sabemos que alguien que compra una marca de lujo, no sólo está adquiriendo una bolsa o un reloj, sino también está comprando estatus, prestigio, pertenencia y reforzando su identidad y estatus social. Y así con el resto de las decisiones, pues en cada industria veríamos casos similares: las farmacéuticas venden bienestar y esperanza y no medicamentos, los productos de limpieza venden ahorro de tiempo y cuidado del mundo, los automóviles venden, entre otros atributos, seguridad, aventura y seducción, no máquinas. Y las campañas políticas, más que proyectos de gobierno y personas, venden esperanza, cambio, venganza y un sinfín de elementos emocionales.

Y como, además, somos indecisos por naturaleza y nuestra propia opinión se ve influenciada por los demás, la psicología de la publicidad y la propaganda se basa mucho en la prueba social y la validación, donde otras personas felices y exitosas les dicen a los consumidores lo bueno que son los productos y que pueden confiar en que sus decisiones son las correctas.

Todo esto habla del poder e impacto de la comunicación emocional. Si una pieza publicitaria o la creación de un contenido no apela a la nostalgia, donde tal vez te lleva a tu infancia o a experiencias pasadas de tiempos mejores, tal vez no sea efectiva; si no despierta felicidad y alegría, asociando el comercial con experiencias placenteras; si no te produce miedo o ansiedad, pues te presenta un problema y te ofrece la solución a través de la compra o el voto; si no crea en ti sorpresa e impacto, rompiendo con tus expectativas y provocando el cambio en tus opiniones; o si no despierta en ti empatía y solidaridad para saber que tus decisiones construyen una mejor sociedad ayudando al mundo y a los demás... ¡entonces la estrategia audiovisual se considera como mala y probablemente fracasará!

Y pareciera que en este cierre estamos atacando a la publicidad y a la imagen digital, o criticando su falta de objetividad y sus fines persuasivos, pero no, solamente estamos evidenciando que así es el juego audiovisual y que es necesario jugarlo de formas más agresivas en un mundo cada vez más masificado y competido.

CONCLUSIÓN

Nosotros no pusimos las reglas y difícilmente las podemos y debemos de cambiar desde el flanco de la consultoría en imagen pública, por lo que simplemente vayámonos con la conciencia de que debemos generar ideas innovadoras y mensajes persuasivos que logren captar la atención del consumidor y diferenciar a la marca en un mercado saturado.

Técnicas hay muchas, pero siempre tengamos en cuenta que el único límite de la persuasión es cuando el deseo es tan grande que pone en peligro a la audiencia, pues una cosa es persuadir y generar la acción de compra o aceptación apelando a identidades emocionales y no racionales, y otra cosa es engañar con el fin de lograr una venta, un voto o la realización de una acción.

Ahora nos ponemos reflexivos sobre los límites éticos de estas herramientas, ya que los siguientes capítulos tendrán una carga aún más persuasiva, por lo que usemos la psicología social y del consumidor para lograr los objetivos, pero siempre en función del bien común.

Hemos aprendido que la imagen audiovisual es un mundo muy amplio y multidisciplinario, y si bien en este capítulo nos enfocamos en la publicidad y en la imagen digital, aún nos faltan herramientas estratégicas para influir en la percepción del público y posicionarnos de manera masiva y exitosa.

Si algo hemos comprobado es que, sin creatividad, persuasión y una correcta evaluación del impacto, una campaña no tiene razón de ser. Por lo que el contenido debe emocionar, inspirar y provocar una reacción en el consumidor... ¡pero nunca debe mentir!

14
RELACIONES PÚBLICAS Y MANEJO DE CRISIS

Por su origen, evolución, práctica y delgada línea que las divide con otras especialidades, las relaciones públicas son difíciles de definir y limitar. El diccionario de la RAE diría que son la "actividad profesional cuyo fin es, mediante gestiones personales o con el empleo de las técnicas de difusión y comunicación, informar sobre personas, empresas, instituciones, etcétera, tratando de prestigiarlas y de captar voluntades a su favor". Y el colaborativo libro de texto que es Wikipedia, las definiría como el "conjunto de acciones de comunicación estratégica que tienen como principal objetivo fortalecer los vínculos con los distintos públicos, escuchándolos, informándolos y persuadiéndolos". De manera coloquial la gente diría que son todas las acciones encaminadas a establecer relaciones entre las diferentes partes. Y el folklore de la profesión dice que las relaciones públicas son portarse bien y que los demás lo sepan.

Todas estas definiciones son válidas para el estudio de la imagen pública, ya que ponen en evidencia que las relaciones públicas son estrategias de comunicación enfocadas en generar vínculos positivos que ayudarán a cuidar la buena percepción. Pensemos en ellas como puentes reputacionales que buscan unir dos partes mediante la conexión emocional.

Las relaciones públicas (RRPP) son un conjunto de estrategias de comunicación diseñadas para gestionar la imagen de una persona o institución frente a sus diferentes públicos, con el objetivo de construir y mantener relaciones de confianza que ayuden a la buena percepción, lo que se traduce en apoyo y lealtad.

DELIMITANDO LAS RRPP

En su esencia, las RRPP no se limitan a un único medio ni a un sólo tipo de interacción; sino que, en realidad, son una actividad multidisciplinaria tan amplia como la construcción de los puentes reputacionales que pueda abarcar. Por lo tanto, ningún publirrelacionista se atreverá a decir cuáles son sus límites y más si el objetivo es vender sus servicios, ya que podría abarcar desde la comunicación organizacional y el manejo de redes sociales, hasta la preparación de discursos, el networking y la gestión de campañas publicitarias y propagandísticas, temáticas que ya vimos o veremos en otros capítulos del libro. Al grado que ante los ojos de una persona publirrelacionista empapada de soberbia y egocentrismo... ¡todo este libro sería un libro de "errepé"! Ya que la imagen física podría verse como un puente para generar vínculos emocionales o la identidad gráfica y el branding como un vehículo de lealtad que genera conexión emocional.

Por eso, dentro de la consultoría en imagen pública, sí se han delimitado las áreas de actuación profesional cuando de relaciones públicas hablamos. Esto, sin perder el espíritu multidisciplinario de la especialidad, ya que te darás cuenta que para realizar estos servicios, se necesita un conocimiento integral sobre la ciencia de la imagen, pues cada uno de ellos incluye una gran coordinación entre otras especialidades y sistemas de catalogación de la imagen. Estos servicios delimitados son el manejo de medios de comunicación, la organización de eventos, y uno de los más demandados en nuestra especialidad: el manejo de crisis, pues así como se construyen puentes, también se queman.

El profesional de la imagen pública usa el conocimiento de las RRPP principalmente en el manejo de crisis, la organización de eventos y el manejo de los medios de comunicación.

MANEJO DE MEDIOS DE COMUNICACIÓN

Si de tender puentes se trata, los medios de comunicación son el canal por excelencia para conectar con una audiencia e influir en la opinión pública. Por eso siempre decimos que si estás en los medios eres importante y eres verdad, y si no estás... ¡no existes! Y es que lo que dicen los medios de comunicación se convierte en un factor fundamental que moldea la percepción de la audiencia, ejerciendo una enorme influencia social al grado de ser considerados el cuarto poder. Pero no es así. No son el cuarto poder... ¡son el segundo!

Para trabajar con los medios de comunicación, primero hay que entenderlos, ya que es muy fácil juzgarlos de sensacionalistas, polarizadores, tendenciosos, perversos, y cualquier otro adjetivo negativo que se te venga a la cabeza. Y es que pensamos que su labor es informativa, o peor aún, formativa o educativa, consideramos que su labor debe ser objetiva y que los contenidos que presentan deben aportarle un valor al mundo y a la sociedad. Pero no es así, visto desde su perspectiva, la labor de los medios de comunicación es comercial. ¡Los medios de comunicación son un negocio! Mismos que lucran satisfaciendo la necesidad humana de informarnos y entretenernos. ¿Pero qué venden los medios de comunicación?

Si le formulas esta pregunta a alguien no experimentado en el manejo de medios de comunicación, te dirá que lo medios venden contenido. Y no te lo dirá con estas palabras, te dirá que venden chismes, escándalos, noticias, opiniones... o te dirán que venden programas, telenovelas, artículos, partidos de futbol o el reality show del momento. Y a todo eso se le llama contenido. ¡Pero no! Eso no es lo que vende el medio de comunicación. Eso es lo que atrae a la audiencia para después hacer negocio con lo que sí vende: espacio. Espacio por el que se paga para que sus clientes anuncien lo que quieran. Espacio que será más caro si hay más audiencia y a esa valuación se le llama rating. Los medios de comunicación son un negocio que aman el rating, porque venden espacio que debe estar rodeado de buenos contenidos. ¿Y cuáles son los buenos contendidos? ¡Los que la audiencia consume! Los medios de comunicación te dan lo que tú les demandas. Cada vez que observas un video en YouTube, ojeas una revista, miras un evento deportivo, scrolleas Instagram, consultas Google o escuchas un programa de radio o podcast, te toparás con esos espacios que te anuncian cosas y que serán tan valiosos como tantas personas como tú los consuman. Y claro que también existen medios que no anuncian nada, pues el negocio está en la suscripción o venta de un ejemplar, pero el contenido sigue siendo el pretexto para atraerte. En los medios de comunicación el negocio es el espacio, pero el contenido es el rey. Por eso los medios viven en una constante búsqueda de buenas historias que contar, y el secreto de un buen trabajo de medios de comunicación consiste en darles esas historias.

Sin el negocio dejarían de existir los contenidos. No existiría la televisión, la radio, los periódicos, las revistas o la red social que más uses si no fuera por el poder principal: el poder económico. Por eso los medios de comunicación en realidad son el segundo poder, porque después del dinero, el poder de la opinión pública y del que ejercen los medios en ella es fundamental para el transcurso del mundo, dejando al poder político y su tradicional separación de poderes en un tercer lugar. Usemos el poder de los medios de comunicación como herramienta fundamental de imagen pública.

Los medios de comunicación son un negocio que aman el rating y se alimentan de buenas historias que contar.

PUBLICITY

Sabiendo que los medios de comunicación son un animal hambriento de buenas historias que contar, vamos a darles la comida que tanto disfrutan. Una buena historia para los medios es novedosa, hace noticia, tiene alto contendido emocional y afecta significativamente a la audiencia. Y cuando el medio huele estas historias, te considera contenido atractivo.

El publicity consiste en aparecer en los medios sin tener que pagar por ello. La estrategia consiste en captar la atención de la opinión pública para así captar la atención de los medios, o viceversa. No hay que confundir el término como si la palabra fuera publicidad en inglés. No, publicidad en inglés es advertising y para este capítulo ya sabes que es pagada. El publicity es todo aquello que se presenta como una acción informativa o de opinión, pero con un propósito subyacente de promoción. Su clave está en la capacidad para generar interés a través de temas que capturan la atención del público y de los medios para que se difundan de forma natural, permitiendo que la noticia o la imagen de quien hace vocería se propague sin necesidad de inversión. Y lo mejor de todo es que el publicity goza de mayor credibilidad que la publicidad pagada, pues se presenta como contenido.

Las figuras públicas por naturaleza captan la atención de los medios y de la opinión pública, por lo que en su caso el publicity considera todo lo que dicen los medios de comunicación sobre ellas. Lo recomendable es tener un monitoreo constante de medios tradicionales y digitales para medir cómo está el termómetro de la opinión pública. En el caso de las marcas y las personas que no tienen tanta visibilidad, se deben hacer estrategias para que los medios se interesen. Pueden ser desde los más comunes como la organización de un evento en donde se invitan a personas de sociedad o famosos para que los medios sociales y de entretenimiento los cubran, hasta el acercamiento con programas y revistas en donde se hacen secciones y se escriben artículos de interés. Un ejemplo muy sonado es todo lo que hace la marca *Red Bull*, quien ha aventado a un hombre en paracaídas desde la estratósfera, organizan competencias de aviones y carritos caseros chuscos, o hacen clavados de altura desde edificios emblemáticos en grandes ciudades. Vaya, hasta tener una escudería de F1 y equipos de futbol es estrategia promocional de publicity.

Y a estos montajes para captar la atención de los medios se les conoce como publicity stunts. Y las figuras públicas también lo hacen, como cuando se organiza una alfombra roja para promocionar una película, o cuando el político baila o se pone a manejar un camión de basura durante la campaña, también cuando entrevistan a las celebridades en las galas de premios y les preguntan qué marca de vestido llevan. De ejemplos no acabaríamos, pues diario somos testigos de historias deliberadamente creadas para captar la atención de los medios.

Por lo tanto, cualquier evento como inauguraciones, premiaciones o celebraciones llamativas como los desfiles de Navidad y Fin de año que organizan las marcas, se consideran publicity. La efectividad radica en la capacidad y sensibilidad para interpretar y anticipar los intereses del público y los medios. Y ya que hablamos de eventos como publicity stunts, aprovechemos para hablar sobre la importancia de la organización de eventos en la imagen pública.

El publicity consiste en aparecer en los medios sin tener que pagar por ello.

LA ORGANIZACIÓN DE EVENTOS Y SU IMPORTANCIA EN LA IMAGEN PÚBLICA

Al pensar en la organización de eventos, a menudo imaginamos celebraciones sociales o festivas: fiestas de cumpleaños, eventos de Fin de año o bodas organizadas por wedding planners. Sin embargo, en el ámbito de la consultoría en imagen pública, la organización de eventos es una herramienta esencial para fines propagandísticos o promocionales, ya que el objetivo de organizarlos rebasa el simple hecho de congregar a la gente en un lugar para convivir o departir, sino que siempre hay una agenda detrás que obra en función de quien lo organizó y patrocinó.

Desde el lanzamiento o cierre de una campaña política y sus rallyes y mítines, hasta la organización de congresos, conferencias de prensa, eventos de networking, presentaciones de productos y fiestas, festivales musicales o convivios deportivos patrocinados por una marca, cada evento se convierte en una oportunidad para el posicionamiento y promoción de una imagen. Tomemos como ejemplo un evento para congregar a influencers con el propósito de generar contenidos relacionados a una marca. Lo que importa es la experiencia que se vivirá y la repercusión mediática que tendrá. La creatividad puede hacer que ese evento sea un desfile de modas, un viaje a un destino exclusivo, una masterclass donde se les enseñe algo en particular, una labor de reflexión y altruismo, o inclusive inspirados en *Red Bull*, aventarlos de paracaídas... cada uno de estos eventos es totalmente diferente al otro pero debe estar perfectamente organizado, por lo que la logística y la estrategia detrás del evento son fundamentales para alcanzar los objetivos deseados. Dejemos de ver entonces a la organización de eventos como la mera decoración y coordinación de actos sociales, y veámosla como plataformas cuidadosamente diseñadas para transmitir un mensaje específico y proyectar una imagen coherente.

Por eso, la organización de un evento necesita un conocimiento multidisciplinario dentro de la imagen pública; por ejemplo, en el lanzamiento de un producto, cada detalle de la organización que va desde la selección de fecha, la invitación, la elección y decoración del lugar, la música, el catering, el código de vestimenta, el discurso que se dará, los videos que se pasarán, la convocatoria de medios, los contenidos que se subirán a redes y cualquier otro detalle que se te pueda ocurrir, deberá estar planificado para resonar con la audiencia, cumplir con los objetivos por los que se creó y respetar la esencia y estilo de ese producto. Por lo que implica un amplio conocimiento de las seis imágenes subordinadas, aunada a una gran capacidad de liderazgo, organización y administración de recursos materiales y humanos. Y, por si fuera poco, una alta capacidad de trabajar bajo presión y de resolución de conflictos, ya que la organización de eventos gestiona y moldea la percepción en tiempo real, y la forma en que los asistentes experimentan el evento y lo que perciben, impacta directamente en la credibilidad y reputación de la marca o persona representada. Desde el punto de vista de la imagen pública, un evento bien ejecutado tiene el poder de generar emociones positivas y memorables en el público, lo cual refuerza la fidelidad y crea una conexión emocional con las personas e instituciones.

La organización de un evento eficaz requiere una cuidadosa estrategia que alinee el evento con los objetivos de imagen pública de quien organiza. Esto implica entender a fondo el perfil del público objetivo, los valores personales e institucionales y el mensaje que se desea comunicar; pues el tipo de evento, los roles del organizador, la planificación y el diseño, las estrategias de marketing y promoción, la coordinación y ejecución, la gestión de recursos y presupuesto, y en sí todo lo relacionado a organización del evento, debe regirse por un plan maestro del evento que a su vez se desprende de un plan maestro de imagen pública mayor.

La organización de un evento eficaz requiere una cuidadosa estrategia que alinee el evento con los objetivos de imagen pública de quien organiza, por ello requiere un conocimiento multidisciplinario dentro de la imagología.

Pero regresemos al manejo de medios de comunicación, con un servicio de capacitación fundamental para velar por la buena reputación.

MEDIA TRAINING

Antes de la democratización de los medios y de que cada uno de nosotros tuviéramos en nuestras manos mejor tecnología que la de cualquier medio de comunicación del milenio pasado, un capítulo de entrenamiento en medios de comunicación tendría que haber empezado con la jerarquización de los medios, sus ventajas y desventajas. Te diríamos que la elección adecuada del medio dependería de la audiencia y el objetivo a cumplir, y analizaríamos que, mientras los periódicos ofrecen credibilidad, su impacto es limitado a un día, o que la radio es más flexible pero que carece de impacto visual, o que la televisión es el medio que más impacto genera, pero en el que menos tiempo te dan. Pero el mundo ha cambiado drásticamente.

En la actualidad los medios de comunicación son transversales, lo que quiere decir que no operan de manera aislada, sino que se integran y terminan siendo parte de un mismo conjunto, afectando a su vez a diferentes contextos y alcanzando a diferentes grupos de personas y sectores de la sociedad. Desde la era digital los medios son omnipresentes, y paradójicamente son instantáneos y permanentes a la vez. O sea, una noticia o contenido puede ser tendencia en redes sociales por unas cuantas horas y generar conversación sólo ese día, pero si se busca años después, resulta que se queda en Google para siempre. Esta transversalidad hace que ya se rompa la línea entre las diferentes plataformas, pues una entrevista de radio también se está transmitiendo por televisión, a su vez se convierte en podcast y en clips para redes sociales, y a su vez aparecen citas y referencias en la prensa escrita y redes de microblogging, lo que hace que un mensaje o suceso pueda llegar a diferentes audiencias al mismo tiempo y con una inmediatez sorprendente. Esto tiene un gran impacto en la opinión pública y en la reputación, lo que aumenta la responsabilidad de un buen manejo de medios de comunicación, ya que cualquier mensaje que salga de cualquier medio sin importar su tamaño, formato o relevancia, llegará a alguien y tendrá efectos difíciles de medir en cuanto a su exposición. Hoy resulta que puede ser igual de importante y relevante el *New York Times*, que la persona que con su teléfono grabó y viralizó un contenido.

Además, los medios de comunicación han vivido y viven cada año un proceso sorprendente de cambio, porque cada vez hay más información, más competencia, más avances tecnológicos y más cambios en las audiencias en las maneras de informarnos y entretenernos. Por lo que estar capacitados en el manejo de medios de comunicación es fundamental para cualquier persona o vocero que quiera ser relevante y hacerlo con seguridad, alto impacto y previendo la cantidad de riesgos reputacionales que puede haber. Y en eso consiste un media training o entrenamiento en medios de comunicación.

Sería ambicioso en este apartado darte todas las recomendaciones de un media training, pues para ello podríamos escribir un libro entero, por eso nos centraremos en las recomendaciones básicas que toda aparición en medios o entrevista debe cumplir:

1. No es una batalla, es una oportunidad.

¡Es una oportunidad porque te están regalando su negocio! Te están dando su valioso espacio para contar tu historia. Por lo que tienes que ver cualquier entrevista o aparición en medios como una colaboración. Un ganar-ganar. Recuerda que los medios quieren una buena historia que contar, por lo que hay que dárselas, pero esa historia debe estar centrada en nuestro mensaje, por lo que debemos tener muy en claro qué deseamos lograr. Piensa, si un diario te regalara toda una plana para publicar lo que quisieras, ¿cómo y en qué aprovecharías esa oportunidad?

2. Definición del mensaje

Consiste en responder a la pregunta: ¿Qué quiero que recuerde la audiencia? Tal cuál como lo hicimos en el capítulo de Imagen verbal para seleccionar nuestra "frase mágica". Una vez definido el mensaje, éste nos servirá de ancla para saber que toda nuestra interacción y respuestas deben regresar al mismo. Definido el mensaje, el objetivo es no desviarse del mismo y repetirlo lo más posible.

3. Preparación de la entrevista y anticipación de preguntas

Hay que anticipar las preguntas positivas, pero sobre todo las negativas que nos podrían hacer. Saber del contexto mediático, de los temas más relevantes en el mundo y de las noticias previas relacionadas con nuestra causa, es fundamental para realizar una auditoría de fortalezas y debilidades que permita identificar los temas riesgosos y prepararse de acuerdo con ellos. Aquí es donde se crean las famosas guías de Q&A (de preguntas y respuestas por sus siglas en inglés). En un media training se trabaja con técnicas de role-playing para simular entrevistas y escenarios de preguntas difíciles. Esto ayuda a reaccionar de forma segura y a no dejarse llevar por la presión, asegurando el control de la narrativa.

4. Control de la entrevista y el contenido

El entrevistado debe tener el control de la entrevista mediante sus respuestas, tener la habilidad para meter a los reporteros en su mensaje desde el inicio de la entrevista y generar interés en el mismo. Hay que saber cómo darles la vuelta a las preguntas difíciles o que no se alinean con nuestro mensaje, y saber hacerlo con gracia para no dar la impresión de que evadimos o que estamos en un conflicto con el entrevistador. Las buenas entrevistas se dan cuando se percibe una empatía con el público, con el entrevistador o reportero, y que no se está sufriendo o perdiendo el control. Una regla de oro es no hablar de más, sólo responder con brevedad lo que se nos está preguntando, redirigir la conversación al mensaje central y después callar. El mejor resumen de este punto lo encontramos con la frase que Henry Kissinger les decía a los medios cuando era vocero de la presidencia de Estados Unidos: "Estimados amigos de los medios de comunicación, espero que hayan preparado sus preguntas para mi respuesta".

5. Prevención de riesgos y respuestas apropiadas

Esperar a que el reportero pregunte, no responder a temas abiertos, tener cuidado con "comprar" afirmaciones, no divagar, no comprometer a terceros, hablar siempre a título personal, no especular con el futuro, no responder a preguntas basadas en dichos y rumores, saber usar frases de transición como "lo que es importante resaltar..." o "me gustaría enfocarme en...", no hablar fuera de entrevista u "off the record" y tener cuidado al responder preguntas que nos obliguen a decir únicamente sí o no; son algunas de las recomendaciones de respuestas apropiadas y prevención de riesgos que podríamos mencionar. Como podríamos también decir que nunca hay que discutir o pelearse con un reportero, que nuestro cuerpo también habla y que un gesto puede decir más que una respuesta, o que lógicamente nunca hay que mentir ante los medios pues la reputación se acabaría.

Tomar un media training es fundamental para todos aquellos que deben aparecer en medios de comunicación, y para los que quieren proyectar una imagen sólida y profesional ante cualquier medio en la transversalidad que hoy tienen.

Finalmente, el media training no sólo nos prepara para manejar preguntas difíciles o inesperadas ante medios de comunicación, también fortalece la capacidad de transmitir mensajes de forma coherente, controlada y persuasiva en otras circunstancias, como puede ser un debate, una mesa redonda o una sesión de preguntas y respuestas después de una conferencia. Y por supuesto, es fundamental en momentos de crisis.

MANEJO DE CRISIS

Dame un problema y te daré una buena historia que contar, es una máxima del strotytelling, ya que las mejores historias son las que plantean un conflicto o una situación inesperada desafortunada. Por lo que ya te podrás imaginar que, si los medios son un animal hambriento de buenas historias que contar, las crisis los hacen salivar.

Antes de profundizar en el tema, queremos dejar en claro que el servicio de manejo de crisis es de los más demandados dentro de la consultoría en imagen pública, por lo que hay un gran mercado y negocio alrededor del mismo y además va en aumento. Las razones son: es de los servicios más demandados porque la gente suele acudir a los profesionales de la imagen cuando ésta no está bien. Es como la medicina, desafortunadamente la mayoría no vamos al médico por medicina preventiva y para estar mejor, vamos cuando algo nos duele y estamos enfermos. Y seamos sinceros, primero tratamos de curarnos nosotros y acudimos al médico cuando ya lo consideramos de gravedad. Pues así suele ser también la imagen. Los que tienen buena reputación o quieren mantenerla no son la mayoría. Los que más demandan los servicios son a los que les "duele" la imagen, y el servicio de manejo de crisis es nuestra sala de urgencias que siempre está llena, te cobran por anticipado y es más costosa. Espero que tú que estás leyendo esto sí tengas la disciplina de ver la imagen de manera preventiva. Y la razón de que los servicios van en aumento, es porque la pandemia del 2020 y la integración de la generación Z a la mayoría de edad, trajeron un cambio sociológico que se ha estudiado desde el punto de la psicología de la moralidad colectiva, y al que le han llamado modernidad líquida y cultura de accountability o de responsabilidad social.

Sin ponernos tan académicos, es la famosa cultura de la cancelación y cultura "woke", que es un activismo social apoyado por la fuerza digital, en donde las personas demandan cambios y ejercen presión hacia todo lo que consideran que ha transgredido las normas éticas o sociales, ejerciendo una supuesta justicia social digital que se convierte en la plaza de linchamiento del S. XXI. Y qué bueno que eso exista, sobre todo para los que nos dedicamos a manejo de crisis, ya que, al parecer, hoy por hoy todo transgrede las normas y por lo tanto, ofende. Dicho esto, veamos cómo manejar una crisis.

El manejo de crisis es de los servicios más contratados y redituables dentro de la consultoría en imagen pública.

Una crisis es una situación complicada e inesperada en la que se producen serias dudas acerca de que un asunto o proceso pueda continuar, modificarse o terminarse, por lo que se puede perder mucho en poco tiempo. Si lo llevamos a una crisis de imagen, lo que se compromete es la reputación y las repercusiones pueden escalar rápidamente, afectando la confianza del público, la credibilidad y dañando económica y socialmente a quien cae en ellas.

Pero no todo problema de imagen es crisis. Para hacer un manejo de crisis lo primero que hay que diagnosticar es si se trata de una crisis o no, pues el actuar es diferente. Tal vez el "paciente" no necesita entrar a urgencias y lo que requiere es un tratamiento con más calma para su situación. Para ser considerada crisis debe contar con los siguientes elementos:

Factor sorpresa: si no sorprende es porque era un riesgo o amenaza. Los riesgos y amenazas casi siempre pueden evitarse, por eso es necesaria una auditoría de riesgos, pues una vez detectados, se pueden hacer planes de "vacunación".

Daña la reputación: pareciera obvia, pero recuerda que la imagen es relativa a la esencia, los objetivos y las necesidades de la audiencia. Lo que para unos es crisis, para otros es un acto coherente. Si al líder de una desenfrenada banda de rock lo bajan borracho de un avión y hace un escándalo, su disquera y management pueden pensar que es una crisis, pero no lo es. Si no hay sentimiento de urgencia en responder, probablemente es una acción que, aunque sea desafortunada, es cotidiana.

Corto tiempo de haber sucedido y de toma de decisiones: si es un evento antiguo y conocido, es ya un problema de imagen. El error fue no haber manejado la crisis en su momento.

Sentimiento o certeza de que se producirá un cambio: las crisis marcan un "antes y después" en la percepción y generan una sensación de miedo pues se está perdiendo algo o las cosas están cambiando. Si no se tiene ese sentimiento, sería más bien un fracaso o un incidente desafortunado, pero entendible. Ejemplo: una pareja de famosos que se divorcia en buenos términos o un gobernante cuya ciudad es destrozada por un desastre natural. Si bien para los famosos es una crisis de pareja, y para la población y gobernante es una crisis humanitaria, climática y sanitaria, no son crisis de imagen pública.

¡Es verdad y hay evidencia!: la ponemos entre admiraciones pues es la más importante de todas. Si no es verdad, es desinformación. Si no hay evidencia, es una crisis en potencia. Ante la desinformación: informar. Primero, valorar la fuente e impacto de la desinformación, pues muchas veces es mejor callar y dejarlo pasar que hacer más fuerte el ruido de un rumor que no es cierto. Y ante falta de evidencias: prepararnos tal y como si las hubiera, para posteriormente actuar cuando estas existan.

Si el suceso cumple con todos los requisitos... ¡tenemos crisis! Y entonces hay que actuar. Esto es lo que debemos hacer:

Lo primero es conocer con profundidad el caso y hacer una auditoría de fortalezas y debilidades para saber con los recursos que se cuentan, como también analizar con premura lo que dicen los medios de comunicación y redes sociales sobre el caso. A mayor información, mejor manejo de crisis.

Se deben identificar culpas y culpables, pues mientras menos culpa se tenga, menos se daña la reputación pues se cuenta con "chivos expiatorios". Identificadas las culpas y culpables, pasamos a pensar en la disculpa o el perdón. Pediremos perdón por lo que nos corresponde y es nuestra culpa, y nos disculparemos por lo que no nos atañe y, en algunos casos, hasta nos victimiza.

Debe haber proactividad frente a las crisis. Las primeras 24 horas son fundamentales y no hay que dejar vacíos de información que otros llenarán. Al día siguiente de la crisis o desde antes, la opinión pública debe estar hablando del manejo de la misma y no de supuestos, chismes y similares.

Debe existir una gran capacidad de negociación, no manipulación ni intimidación. Nunca mentir, no enojarse, ni ejercer presiones legales. El conocimiento sobre temas de persuasión como los que veremos en el siguiente capítulo es fundamental.

Romper el silencio a la brevedad: siempre aceptar la realidad y no negar lo que es verdad y es evidente. Nunca debemos justificar lo injustificable, por eso la aceptación es el mejor camino. Romper el silencio puede hacerse con un post sencillo en redes sociales en donde se genera el sentimiento de aceptación y de que pronto se hablará con más profundidad.

Hacer un comunicado explicativo o conferencia de prensa: dar todo el contexto y brindar información. Ésta es la parte donde se pide perdón o se ofrecen disculpas. Es la parte de la negociación en donde se aceptan responsabilidades y se ofrecen soluciones; debe manejarse con una alta carga emocional dirigiéndonos al corazón y no al cerebro. En crisis la gente no entiende de razones, pero comprende emociones. Y si la gente quiere ver rodar cabezas, les ofrecemos una oreja. Es el video explicativo y sin producción que se sube a redes donde la persona llora, o el comunicado formal pero humanista que la empresa sube a sus redes o lo pone como desplegado en sus principales medios. Estos comunicados siempre deben cerrar pasando de lo malo a lo bueno y dejándolo como mensaje final.

Dar una entrevista exclusiva: posterior al comunicado y trascurridas las repercusiones del mismo, es buena idea aprovechar la oportunidad para transmitir el mensaje de forma más personal y controlada, ya hablando en pasado. Es cuando la famosa aparece en la portada de la revista del corazón con un encabezado del tipo: "Después de la tormenta, Fulanita nos abre su corazón y nos cuenta..." o cuando se aparecen en programas como el de Oprah Winfrey o en un podcast para contar lo aprendido. La actitud siempre tiene que se constructiva, de aprendizaje y crecimiento, haciendo saber que lo vivido ahora nos hace una mejor versión.

Publicity stunt de seguimiento: se pueden realizar acciones mediáticas que den continuidad y ayuden a reorientar la percepción creando una narrativa positiva de recuperación y aprendizaje. Esto puede ser la creación de una fundación, la escritura de un libro o hasta la aparición en un programa de comedia riéndonos de nuestras desgracias, entre otras que la creatividad considere prudentes, pues a veces no es bueno volver a levantar la ola que ya pasó.

Al manejar una crisis se debe aceptar lo que es evidente y verdad, establecer un vínculo emocional con la audiencia, y de lo malo pasar a lo bueno y dejarlo como mensaje final.

Debemos ver a los medios de comunicación como aliados en tiempos de crisis y recordar que son un negocio que prioriza historias de alto impacto. Por lo tanto, hay que sensibilizar a nuestros clientes a que no se lo tomen personal pues no son ellos, es la historia, y recordarles que una entrevista puede convertirse en una oportunidad para presentar la versión oficial, corregir errores y establecer narrativas favorables.

CONCLUSIONES

La importancia de las relaciones públicas para la Imagología radica en su capacidad de vincularse con el público a través de los medios, generando mensajes que conecten emocionalmente con las personas y convirtiéndose en un pilar fundamental para construir y sostener una sólida reputación. Así, las RRPP se convierten en un escudo y un canal de influencia, ya que, bien gestionadas, facilitan el logro de los objetivos de imagen y posicionamiento, asegurando una percepción favorable a lo largo del tiempo.

Y como te diste cuenta, para manejar los elementos de relaciones públicas aplicados a la imagen, se necesita un conocimiento amplio y sofisticado de la especialidad, pues para manejar una crisis se debe saber de imagen verbal, dramatización de la realidad, persuasión y propaganda, manejo de redes sociales y muchas otras más. Así como para organizar un evento se necesita saber de protocolos, imagen ambiental y producción de audio y video, entre otros. No por algo, cada vez más publirrelacionistas se capacitan en los terrenos de la imagen pública, e incluso aceptan que esta nueva ciencia vino a evolucionar su especialidad, a robustecerla y a satisfacer necesidades que ellos antes no consideraban.

15
PERSUASIÓN Y PROPAGANDA

Persuasión: acción de persuadir (del lat. *persuadēre* = convencer). Inducir, mover u obligar a alguien con razones a creer o hacer algo.

¿Cómo le hicieron las civilizaciones egipcias para lograr un consenso social en torno a las castas dominantes? ¿Por qué llegaron a convencer a su pueblo de que el Faraón era una divinidad? ¡Imagínense la labor titánica de Amenofis IV para hacer una campaña a gran escala para decir que ya no serían politeístas, sino que ahora adorarían únicamente a Atón! ¿Cómo le hicieron?

Podríamos cuestionar también los medios que el Imperio romano usó para infundir amor en su pueblo y aledaños para que quisieran unirse a ellos, pero también respeto y temor si se les ocurría estar en su contra.

La respuesta a todas esas interrogantes la encontraríamos en los grandes templos, palacios, tumbas y hasta en la estética y maquillaje de los antiguos egipcios; o en los arcos triunfales, calzadas, acueductos, palacios, monedas y hasta el circo del Imperio romano... "Al pueblo pan y circo (Panem et circenses)" dijo Juvenal en su *Sátira X* para hablar de la forma en la que los gobernantes controlaban a su pueblo. Todo esto puede englobarse en una sola palabra... ¡Propaganda!

HISTORIA DE LA PROPAGANDA

No podemos comparar la historia de la propaganda con la de otras ciencias o técnicas, pues en todo fenómeno social podemos encontrar una acción persuasiva (religión, gobiernos, entretenimiento, bellas artes, etcétera). La propaganda ha sido una actividad humana tan antigua como evidencias existen, por lo que la historia de la propaganda no sería otra cosa más que la historia universal.

La Iglesia católica fue la primera en utilizar el término propaganda como tal, pues esta tiene sus inicios en la Curia Romana, órgano de gobierno de la Iglesia que la utilizaba para difundir el mensaje religioso con intención pastoral. Fue en 1622 cuando el Papa Gregorio XV decide fundar la Propaganda Fide (propagar la fe), con la doble finalidad de difundir el cristianismo en las zonas en las que aún no había llegado y defender el patrimonio de la fe ante la herejía.

Imagínate cuando los exploradores y conquistadores, patrocinados por sus coronas, pero principalmente con dinero de la Iglesia, se toparon con nuevos mundos en donde creían en dioses con forma de serpiente (cuando para su mundo la serpiente representaba al diablo), donde no tenían su mismo sentido del pudor o que adoraban a la muerte practicando sacrificios humanos y hasta antropofagia. ¡Por supuesto había que evangelizarlos!

Por eso, 130 años después del descubrimiento de América, la Propaganda Fide mandó a sus tropas para hacer acciones persuasivas de conversión de credos. Las acciones agresivas fueron destruir sus templos y construir los propios encima de ellos; las acciones inteligentes fueron hacer representaciones teatrales infantiles para contar su historia, realizar un ritual simbólico para terminar con los pecados capitales golpeándolos y obteniendo recompensas, o unir sus fiestas para promover la eucaristía diciendo que puedes comerte a un ser humano de manera simbólica. Hasta el día de hoy las pastorelas, piñatas o la celebración del Día de muertos con su huesudo pan de muerto, nos siguen rodeando. De hecho, la Propaganda Fide sigue existiendo y organizando las misiones, lo único es que, como veremos, al cargarse la palabra propaganda de emociones negativas, Juan Pablo II decide cambiarle el nombre en 1988 a Congregación para la Evangelización de los Pueblos.

De estas formas primitivas de Propaganda al Siglo XX no hay cambios sustanciales. Su uso continúa en el periodo de la Inquisición y la Contrarreforma y las acciones propagandistas de las monarquías absolutas de los siglos XVI, XVII y XVIII no difieren en esencia de lo que hacían los imperios antiguos, además el término propaganda siguió estrechamente ligado a la religión.

Esta connotación religiosa desaparece con el uso de la propaganda por parte de los regímenes totalitarios y las revoluciones del siglo XX, las Guerras Mundiales y la Guerra Fría. Por último, y en la actualidad, la propaganda se vincularía con las estrategias de los partidos políticos, gobiernos e industria de consumo no identificados forzosamente con las fórmulas de gobierno totalitarias, pero lo que sí es importante rescatar es que la historia de la propaganda tiene dos grandes etapas: de sus orígenes al siglo XX y del siglo XX en adelante.

El siglo XX es el siglo de las masas, los nuevos medios de comunicación produjeron un cambio trascendental, pues antes de este siglo la única herramienta masiva que aportó a la propaganda fue la imprenta en 1449. Marshall McLuhan, con su Aldea Global, nos describe la nueva interconexión humana a escala global generada por los medios electrónicos de comunicación. En los siglos XX y XXI se puede hablar de la propaganda antes o después del cine, antes o después de la radio, de la televisión, de internet, de Facebook, de YouTube, Twitter, Instagram, de la inteligencia artificial... ¡y de lo que no conocemos! Por eso nos gusta decir que, si McLuhan no hubiera muerto en 1980 y hubiera vivido la era digital, sin duda rebautizaría su concepto como La Vecindad Global.

En la historia de la propaganda es muy importante rescatar a un joven que, al ser sobrino de Freud, empezó a muy temprana edad a estudiar las teorías de Gabriel Tarde y Gustave Le Bon sobre mente grupal, psicología de masas y las leyes de imitación; así como todas las teorías del psicoanálisis de su tío. En sus estudios empezó a darse cuenta de cómo las personas eran muy manipulables y que hechos históricos podían comprobarlo. Cruzó las teorías de su tío con las de los estudiosos de la opinión pública y la psicología de masas, y a sus veinte años decide fundar una empresa dedicada a realizar campañas de convencimiento de manera masificada... pero necesitaba un nombre.

Para bautizar sus teorías, recuerda que cuando hizo un análisis histórico sobre la manipulación y la persuasión, se topó con todas las estrategias que hizo la Iglesia católica durante la Propaganda Fide y no pudo más que admirarlas; por lo que decide retomar el nombre y empezar a decir que él hace propaganda, para posteriormente ser el primero en escribir un libro con este nombre.

Así, logró que lo contrataran las tabacaleras para hacer que fumar fuera bien percibido, que las mujeres lo hicieran, o que los médicos declararan que inhalar humo después de comer era bueno para la digestión. También ayudó a fundar los conceptos alrededor de Wall Street, Hollywood o la industria de la moda tal y como los conocemos al día de hoy. Ese joven se llamó Edward Bernays, murió de 104 años en 1995 y cambió al mundo; pero lo más sorprendente de todo: ¡es un perfecto desconocido para la mayoría!

Durante la Primera Guerra Mundial y con apenas 23 años de edad, Bernays fue contratado por el presidente Woodrow Wilson para fundar el Committee on Public Information (también conocida como la Creel Commission), con el objetivo de volcar la opinión pública a favor de participar en la guerra del lado del Reino Unido y odiar a Alemania; pues tenían estudios de opinión en los que los estadounidenses decían que no querían participar en la guerra y que no estaban a favor de ningún bando. Con los servicios de Bernays se controlaron todos los medios, se creó la Division of Pictorial Publicity, de donde salieron carteles emblemáticos como el Tío Sam o Rosy la Remachadora, y se orquestaron los four-minute men: 75,000 voluntarios que daban discursos por todo el país tejiendo una red de influencia. En tan sólo 6 meses crearon una impresionante histeria anti-alemana, haciendo que el día que el presidente declaró que entrarían a la guerra fuera día de fiesta nacional.

Por primera vez se sintió el poder de la propaganda y se hizo consciencia sobre la misma. Durante la Gran Guerra, Bernays y su equipo hicieron en paralelo una guerra de propaganda y ésta se convirtió en un factor fundamental del triunfo a nivel psicológico. Como Harold Lasswell diría en su libro *Propaganda Technique in the World War*: la propaganda es el instrumento más poderoso del mundo moderno.

La experiencia de la Primera Guerra Mundial produce la sistematización de la teoría y produce también las primeras retrospectivas históricas. Hace que se desarrollen el estudio de la opinión pública, los medios masivos, la psicología social, la persuasión, las relaciones públicas, la publicidad y por supuesto, crea un sólido aparato teórico para el estudio de la propaganda.

Un hecho muy importante es que al terminar la guerra se fundó el Institute for Propaganda Analysis, conocido como IPA por sus siglas en inglés, organización americana compuesta por sociólogos, líderes de opinión, historiadores, educadores y periodistas; preocupados por el incremento de la propaganda que no permitía a las personas formarse una opinión personal. Su propósito era esparcir un pensamiento racional y blindar a la sociedad contra la propaganda, "To teach people how to think rather than what to think", decían. ¡Qué utópicos!, les salió el tiro por la culata.

Para difundir su mensaje utilizaron flyers, dieron conferencias, publicaron una revista y varios libros como *The Fine Art of Propaganda*, *Propaganda Analysis*, *Propaganda: How To Recognize and Deal With It* o el ya mencionado de Harold Lasswell. El IPA también analizó y catalogó todos los métodos propagandísticos que se conocían al momento, y creó una catalogación de las principales técnicas llamada los *Seven common propaganda devices* (siete mecanismos más comunes de la propaganda) que desarrollaremos en este capítulo.

De lo que no se dieron cuenta fue que lo único que hicieron fue ponerles nombre y apellido a las técnicas, estructurar las teorías y, sin quererlo, dar clases de propaganda para que muchos más se dedicaran a ella e influenciar a muchas personas para que la utilizaran.

Dentro de estas personas estaban Hitler y Goebbels, este último se autonombró como Propagandaministerium o ministro de propaganda, y el resto es historia... por lo que sobra decir por qué la palabra tomó un cariz tan negativo. Hacer propaganda después de la Segunda Guerra Mundial equivalía a ser nazi.

¿Qué hizo Bernays después de la Segunda Guerra Mundial?, muy fácil, ¡le hizo propaganda a la propaganda! Usó su técnica de eufemismos y le cambió el nombre. Le puso Relaciones Públicas y las encaminó por otro rumbo con la cara más amable que viste en el capítulo anterior. Pero la realidad es que la propaganda siguió y sigue haciéndose sólo que bajo otros nombres; uno de ellos, el de la consultoría en imagen pública.

La propaganda es tan antigua como nuestra humanidad, aunque el primer uso del término fue con la Iglesia católica. Posteriormente, se relacionó con las monarquías absolutistas, las revoluciones, los regímenes autoritarios, y finalmente con las Guerras mundiales, la Guerra fría y las estrategias políticas y de consumo.

PROPAGANDA E IMAGEN PÚBLICA

Los consultores en imagen pública somos propagandistas por excelencia, pues es a la ciencia que recurrimos cada vez que queremos despertar emociones en las audiencias para moverlas hacia los lugares donde están los objetivos de nuestros clientes. Propagar es multiplicar, extender, difundir el conocimiento de algo o la afición a ello; pero, ¿con qué fin?, ¡pues con el fin de persuadir! Persuadir es el fin, la propaganda son los medios.

La propaganda se define como la acción y el efecto de difundir algo con el fin de ganar adeptos para persuadirlos. Viene del latín *propagare*, que quiere decir multiplicar o extender. En el capítulo Imagen audiovisual mencionamos que la propaganda es parte de esta imagen subordinada, y aprendiste a diferenciarla de la publicidad respecto a su fin y mensaje. Pero no está de más recordar que fin de la propaganda es ganar adeptos (*engagement*), y que su mensaje es *Quiéreme*.

Paradójicamente, la propaganda necesita un trabajo de propaganda para mejorar su imagen pública, pues el término sigue tenido una connotación negativa o se piensa que es sólo una estrategia de política en campañas. Se asocia con la manipulación de masas, las mentiras y los abusos de poder; cuando en realidad la propaganda es una herramienta que, como ya vimos, ha existido desde que las sociedades comenzaron a organizarse y es parte fundamental de nuestra civilización. Lo que marca la diferencia entre su uso y abuso, es el propósito con la que se utiliza. Por lo que no nos meteremos al dilema ético ni a la tesis maquiavélica de si el fin justifica los medios, simplemente dejaremos en claro que, como cualquier herramienta, puede usarse para destruir o construir. ¿Cuántas cosas buenas y malas se te ocurren que puedes hacer con un martillo o una sierra? Pues lo mismo con la propaganda.

En este sentido, la propaganda cuando es usada correctamente, no es más que una forma de influir en las creencias y comportamientos de la gente. Se trata de comunicar un mensaje claro y coherente que se alinee con los intereses personales o institucionales, utilizando herramientas de persuasión que apelen a las emociones, los valores y las aspiraciones del público objetivo.

Entremos entonces a ver sus diferentes tipos y técnicas más comunes, y a aplicar estos conocimientos de manera práctica para diseñar y ejecutar campañas propagandísticas que moldeen la percepción.

La propaganda se define como la acción y el efecto de difundir algo con el fin de ganar adeptos para persuadirlos.

TIPOS DE PROPAGANDA: BLANCA, NEGRA Y GRIS

El mundo no es blanco o negro, tiene una gran escala de grises; pero el mundo de la propaganda, según su tipo, sí se puede clasificar en tres colores: blanca, negra y gris. Estos tipos se definen principalmente por el nivel de transparencia de quien la transmite, así como por el nivel de honestidad con el que se presenta el objetivo ante el público.

Propaganda blanca:

Es la más abierta y transparente. En este tipo de propaganda el emisor es claramente identificado y el mensaje es directo y verificable. No hay intención de ocultar el propósito. Con ejemplos no acabamos, desde todo el activismo que se hace en una campaña política donde el candidato o el partido es la fuente, hasta cualquier campaña de *engagement* que haga una marca o producto, o la promoción turística de un país o ciudad por parte de su gobierno, entrarían en esta categoría. Imagina una campaña de salud pública por parte de la OMS, el emisor y objetivo son claros y fácilmente identificables. Lo que cuenta es la credibilidad del emisor, pues en ésta descansa la credibilidad y autoridad para persuadir. La propaganda blanca se presenta en medios confiables como periódicos de renombre, publicaciones serias o las propias redes sociales y canales del emisor. Sin embargo, aunque la propaganda blanca es abierta y honesta, no significa que a veces el fin no sea con doble intención. Por ejemplo, una marca organiza una carrera deportiva en el Día mundial del cáncer de mama, con el supuesto fin de prevenir la enfermedad y crear conciencia, y decide dar un donativo por cada persona vestida de rosa que cruce la meta mientras se realizan mamografías gratuitas en unidades móviles. Parece ser que el fin es altruista y médico, cuando en realidad se creó como una estrategia para que quieran a la marca por ser socialmente responsable. Muchas de las fundaciones que hacen las grandes marcas para ayudar surgen como propaganda blanca, pero no todo siempre es altruismo. La organización de fiestas, festivales musicales o todo lo que hace *Red Bull* con su marca o cómo nació la Guía Michelin, es propaganda blanca. Y cerramos esta categoría aclarando una confusión, la propaganda de ataque o la que desprestigia y pretende arruinar reputaciones, no siempre es propaganda negra o gris, sigue siendo blanca si el emisor es identificable.

Propaganda gris

La transparencia y objetivos son difusos. En este tipo de propaganda, el origen del mensaje no está claramente identificado, y puede incluir tanto verdades como medias verdades o mentiras. La ambigüedad es la característica clave de la propaganda gris y juega con la falta de información o la confusión de la audiencia para lograr su objetivo. Un ejemplo típico de propaganda gris ocurre en las campañas políticas, cuando se lanzan rumores o afirmaciones que no pueden ser completamente verificadas y donde se desconoce el origen de quien inició esa información o desinformación. El emisor se mantiene en el anonimato y no se atribuye el mensaje a una fuente oficial, lo que dificulta determinar su autenticidad. La propaganda gris también es utilizada frecuentemente en conflictos diplomáticos, donde se difunden noticias de fuentes dudosas para influir en la percepción de un público internacional sin comprometer directamente a los actores implicados. La era digital y la creación de contenidos en redes sociales, son un semillero natural de propaganda gris, pues estos rumores se propagan con alto nivel de viralización, al grado de que fuentes supuestamente confiables los retoman, así como los influencers con su curiosa autoridad moral tienden a legitimar la información. Pero no todo rumor es propaganda gris, a veces éstos se dan de manera natural pues son parte de nuestra especie y sociedad, por lo que, para ser considerado propaganda gris, la información debe partir de una estrategia en donde el verdadero emisor sabe las consecuencias que su maniobra traerá. La propaganda gris se presenta en medios digitales como las redes sociales, blogs o plataformas de audio y video gratuito, ya que los medios de paga o espacios serios, siempre pedirán a un responsable de la publicación (aunque éstos también se pueden truquear); como también se usan medios directos como flyers o publicaciones urbanas como pancartas.

Propaganda negra

La más compleja de entender y una de las más escabrosas por su nivel de engaño. La propaganda negra usa una "falsa bandera", en la que su autor firma falsamente con el nombre de su adversario con el fin de difamarlo o tergiversar su naturaleza real. O sea, parece ser de un bando, pero en realidad es del opuesto. Suele incluir información falsa que, en boca de un emisor, daña su reputación. La propaganda negra busca sembrar dudas, confusión o miedo, pero mucho más reales que en la gris, ya que la fuente parece identificable y real. Es utilizada principalmente en contextos de conflicto bélico, espionaje, o en campañas políticas o comerciales donde el objetivo es desacreditar al adversario. Un ejemplo clásico de propaganda negra es el "Tanaka Memorial ", durante la Segunda Guerra Mundial, donde los japoneses lanzaron panfletos de propaganda negra sobre Filipinas para generar desconfianza hacia los estadounidenses. Estos panfletos, supuestamente firmados por la U.S. Army en su "papelería oficial", advertía a los soldados estadounidenses sobre el aumento de enfermedades venéreas debido a sus contactos con mujeres filipinas, aconsejando el uso de protección o únicamente violar a mujeres de carácter respetable. Ya te podrás imaginar la desconfianza y rencor que sembraron en los filipinos que eran aliados y donde los estadounidenses tenían sus bases.

Durante esta guerra y posteriormente en la Guerra Fría, los servicios de inteligencia de los países utilizaban radios clandestinas para emitir noticias desde supuestos programas locales para que reinara la confusión. Imagina que, en plena época electoral, entre las campañas del partido "azul" y el "rojo", un día la barda de tu casa amanece pintada de rojo con una leyenda promocionando a su candidato, y además, en tu automóvil pegaron una calcomanía con la foto del candidato rojo donde supuestamente muestras tu apoyo... ¿te enojarías con el partido rojo?... ¡por supuesto! Y todo fue una estrategia del partido azul y nunca lo sabrías. El riesgo de la propaganda negra es que, si se descubre, puede tener consecuencias devastadoras para la credibilidad y reputación del verdadero emisor. En tiempos actuales de inteligencia artificial y *deep fakes*, la propaganda negra está más presente que nunca. La suplantación de identidad, clonación de voces y realización de videos falsos, está haciendo que veamos a líderes pronunciar discursos que nunca dijeron, que se filtren fotos íntimas que nunca se tomaron y que líderes de opinión y medios reputados difundan noticias que nunca dijeron. Las *fake news* cada vez parecen ser menos fakes.

De acuerdo con el nivel de transparencia del emisor que la transmite y la honestidad de su objetivo, la propaganda puede clasificarse en blanca, negra y gris.

SEVEN COMMON PROPAGANDA DEVICES

Ya hablamos que el Institute for Propaganda Analysis (IPA), en su esfuerzo por educar al público sobre cómo reconocer y no ser vulnerable ante la propaganda, identificó las siete técnicas más comunes que se utilizan para influir en la percepción pública. Estas técnicas, conocidas como los seven common propaganda devices, son las estrategias madre de las que parten el resto de las estrategias de persuasión y propaganda. Entendámoslas una a una, respetando sus nombres en inglés tal cual los acuñó el IPA, debido a la difícil traducción de algunos conceptos.

1) Glittering Generalities

Podríamos traducirlo como generalidades brillosas o palabras virtuosas. Consiste en el uso de palabras emocionalmente positivas y enunciados abstractos que hacen referencia a altos valores. Se basan en la ambigüedad del significado de las palabras para provocar reacciones positivas en quien las escucha. El significado de estas palabras varía según la interpretación de cada individuo, pero su significado connotativo siempre es positivo. Nuestra reacción natural es asumir que la palabra se está usando en nuestro sentido. Si un candidato político te dice: "Tu esperanza es mi compromiso", ¿cuál es tu esperanza? ¡No sé! Pues no es lo mismo la esperanza del campesino que la de la empresaria, del joven con discapacidad o del anciano pensionado, y no es lo mismo tu esperanza que la mía; pero sea cual sea tu esperanza... ¡Es su compromiso! Estos enunciados los aprobamos sin razonar ni pedir evidencia, pues suenan sinceros. Palabras como "libertad", "justicia", "lo mejor", "tecnología de punta", "gratis" y similares, se utilizan para despertar emociones en la audiencia, sin ofrecer detalles concretos. El propósito de esta técnica es hacer que el público acepte o apoye una idea sin cuestionarla, ya que se asocia con términos que todos valoran de manera positiva.

2) Transfer

La transferencia, también conocida como asociación, consiste en proyectar cualidades positivas o negativas de una persona o cosa a otras, para hacer que estas segundas parezcan más aceptables o rechazables. Se transfiere la autoridad, el prestigio y los valores, pero también los problemas y los prejuicios negativos. Si yo te digo que un producto es el *Mercedes Benz* en su categoría, le proyecto cualidades de elegancia, lujo, exclusividad y calidad. Pero si digo que tengan cuidado con las ideas de un candidato porque parece nazi, los sentimientos de miedo y xenofobia salen a la superficie. Y puede ser verbal pero también visual, como cuando un político aparece con la bandera de fondo para proyectar mayor patriotismo, o como cuando un artista internacional se pone el jersey de futbol del equipo local durante su concierto para lograr más empatía.

3) Name-Calling

Es lo contrario a las glittering generalities. Son palabras fuertes con las que se atacan a los contrincantes con el objetivo de deshumanizar, humillar y etiquetar de manera negativa utilizando prejuicios y estereotipos existentes para generar rechazo. Pretenden arruinar reputaciones y por eso en español se le conoce como la denigración, pues en lugar de argumentar con hechos o razones, se etiqueta al contrincante con nombres peyorativos para que el público lo asocie con algo indeseable. Por ejemplo, en campañas políticas y sobre todo en los debates, se suele utilizar términos como "corrupto", "traidor a la patria" o "mentiroso" para etiquetar a un oponente y predisponer a la audiencia en su contra.

4) Card stacking

El "apilamiento de cartas" se refiere a la selección de hechos que favorecen una narrativa específica, omitiendo información contraria. Toma su nombre de los trucos de magia y de las apuestas, en donde el mago o el apostador tramposo, acomodan las cartas a su favor y sorprenden o ganan la partida sin que su audiencia o contrincantes se den cuenta del truco. Por lo tanto, la técnica consiste en acomodar las circunstancias de una manera ventajosa. Hay dos formas de hacer card stacking: a través del cherry picking o a través de los stunts. El cherry picking consiste en hacer una omisión selectiva: omito los detalles que no me favorecen para hacer sonar más atractivo lo que estoy vendiendo. Es lo que hacemos cuando ligamos o cuando nos entrevistamos para un trabajo, sólo hablamos de nuestras cualidades. Los stunts son montajes o trucos que se sienten como coincidencias, pero que están planeadas para ayudarnos a lograr nuestros objetivos y hay varios tipos como el stunt de escasez, que es hacer sentir a la contraparte de que hay poco de lo que se desea, pero mucha demanda; o el de tiempo, que te hace sentir que si no tomas decisiones pierdes oportunidades. Lo vemos constantemente en las promociones de "¡Sólo por hoy, 30% de descuento, pocas unidades!" Hay stunts de exclusividad, de aspiración y muchos más. También, a cualquier montaje con fines propagandísticos, se le considera card stacking. Como cuando "cachan" a una pareja de famosos en un romance cuando justamente están promocionando película, o que un político en campaña "casualmente" decide frenarse en un McDonalds a comer y saludar a los empleados que lo invitan a servir helados y regalarlos a la gente.

5) Testimonial

Muy fácil de entender. Es el apoyo dado por una persona o institución para aprobar o rechazar algo. Lo que se explota es la credibilidad o popularidad de quien lo emite. Está muy ligado a la técnica de transfer, pues se transfiere la reputación de quien da el testimonial hacia lo que avala. Y no forzosamente el testimonial debe ser de una persona. Puede ser de una institución (nuevamente pongo de ejemplo a la Guía Michelin quien da testimonial a restaurantes) o incluso de un ethos profesional, como cuando los productos muestran a médicos o estudios científicos endorsándolos, transfiriendo su autoridad y prestigio al mismo. El ejemplo más común son los avales de marca que las celebridades dan. Si el mejor futbolista usa esos zapatos, deben ser los mejores para practicar ese deporte.

6) Plain folks

"Gente común". Se trata de comunicar "soy igual que tú". Es cuando el emisor imita el lenguaje, las maneras, las preocupaciones y la apariencia de la gente "normal" o de su audiencia. Por el mecanismo psicológico de proyección, las personas tenemos más tendencia a aceptar y valorar de manera favorable a quienes se nos parecen. Esto se puede lograr a través de los ejemplos que ponemos, el uso de palabras coloquiales y hasta la vestimenta. Un político populista suele utilizar un lenguaje limitado, vestir de manera humilde y vivir con supuesta austeridad. Pero no se trata únicamente sobre lo popular o austero, se trata de imitar a las personas que se desea persuadir y generar empatía. Por eso entrecomillamos la palabra "normal", pues a veces lo "normal" será lo ostentoso, presuntuoso, relajado, rebelde, mojigato, científico, espiritual, pragmático, idealista o cualquier tipo de estereotipo que se te ocurra. El chiste es fijarse muy bien en los receptores y adoptar sus formas.

7) Bandwagon

Conocida en español como el "carro ganador", "efecto de adhesión al ganador" o "efecto de arrastre", el termino proviene de las carretas que transportaban a las bandas de música en los desfiles y que también se usaban en los circos itinerantes, que cuando llegaban a los poblados, pasaban exhibiendo los animales en jaulas y usaban la música para llamar la atención de la gente, quienes salían a las calles y atraían a una gran multitud. Y es que el efecto de adhesión al ganador se basa en el hecho de que las personas generalmente creen y hacen lo que la mayoría hace y cree. Pues ante la duda nos dejamos influir por las decisiones de las masas ya que, si muchos lo hacen, ha de ser lo correcto. En resumen: nuestro comportamiento es gregario. "4 de cada 5 doctores lo recomiendan" o "¡Qué esperas! Miles de personas ya están usando el nuevo...", son ejemplos claros de esta técnica.

Estas son las técnicas madre, veamos ahora otras técnicas ampliamente útiles en la consultoría en imagen pública.

Las seven common propaganda devices son las técnicas más comunes dentro de la propaganda y son: glittering generalities, transfer, name calling, card stacking, testimonial, plain folks y bandwagon.

OTRAS TÉCNICAS DE PROPAGANDA

Lobby groups

Los grupos de cabildeo, o lobby groups, son organizaciones que trabajan velando por los intereses de personas o instituciones para influir en las decisiones de los consumidores o de las autoridades. Los lobby groups no ocultan quién los financia, sino que representan abiertamente los intereses de sus patrocinadores. Se piensa que únicamente son los grupos que ejercen presión o convencen con buenos tratos a los legisladores y funcionarios para que aprueben leyes o regulaciones favorables a su causa, o los gremios y cámaras que agrupan a miembros de un mismo sector para velar por sus intereses. Pero también aquí entran los grupos o asociaciones cuyo fin es altruista o de apoyo; como puede ser la fundación filantrópica de una empresa, el club de fans de un artista, o las peñas, porras o hinchadas de los equipos de fútbol, cuando los equipos o las disqueras los fundan y financian.

Front groups

Los front groups o "grupos fachada", son organizaciones que aparentan representar un interés, pero que en realidad velan por los intereses de quienes ocultamente las crean y financian. Se crean para generar apoyo o para influir en la opinión pública sin que se sepa quién está realmente detrás de ellas, con fines testimoniales o de activismo a su favor. Por ejemplo, el Center for Consumer Freedom, proclama defender el derecho al libre consumo, pero en realidad es financiado por la industria de alimentos y bebidas, con el objetivo de oponerse a regulaciones que limiten la venta de productos poco saludables. Edward Bernays fue su creador y fundó cientos de estos grupos. Uno de los más catastróficos para la salud mundial pero exitosos para sus clientes, fue The Medical Information Bureau (MIB), creado a principios del siglo XX cuando Bernays fue contratado por la American Tobacco Company para mejorar la imagen de fumar. Este grupo parecía independiente y dedicado a la salud pública en diferentes áreas. A través del Medical Information Bureau, se difundieron estudios "científicos" y testimonios médicos de diversa índole que afirmaban que fumar era inofensivo, incluso unos que decían que hasta tenía beneficios para la digestión y que fumar un cigarro ayuda al estreñimiento, mito que sigue presente hasta el día de hoy. ¿Has pensado a quién se le ocurrió que desayunar con tocino era buena idea? Pues a los médicos del MIB que también fueron financiados por la industria cárnica porcina cuando fueron clientes de Bernays. Pero no todo es tan drástico, los front groups pueden ser útiles en situaciones donde se necesita crear una narrativa favorable sin asociar directamente al cliente con la campaña. En la era digital, se pueden crear perfiles de redes sociales que hablen de un tema, como, por ejemplo, crear a una influencer que se posicione como gurú del skincare, pero que "casualmente" siempre use los productos de cierta compañía de cosméticos. O en los países donde crear un partido político es relativamente sencillo, cuando se acercan las campañas los partidos grandes crean y financian pequeños partidos satélite que velen por causas específicas (el partido de las mujeres, el animalista, el LGBTQ+...), para que una vez que se acerquen las elecciones, declinen a favor de ellos.

Astroturfing

Su objetivo es apoyar o rechazar algo mediante la expresión y manifestación de opiniones influenciadas y dirigidas, disfrazadas como un movimiento público independiente. El término proviene de la marca de pasto artificial AstroTurf, por la analogía de que parece natural, pero es artificial, haciendo referencia a la falsa naturaleza del apoyo. Pretende dar una impresión de espontaneidad, fruto de un comportamiento auténtico o con base social. Se orquestan acciones protagonizadas por individuos aparentemente diversos y geográficamente distribuidos, cuando en realidad son pocas personas o hasta un robot quien hace la tarea, aparentando ser una gran masa con mucho interés en algo. Mandar repetidos correos al editor de un diario, hacer múltiples peticiones de una canción en estaciones de radio, o preguntar en tiendas si tienen X producto, son estrategias que eran muy comunes. Y hablamos en pasado, pues desde que existen las redes sociales, se hizo mucho más fácil y barato "astroturfear", pues con bots o abriendo muchas cuentas, se pueden hacer comentarios en publicaciones, infiltrarse en grupos o dominar el tenor y el camino que tome un live. Imagínate que una mamá que está en una comunidad en línea donde madres se apoyan y dan consejos, empieza a ver que muchas mamás comentan, preguntan y recomiendan una comida o pañales en particular, seguramente le dará curiosidad y hasta comprará. Tal vez esas decenas de mamás son un programador en un sótano apoyado con inteligencia artificial.

Push poll

Ya hablamos de esta estrategia en el capítulo de Auditoría de la Imagen pero prometimos profundizar. Consiste en realizar una encuesta con el propósito de influir en las opiniones de las personas que participan, más que recopilar datos genuinos. A diferencia de las encuestas tradicionales, cuyo objetivo es obtener una muestra representativa de opiniones, la push poll busca empujar (de ahí su nombre) a los encuestados hacia una opinión o conclusión específica. Se presenta como una encuesta, pero está diseñada para sembrar ideas o percepciones, por lo que más que medir la opinión pública, pretende moldearla. Las push polls pueden ser usadas tanto para desacreditar como para reforzar una imagen positiva; incluso en el ámbito comercial, para influir en las percepciones de los consumidores respecto a productos o servicios. Las preguntas sesgadas se mezclan con preguntas reales, para que cuando respondan las que tienen connotaciones, afirmaciones o insinuaciones, pasen desapercibidas en la mente del encuestado. Durante la campaña presidencial de George W. Bush en el 2000, se realizó una push poll muy desagradable que incluso le trajo sanciones al partido. Durante las primarias republicanas en Carolina del Sur, para desacreditar a su oponente, John McCain, se lanzó una encuesta masiva que entre sus reactores preguntaba: "¿Estaría más o menos a favor de votar por John McCain si supiera que tiene una hija ilegítima de raza negra?" John McCain tiene una hija adoptiva de raza negra, pero la pregunta sugería un comportamiento cuestionable y sembraba dudas en una comunidad con una facción racista. Las push polls se diseñan y ejecutan de la misma manera que un estudio de opinión real, aunque sabemos que su objetivo es otro.

Manifestaciones

Las manifestaciones públicas son una forma visual y emocionalmente poderosa de propaganda. A través de marchas, plantones, cacerolazos u otras formas de protesta, los manifestantes buscan captar la atención de los medios y de la opinión pública, mostrando que una parte significativa de la población apoya o rechaza algo. Las manifestaciones, aunque tradicionalmente se asocian con movimientos sociales, también pueden ser utilizadas por organizaciones o empresas para influir en la opinión pública. Por ejemplo, en campañas de responsabilidad social, las marchas pueden ser organizadas para concientizar sobre un problema medioambiental o una causa social específica. Y no todo es alterar el orden público y quejarse. Los rallys, festivales, eventos deportivos y convivencias similares, también manifiestan algo. Por ejemplo, una empresa que organiza ir a limpiar una playa y le regala camisetas y gorras a todos los participantes, o una asociación que hace un festival musical mientras recolecta firmas para una causa, también son manifestaciones.

GUÍA PRÁCTICA PARA CREAR UNA CAMPAÑA DE PROPAGANDA

Definir el objetivo: el primer paso en cualquier campaña es identificar claramente el objetivo. ¿Qué se quiere lograr? ¿Se busca cambiar la percepción del público sobre un tema específico, movilizar a las personas hacia una acción concreta o simplemente reforzar una imagen positiva? Aunque a diferencia de la publicidad, la propaganda mide sus acciones a largo plazo y su efecto es más difícil de medir, si se realizan acciones sin un objetivo, difícilmente podremos detectar su efectividad.

Conocer a la audiencia y el contexto: no todas las audiencias son iguales y el mensaje debe adaptarse a los valores, intereses y preocupaciones de cada grupo. ¿A quién va dirigido el mensaje? ¿Es un público joven que consume principalmente contenido digital, o es una audiencia más madura que prefiere medios tradicionales? Porque no es lo mismo hacer propaganda en política que en la industria del consumo. Propaganda gris y negra en la política, tristemente no es mal vista pues se considera una "guerra"; pero en la competencia comercial, se percibe como una práctica desleal.

Seleccionar las técnicas a utilizar: una vez que se conoce a la audiencia, es hora de desarrollar la ruta estratégica a seguir y las tácticas a emplear que mejor se adapten a la situación.

Elegir los medios adecuados: cada medio tiene sus ventajas y desventajas, y la selección del medio adecuado es crucial para el éxito de la campaña. Se debe considerar el presupuesto disponible, la extensión del mensaje y el impacto visual o emocional que se necesita transmitir.

Dar seguimiento: una campaña propagandística no termina. No es como la publicidad que se mide en campañas temporales. La propaganda es como una bola de nieve que una vez que arranca, debe seguir creciendo y generando más *engagement* al paso del tiempo. Las campañas de propaganda siguen una estrategia de degradado, que es la fórmula persuasiva que se utiliza para modificar paulatinamente la percepción de un público objetivo. Se trata de una transición gradual, comenzando con pasos más sencillos que se perciban como naturales más que orquestados, para de ahí dar el siguiente paso e ir avanzando en función de las consecuencias. Ejemplo, primero se crea a un líder moral, luego a un movimiento social y finalmente a un partido político; aunque desde un inicio el objetivo era fundar un partido con miras a una elección.

CONCLUSIÓN

A lo largo de este capítulo hemos explorado el poder de la persuasión y la propaganda como herramientas fundamentales para la consultoría en imagen pública. Estas técnicas no son meramente estrategias históricas o recursos de manipulación, sino instrumentos que, bien utilizados, permiten moldear percepciones, movilizar audiencias y generar cambios significativos en la opinión pública. Y recalcamos el "bien utilizados", pues seguramente a lo largo de este capítulo te estuviste debatiendo entre la ética personal y la profesional, ya que la propaganda genera serias dudas de carácter moral por lo poderosas de sus técnicas. Pero recuerda que el bien o el mal no está en la herramienta, sino en quien la opera. Usa la propaganda siempre para construir y ser un polo generador de riqueza humana y material, pues finalmente ese es el objetivo de la imagen pública.

Para profundizar más en el arte de la persuasión, el libro *¡Salte con la Tuya!* de Alvaro Gordoa es lectura más que recomendada... ¡es obligada! Pues en ella se profundiza sobre lo aquí aprendido.

Y estamos por entrar a la sexta y última parte de este libro, donde integraremos todo el conocimiento y lo aterrizaremos a su aplicación en proyectos del sector público y privado; y en donde además, veremos las habilidades esenciales para ejercer la consultoría en imagen pública y reflexionaremos sobre la importancia de realizar los trabajos con una gran ética profesional.

¡Apliquemos la Imagología!

SEXTA PARTE:

LA APLICACIÓN

16
IMAGEN POLÍTICA

En política, toda acción sin estrategia, es una ocurrencia.

Un actor político puede tener las mejores ideas y propuestas, pero si no logra proyectarlas correctamente, su mensaje no tendrá el impacto deseado. La consultoría en imagen política no sólo construye y gestiona la percepción de un actor político, también lo prepara para enfrentar los desafíos del entorno político y mediático.

El consultor en imagen política tiene la tarea de diseñar estrategias que generen confianza, credibilidad y conexión con la ciudadanía, asegurando que los estímulos verbales y no verbales del actor político sean percibidos de la manera correcta. De esta manera tan tajante empezamos este capítulo integrador de todo el conocimiento del libro, al servicio de las personas e instituciones que aspiran a obtener poder político o que ya lo ejercen.

La imagen política es la percepción que identifica, distingue y posiciona a una persona o institución en el contexto político, con el objetivo de acceder al poder o de ejercerlo, satisfaciendo a la ciudadanía a través de la buena reputación.

Y hagamos una acotación semántica para eficientar el conocimiento. Los trabajos de imagen política pueden hacerse para cualquier persona o institución que se deba a la percepción ciudadana, por lo que puede ser un candidato o candidata, un partido político, una dependencia de gobierno, un servidor público o funcionario que ejerce a cualquier nivel ya sea por designación o elección popular, y cualquier otro ente político que pueda ser percibido ya sea en campaña o funciones. Por ello y para englobar todos los niéveles jerárquicos, géneros, funciones, tipo de representación y selección, y a todas las personas e instituciones, vamos a referirnos con un solo término: el actor político.

Dejando esto en claro, sigamos con las bases:

Si la imagen política es la aplicación de la Ingeniería en imagen pública para que los actores políticos puedan identificarse, distinguirse y posicionarse, el trabajo de consultoría política consiste en investigar, diseñar, producir y evaluar los estímulos verbales y no verbales que darán coherencia al proyecto político; siguiendo el Sistema Íntima y sus etapas.

Investigar es reconocer la esencia y estilo del actor político, auditar cómo lo perciben y también cómo perciben a los otros actores políticos con los que se compite, compara o se permea. Así como investigar las necesidades de la audiencia, que en este caso es la ciudadanía a la que se le sirve o se le pretende servir.

Para ello, el conocimiento de imagen interna y de auditoría del la imagen pública es fundamental, pues de sus procesos se hace el diagnóstico de imagen pública que es con el que cierra la etapa de investigación.

La etapa de diseño es la creación de estrategias y tácticas de las seis imágenes subordinadas relacionadas al actor político para crear un plan maestro de imagen pública, que es el documento rector que guiará todo lo que se va a ejecutar para lograr los objetivos políticos.

Y para diseñar un plan maestro de imagen política, se deben partir de estrategias de posicionamiento a través de la Mercadotecnia de la Imagen, para después aplicar todos los conocimientos de imagen física, profesional, verbal, visual, audiovisual y ambiental; con la gran cantidad de ciencia y subdivisiones que hay en cada una de ellas, al servicio de un pensamiento estratégico que satisfaga lo que el diagnóstico de imagen pública determinó. Por lo que hay que tener amplio conocimiento en cada una de estas áreas si se va a hacer consultoría en imagen política.

La etapa de producción es la etapa donde se ejecutan las ideas del plan, y el consultor en imagen política toma un papel de coordinador y, sobre todo, de supervisor de que las estrategias del plan maestro se respeten y se ejecuten con calidad; usando ya sea el equipo de trabajo y la capacidad instalada con la que cuenta el actor político, o bien armando un equipo multidisciplinario de especialistas que estén capacitados para transformar las ideas en realidad.

La etapa de evaluación es la medición constante de la percepción de la opinión pública para hacer los ajustes necesarios, realizar nuevos diagnósticos comparativos, y ajustar la estrategia para darle seguimiento y tenerla bajo control.

Dentro de los servicios de consultoría también están todas las asesorías personalizadas para alguna situación específica de imagen, y por supuesto el manejo de crisis, siendo éste un servicio muy demandado por la clase política ya que saben que se deben a su imagen, pero que están muy vulnerables de caer en problemáticas y verse involucrados en sucesos mediáticos que dañan su reputación.

Y no todo es consultoría, ya que una gran área de trabajo en el sector político es la capacitación, dando herramientas de alto valor a través de seminarios, cursos, talleres y en general la impartición de servicios que les empoderen para ser mejor percibidos en sus funciones. Como pueden ser capacitaciones en imagen verbal para el uso de la palabra o debate, entrenamiento en medios de comunicación, capacitación en temas de imagen física y lenguaje corporal, protocolo gubernamental y diplomático, y cualquier otro tema relacionado con la imagen que les permita tener un mejor desempeño. Como también se capacitan a los equipos de trabajo en temas diversos como imagen digital y creación de contenidos, prevención y manejo de crisis, u organización de eventos de campaña y gobierno.

Una imagen política se construye siguiendo el Sistema Íntima, para así crear percepciones a través de la consultoría y capacitación, para satisfacer las necesidades de la ciudadanía.

CONSULTORÍA Y CAPACITACIÓN EN IMAGEN POLÍTICA

La consultoría y capacitación en imagen política son todos los servicios especializados en asesorar y entrenar a actores políticos, con el objetivo de gestionar estratégicamente su imagen y reputación, por lo que es importante acotar que el trabajo del consultor en imagen política no consiste en manejar la operación política ni la estrategia electoral de campo, su labor se centra en la percepción y el desarrollo de la imagen asegurando coherencia entre el fondo y la forma, para satisfacer las necesidades de la ciudadanía.

Servicios de consultoría y capacitación en imagen política

Empecemos mencionando que existen tres tipos de contextos en donde se contratan los servicios de consultoría y capacitación en imagen política: durante las campañas electorales, en la gestión de gobierno, y en el manejo de crisis.

Y los servicios más demandados divididos por etapa del Sistema Íntima, son:

ETAPA DE INVESTIGACIÓN

Reconocimiento de esencia

Se presta el servicio de reconocimiento de esencia y el estilo del actor político. Para ello, cuando es una persona, se hace el reconocimiento de imagen interna y la definición del personaje. Y cuando es una institución, se hace el reconocimiento y definición de esencia y estilo a través de la creación del Manual de fundamentos. Es todo el conocimiento de los capítulos de Imagen interna y lo correspondiente a esencia institucional y estilo del de Ingeniería en imagen pública.

Auditoría de imagen política

Se ofrece el servicio de investigación de percepción y detección de necesidades de la audiencia. Se realiza a través de la investigación de mercados con todas las modalidades que se aprendieron en el capítulo de Auditoría de la imagen. El producto final es el diagnóstico de imagen pública.

También se dan servicios de auditoría y monitoreo constante de la percepción y la opinión pública, que permiten tomar decisiones y hacer propuestas de consultoría basados en el día a día, así como prevenir posibles crisis o detectarlas de manera oportuna; se realizan estudios de investigación durante campañas para medir intención de voto y otros atributos cuantitativos, como las proyecciones el día de la elección.

ETAPA DE DISEÑO

Plan maestro de imagen pública

Sin duda el servicio más importante de consultoría. Es el documento rector que guiará todo lo que se va a ejecutar para lograr los objetivos políticos, por lo que de la ruta estratégica general se pasa al posicionamiento específico, y a la realización de las estrategias y tácticas de cada una de las seis imágenes subordinadas.

Un plan maestro de imagen pública es un compilado holístico de muchos otros servicios de diseño de imagen pública más específicos, regidos por la misma estrategia para lograr la coherencia. Veámoslos divididos por imagen subordinada, pero antes se debe hacer la estrategia de posicionamiento.

Estrategia de posicionamiento

Se define la personalidad de marca política que serán todos los rasgos que se atribuyen al actor y que lo hacen único e irrepetible. Se generan los lineamientos simbólicos de la identidad de marca que después se convertirán en los elementos visuales, verbales y conceptuales que lo definen, y se hace la estrategia general de posicionamiento: el lugar que deseamos ocupe la marca política en la mente de la ciudadanía en comparación con sus competidores, y del que partirán todos los elementos esenciales de branding como el naming, lema, las propuestas de colores representativos y demás elementos que se aprendieron en el capítulo de Mercadotecnia de la imagen.

Y ahora sí, recorramos las imágenes subordinadas.

Imagen física

Dentro de los servicios más recurrentes de imagen física encontramos:

- Manual de diseño de imagen personal.
- Análisis cromométrico.
- Auditoría de guardarropa.
- Personal shopping.

- Implementación de imagen física.
- Diseño de vestuario para campaña.
- Coordinación de styling para fotografías y video.
- Capacitación general en temas de imagen física.
- Capacitación en lenguaje corporal.
- Asesorías personalizadas para temas específicos.

Imagen profesional

Dentro de los servicios más recurrentes de imagen profesional encontramos:

- Manuales de normas de conducta y apariencia.
- Manuales y capacitación en prevención de crisis.
- Capacitación en protocolo para eventos de gobierno.
- Capacitación en protocolo diplomático.
- Manejos de crisis.

Imagen verbal

Dentro de los servicios más recurrentes de imagen verbal encontramos:

- Capacitación en imagen verbal enfocada en discurso político.
- Mensajes y creación de discursos.
- Capacitación en uso de la palabra persuasiva.
- Consultoría y capacitación para debate.
- Entrenamiento de voceros.
- Storytelling sobre la vida, fundación y posicionamiento del actor político.
- Cualquier cosa relacionada con narrativa y contenido verbal.

Imagen Visual

Dentro de los servicios más recurrentes de imagen visual encontramos:

- Creación de marcas visuales.
- Manuales de lidentidad gráfica.
- Fotografía oficial.
- Fotocomunicación en campaña y gestión.
- Y todo lo relacionado a la simbología visual representativa del actor político.

Imagen audiovisual

Dentro de los servicios más recurrentes de imagen audiovisual encontramos:

- Publicidad.
- Propaganda.
- Promoción.
- Publicity.
- Estrategia de imagen digital.
- Gestión de imagen digital.
- Media training.
- Producción audiovisual.
- Cualquier pieza enfocada en incidir en la opinión pública.

Imagen ambiental

Dentro de los servicios más recurrentes de imagen ambiental encontramos:

- Escenografía y ambientación de eventos.

- Diseño de interiores de oficinas gubernamentales y casas de campaña.
- Elementos del espacio como en qué tipo de automóvil se mueve o la música que se utiliza en los mítines.

Es importante precisar que, dentro de cada uno de estos servicios, a su vez, hay una gran cantidad de trabajos subyacentes. Ya que, si alguien pensara que no mencionamos el logotipo, es porque probablemente no sepa que eso es parte de un manual de identidad gráfica, o que hacer un comercial para televisión, crear un jingle, o diseñar una cartelera espectacular es parte de la publicidad, donde también habría un plan de medios y una estrategia de SEM. Y ya que me pasé a digital, nada más en la parte de estrategia y gestión digital, entraría desde su posicionamiento web, apertura y manejo diario de redes sociales, o la grabación de un podcast o canal de YouTube.

ETAPA DE PRODUCCIÓN

En esta etapa, al ser donde lo diseñado a nivel estrategia se ejecuta, el papel del consultor es de coordinación y supervisión, por lo que se necesitan otras habilidades. Por ejemplo, imagina que, dentro del plan maestro en las estrategias de propaganda, viene todo el lanzamiento de campaña en el que se especifica hasta el más mínimo detalle sobre el tipo de evento: lugar, montaje, ambientación, la imagen física del candidato, y hasta si algún artista invitado cantará o las estrategias de social media para ese día. Nuestra creatividad y capacidad estratégica ya está manifiesta, pero en la producción está a prueba nuestra capacidad de organización, administración de recursos, planeación, liderazgo y trabajo en equipo, resolución de problemas, administración del tiempo y capacidad de trabajar bajo presión para que las ideas se transformen en realidad.

Esta etapa siempre es muy dinámica, cambiante, social y colaborativa, en ocasiones trabajas con tus proveedores y en otras con el equipo de trabajo y la capacidad instalada del actor político. Por lo que el don de gente, el carisma social, las habilidades interpersonales, la expresión del liderazgo, la asertividad, la puntualidad y demás habilidades suaves, son esenciales.

Y finalmente, la etapa de evaluación sirve de medición y como seguimiento para controlar la percepción; recordarás que es una nueva investigación, por lo que se convierte en un círculo metodológico.

Entendido el proceso, metámonos a los puntos finos del posicionamiento político, pues además de lo aprendido en Mercadotecnia de la imagen, debe detectarse el arquetipo de liderazgo que mejor se adapta a su personalidad y al contexto político en el que se desenvuelve.

La labor del consultor se centra en la percepción y el desarrollo de la imagen del actor político, asegurando coherencia entre el fondo y la forma dentro de las seis imágenes subordinadas.

ARQUETIPOS DE LIDERAZGO POLÍTICO

En política, sabemos que los electores y la ciudadanía no votan y juzgan una gestión únicamente por propuestas, ideologías o resultados, sino por la percepción que tienen del líder. El carisma, la credibilidad, la autoridad y la cercanía, o la falta de ellos, juegan un papel fundamental en la aceptación o rechazo.

Por eso, el experto en imagen política debe identificar qué tipo de liderazgo político es el más adecuado, asegurándose que sea coherente con su esencia, con las necesidades del electorado y con las circunstancias políticas del momento.

A lo largo de la historia, los líderes políticos han adoptado diferentes estilos de liderazgo. Aunque existen múltiples formas de clasificar a los líderes, en imagen política podemos agruparlos en cuatro grandes arquetipos:

1. El carismático

Es aquel que tiene la capacidad de inspirar y movilizar a las masas a través de su personalidad magnética. Se caracteriza por su gran capacidad de comunicación, su emotividad y su conexión con el pueblo. Sus argumentos casi siempre son emocionales y no racionales, y la gente lo acepta más por empatía que por propuestas.

Las características del líder carismático suelen ser:

Dominio absoluto de la oratoria y el discurso persuasivo. Habilidad para transmitir emociones y generar entusiasmo. Apariencia agradable y segura, con lenguaje corporal expresivo y confiado. Uso frecuente del storytelling y la narrativa emocional en sus discursos. Y la capacidad para generar confianza y simpatía en sus seguidores.

Uno de los mayores ejemplos de liderazgo carismático es John F. Kennedy, cuya imagen atractiva, pulcra y fresca, su lenguaje corporal relajado y de fácil sonrisa, su dominio de la televisión y la prensa, su vida social y familiar, y su capacidad de inspirar a los ciudadanos a través de la palabra, marcaron un antes y un después en la política mundial.

Como ventajas, tienen gran capacidad de conexión con la ciudadanía y de transformar la emoción en acción política. Como desventaja, puede depender demasiado de su imagen personal y menos en propuestas concretas, por eso muchas veces no son las personas más capacitadas para gobernar, pero como llegaron por concurso de popularidad, el no dar resultados hace que las decepciones sean mayores.

2. El estadista

Es el político que proyecta experiencia, estabilidad y visión a largo plazo. Es visto como un líder responsable, serio y con una gran capacidad para la toma de decisiones. Se perciben como grandes negociadores y con un alto sentido de la diplomacia y el deber ser.

Las características del estadista suelen ser:

Lenguaje preciso y argumentativo, con énfasis en datos y hechos. Imagen sobria y profesional, con apariencia formal y clásica. Postura firme y gestos controlados, transmitiendo autoridad. Control de la emotividad excesiva, pues se centra en la racionalidad y en resultados.

Winston Churchill es el ejemplo por excelencia del estadista. Su liderazgo durante la Segunda Guerra Mundial se basó en su capacidad de decisión, su visión estratégica y su imagen de líder inquebrantable. Y por supuesto que todo esto le trajo un carisma especial, pero su posicionamiento no era buscando la popularidad, sino la reputación basada en resultados.

Esto les trae la ventaja de inspirar confianza en sectores institucionales y empresariales. Así como su imagen de estabilidad los hace atractivo en tiempos de crisis. En contraparte, pueden parecer demasiado fríos o distantes para el electorado emocional, por lo que les trae dificultad para conectar con sectores populares que buscan cercanía.

3. El populista

Es el líder que se presenta como el salvador del pueblo, oponiéndose a las élites políticas y económicas, y apelando a un discurso anti-establishment. No se autodenominan políticos, sino "personas como tú".

Las características del populista suelen ser:

Discurso directo y confrontativo, con frases sencillas y llanas pero poderosas, con un heroísmo épico centrado en libración de batallas; lenguaje cargado de expresiones populares, modismos y frases que señalan a los opositores. Uso frecuente de símbolos, eslóganes de fácil recordación, y asociación con los grandes liberadores de pueblos y transformadores sociales. Explotación del nacionalismo y promesas de recuperación de las épocas gloriosas de la nación. Imagen accesible y cercana, con lenguaje corporal abierto y vestimenta común de civil sin símbolos de estatus. Enfatiza los problemas del pueblo y propone soluciones inmediatas, ofreciendo programas de asistencia social y las llamadas promesas Robin Hood de quitarle al rico para darle al pobre. Gran culto a la personalidad para generar lealtad y devoción en sus seguidores, y todas las características que vimos dentro el carismático, ya que sin carisma no hay popularidad.

Julio Cesar y Augusto serían los ejemplos históricos por excelencia, aunque los ejemplos más representativos del populismo contemporáneo serían Fidel Castro, Hugo Chávez, Evo Morales o Andrés Manuel López Obrador, quienes construyeron su liderazgo sobre la idea de una lucha constante contra las élites y el poder tradicional.

Y si bien el populismo siempre suele ser radical y asociado con las izquierdas, no siempre es el caso, ya que las ultra derechas como el fascismo o el nazismo también eran gobiernos populistas y nacionalistas. Y en el siglo XXI personajes como Donald Trump o Javier Milei han sido políticos populistas, pero con tendencia hacia la derecha y la riqueza. Y en cuanto al tema radical, estudia casos como el de Pepe Mujica en Uruguay cuyo proyecto no dividía, o las luchas de Gandhi, Martin Luther King y Nelson Mandela, cuyos activismos eran de facción popular, pero su promesa de liberación de corte humanista.

Su principal ventaja es la gran capacidad de generar identidad y lealtad entre las masas, y por lo tanto una gran fuerza de movilización y operación política. En tiempos electorales logran una conexión emocional inmediata con el electorado mediante la empatía, pues se les percibe como un sueño realizado de que alguien como ellos puede llegar al poder, y por fin velar por sus causas.

En contraparte, suelen generar polarización y rechazo en ciertos sectores, y cuando el pueblo percibe que no hay resultados, las caídas y decepciones de imagen suelen ser mayores, casi siempre cambiando sus preferencias al extremo opuesto del péndulo. Por eso es que en la historia después de gobiernos populistas, suele haber gobiernos tecnócratas, que vamos a ver a continuación.

4. El tecnócrata

Es el político que se basa en su preparación académica, su experiencia técnica y su enfoque en la gestión eficiente. Su fortaleza radica en su conocimiento y en su capacidad de resolver problemas de manera pragmática. No es idealista y con visión a largo plazo como el estadista, sino un operador estructurado y eficaz.

Las características del tecnócrata suelen ser:

Discurso basado en datos, estadísticas y evidencia científica. Imagen física y profesional sobria, con vestimenta impecable para el cargo y protocolos cuidados. Respeto a la investidura y rol político que ejerce. Lenguaje formal y argumentación racional. Propuesta de soluciones concretas y estructuradas. Relación con la ciudadanía siempre desde el rol político, por lo que hay reserva y cuidado sobre la vida personal y social.

Angela Merkel fue un claro ejemplo de liderazgo tecnócrata. Su imagen de racionalidad, eficiencia y estabilidad, la convirtió en una de las líderes más respetadas a nivel mundial.

Esto les trae las ventajas de proyectar estabilidad, preparación y responsabilidad, siendo atractivos cuando se necesita estabilidad y resultados, además, al igual que los estadistas, son atractivos para sectores empresariales e institucionales. Su contraparte es que pueden parecer distantes o poco empáticos con el ciudadano común, pueden tener poco carisma y habilidades para la oratoria o la emotividad en general durante campañas, y la imagen de "expertos" puede ser percibida como fría y elitista.

Y además de los arquetipos clásicos del liderazgo político, recuerda que en el capítulo de Mercadotecnia de la imagen vimos la teoría de los arquetipos universales de Jung aplicados a las marcas, por lo que en el posicionamiento de la marca del político no es la excepción, y pueden usarse para representar patrones de comportamiento y personalidad que resuenen en el inconsciente colectivo de la sociedad. Y así, por ejemplo, algunos de los más relevantes en imagen política serían:

- El héroe: se presenta como el salvador que resolverá los problemas del pueblo.
- El sabio: el líder intelectual y estratega que toma decisiones basadas en el conocimiento.
- El cuidador: el político paternalista que protege a los más vulnerables.
- El rebelde o forajido: el candidato disruptivo que desafía el sistema y propone un cambio radical.
- El mago: el líder visionario que promete transformar la realidad con soluciones innovadoras.
- El bufón: cuya presencia se relaciona con espontaneidad y felicidad. Pues incluso han existido comediantes que se convierten en presidentes como ya pasó en Guatemala, y por supuesto en Ucrania, con Volodimir Zelenski, hasta que el difícil contexto de su gobierno le robó la sonrisa.

Por lo que la aplicación de estos arquetipos en imagen política permite también construir una identidad sólida y coherente para el candidato, asegurando que su mensaje conecte con la psicología del electorado.

La elección del arquetipo de liderazgo de un candidato es una de las decisiones más importantes en la estrategia de imagen política. Y no se trata de "fabricar" una identidad artificial, sino de identificar y potenciar los atributos que mejor se alinean con su personalidad y con las expectativas del electorado.

El consultor en imagen política debe analizar cuidadosamente el contexto político, el perfil del actor político y las demandas sociales para definir qué tipo de liderazgo es el más adecuado, y así unirlo a la estrategia de posicionamiento de mercadotecnia de la imagen.

TEORÍA DEL ESTILO EN LA POLÍTICA

Dentro de la esencia, está la forma como ésta se expresa, o la manera como el actor político da a conocer su calidad particular. Y todo eso es el estilo.

Sabemos que el estilo de una persona solamente se reconoce, pues no es como en el partido político o entidad gubernamental que se pueda definir, como sucede en los productos de consumo donde se elige el estilo más acorde a los mensajes que se desean comunicar y las necesidades de la audiencia.

No. En las personas se reconoce y se respeta. Pero en la política, se tiene mucho cuidado de ajustar el tono o volumen del estilo, que es qué tanto se muestra y se produce, ya sea para aumentar o disminuir la percepción de sus mensajes, y las fortalezas y riesgos que les puede traer. Pues imagina que un candidato es un empresario de estilo dramático elegante, que dentro de sus aficiones está la alta relojería y siempre porta exagerados relojes de marcas de lujo. Pero que es candidato al congreso por el estado más pobre del país... ¡Qué incoherencia!... ¿O... tal vez no?

Y es que aquí tienes dos caminos: ya sea el de moderar su estilo y bajarle mucho el tono al grado de apagarle, y sensibilizarlo de que, si quiere ganar la elección, lo recomendable es que durante la campaña vista de manera sobria y que no use sus relojes, porque si no la noticia será: "Candidato se presenta en pobre comunidad rural con Patek Philippe de arriba de 40 mil dólares...", generando noticias incoherentes e innecesarias.

Pero la otra ruta, es subirle el tono a su estilo, y utilizar toda la imposición del dramático y la admiración de elegante, para llegar a la misma comunidad rural con su relojote y decir: "A diferencia de los otros candidatos, yo no necesito robar ni quiero ser diputado para quitarle al pueblo el dinero. Es más, yo ya no necesito más ingresos porque sé cómo generar riqueza. Por eso yo quiero trabajar para ti, para que tengas mejores ingresos, y es por eso que mes con mes donaré mi sueldo..." Y a partir de ese momento nadie lo puede criticar por expresar su estilo de manera exagerada.

Los dos caminos son buenos y solamente el contexto y la historia de vida te podrían decir cuál es el mejor, pero sin duda este ejemplo nos hace reflexionar lo interesante que es la teoría del estilo aplicada al personaje político.

Además, la teoría del estilo se convierte también en un arquetipo que puede ayudar a definir el posicionamiento, ya que la campaña o gestión, sus colores, logotipo, manejo de redes, comunicación, y en general toda la expresión del actor político, debe regirse por esta norma que nos ayuda a conseguir la coherencia.

Por lo tanto, lo que tenemos que hacer es reconocer el estilo personal, definir el estilo del proyecto político y aprovecharlo o modularlo para que sean coherentes. Además, también tenemos que recordar los axiomas de permeabilidad de la imagen, donde el estilo personal se permeará al institucional y viceversa. Por lo que, si un partido tiene un estilo y la persona que lo representa otro, sería incoherente. Te darás cuenta que es un juego de estrategia acomodar los mensajes de los estilos en función de la comunicación.

Analicemos los siete estilos personales e institucionales que se deben definir y ajustar estratégicamente en el posicionamiento político, centrándonos en lo que proyectan, lo que priorizan y cuándo se recomiendan y se deben evitar.

Y dentro de lo que priorizan, hablaremos de sus diseños, pero no te confundas, no sólo hablamos de la vestimenta o el logotipo, sino en todo el diseño de las seis imágenes subordinadas.

Estilo natural

Proyectará:

Cercanía, accesibilidad y autenticidad. Sinceridad y transparencia. Simplicidad y pragmatismo.

Priorizará:

La sencillez y accesibilidad en toda su producción. Los protocolos más laxos y relajados. La austeridad y la cercanía. Y los diseños en colores neutros y básicos, composiciones simples y vestimentas y formas más casuales.

Recomendable para políticos, partidos y proyectos juveniles y populistas, y para instituciones de servicio y dependencias sencillas como institutos del deporte, comisiones juveniles, o de trámites que deben percibirse amigables y cercanos.

No es recomendable cuando se busca proyectar seriedad, formalidad, orden y autoridad; ni cuando se necesita un liderazgo fuerte.

Estilo tradicional

Proyectará:

Formalidad y seriedad. Seguridad, confianza y respeto por la institucionalidad.

Priorizará:

La formalidad y sobriedad en toda su producción. El respeto a los protocolos. El orden y la estructura. Los diseños en colores sobrios, composiciones simétricas y básicas, y vestimentas formales y ejecutivas.

Recomendable para políticos, partidos y proyectos tecnócratas que buscan proyectar experiencia, responsabilidad y estabilidad. Y para instituciones y dependencias gubernamentales de corte financiero, tributario y de trámites que necesiten transmitir orden, eficiencia y respeto.

Como puede parecer distante, anticuado, aburrido y demasiado rígido, no funciona en contextos donde se necesita más cercanía con la gente como en las campañas.

Estilo elegante

Proyectará:

Prestigio y alto estatus. Liderazgo sofisticado y refinado. Autoridad con distinción.

Priorizará:

La calidad en toda su producción. El cuidado de los protocolos clásicos y de talla internacional. El lujo con sobriedad. Los diseños en colores sobrios, con líneas sueltas, y vestimentas formales con meticuloso aliño personal.

Recomendable para políticos, partidos y proyectos que buscan proyectar admiración, calidad y liderazgo de alto nivel. Y para instituciones y dependencias que necesiten transmitir sofisticación y exclusividad como instituciones diplomáticas, culturales, patronatos y museos, y oficinas particulares de presidencias y senadurías.

Como puede ser percibido como elitista o alejado de las clases populares, no se recomienda cuando se quiere comunicar cercanía y austeridad.

Estilo romántico

Proyectará:

Sensibilidad y empatía. Humanidad y conexión emocional, y cuidado por los demás.

Priorizará:

La calidez en toda su producción. La gentileza y cercanía en los protocolos. La delicadeza y la conciliación. Los diseños en colores claros y suaves, con líneas sueltas y armoniosas; vestimentas y formas casuales, pero no informales.

Recomendable para políticos, partidos y proyectos que buscan proyectar humanismo, calidez y liderazgo cercano y protector. Y para instituciones y dependencias que necesiten transmitir ayuda, cuidado y compromiso social como institutos de salud, de la mujer, de la familia y de asistencia social.

No es recomendable cuando se necesita proyectar fuerza, firmeza y liderazgos imponentes.

Estilo seductor

Proyectará:

Fuerza y magnetismo. Seguridad personal e institucional. Atracción y liderazgo imponente.

Priorizará:

La emocionalidad en toda su producción. La provocación e incitación en sus comportamientos. El dominio y captar la atención. Los diseños en colores vibrantes y contrastantes, con estructuras y composiciones llamativas, y vestimentas y formas sofisticadas y atrayentes.

Recomendable para políticos, partidos y proyectos carismáticos que buscan proyectar extrema seguridad en sí mismos, confianza en lo que hacen y un liderazgo atrayente e imponente. Y en este estilo sí quiero personalizar el ejemplo, ya que luego hay confusión cuando se relaciona a nivel social y no político. Por lo que en campañas y presidencias como las de Donald Trump o la de Nayib Bukele en El Salvador, se usó este estilo. Y sirve para instituciones, dependencias y programas que necesiten atraer, como cuando se organizan loterías o se emiten bonos, y cuando se quiera despertar admiración con fines de reclutamiento como milicias y escuadrones.

Como puede percibirse como arrogante o egocéntrico, no es recomendable cuando se quiere proyectar humanismo y asistencia social.

Estilo creativo

Proyectará:

Originalidad y frescura. Independencia de pensamiento. Innovación, diversión y modernidad.

Priorizará:

La espontaneidad e innovación en su producción. El rompimiento de protocolos, formalismos y normas preestablecidas. La individualidad y libertad de expresión. Los diseños diferentes y espontáneos en colores llamativos y contrastantes, con estructuras y composiciones libres y originales, y vestimentas y formas alternativas y poco convencionales.

Recomendable para políticos, partidos y proyectos disruptivos que buscan proyectar una gran independencia, libertad y posicionarse como alternativas muy diferentes. Útil para causas progresistas y proyectos jóvenes donde la vieja política no es atractiva. Este estilo puede expresarse de muchas formas, pues si buscas a John Fetterman, congresista de Estados Unidos, analizas la estética y acciones que le funcionaron a Javier Milei como pedirles consejos a sus perros y blandir motosierras, o estudias las fosforescentes campañas y el activismo digital de Movimiento Ciudadano en México entre 2018 y 2024; todos tendrán un estilo creativo pero expresado de manera diferente. Lo que los une es la originalidad. Y sirve para instituciones, dependencias y programas que necesiten romper con lo establecido, como los de causas LGBTQ+, los de activismo juvenil irreverente, los programas infantiles y todos aquellos relacionados con la felicidad o el ocio, y en general, cualquiera que se parezca lo menos posible a la política establecida.

Su riesgo es que puede percibirse como poco serio o improvisado si no se maneja bien.

Estilo dramático

Proyectará:

Autoritarismo e impacto. Imposición. Vanguardia y evolución.

Priorizará:

La intensidad y la exageración. El dominio y la sumisión. Los protocolos rígidos y la intimidación. Y los diseños rígidos y exagerados, en colores contrastantes e impactantes, con composiciones simétricas, vestimentas y formas sofisticadas y vanguardistas.

Recomendable para políticos, partidos y proyectos que buscan imponer sus formas, generar respeto y cerrar canales de comunicación. Útil para causas de seguridad y sumisión de masas. Sirve para instituciones, dependencias y programas que necesiten imponer y dominar, como las policías de investigación o antimotines, los grupos élite y especiales de milicias, los centros penitenciarios, los programas de control de drogas, y en general, cualquiera que desee imponer y generar máximo respeto y hasta miedo. No por nada muchos de los regímenes totalitarios del siglo XX adoptaron este estilo tanto en sus líderes como en sus partidos.

Puede parecer demasiado rígido o severo, por lo que no se recomienda cuando debe haber apertura, humanismo y cercanía.

Como pudiste apreciar, el estilo es una herramienta de comunicación política muy poderosa y va mucho más allá que la apariencia del actor político, pues también refuerza su narrativa, su arquetipo de liderazgo, personalidad de marca, y provoca el trato y actitudes que la ciudadanía debe adoptar.

Definir el arquetipo y estilo político es fundamental para lograr el buen posicionamiento de la imagen política.

LA NARRATIVA Y EL DISCURSO POLÍTICO

En el ámbito de la imagen política, la narrativa es uno de los pilares más importantes en la construcción de la percepción pública. Un actor político sin una narrativa clara es como un libro sin trama: difícil de entender y poco memorable. La narrativa política debe ser coherente, emocionalmente resonante, y estar alineada con los valores del político, su partido o instituciones, y las aspiraciones del electorado o ciudadanía.

Definiendo los valores políticos

Los valores son el conjunto de principios que definen la identidad del actor político y su relación con su actuar y con la sociedad. No son sólo palabras vacías en un discurso, sino la base moral y ética que sustentará su liderazgo.

Un político con una narrativa bien construida debe ser identificado con uno o varios valores clave que resuenen con la audiencia y que lo diferencien del resto.

Los valores más usados en la narrativa política son:

- Esperanza → "Tendremos finalmente el país que nos merecemos donde habrá bienestar para tu familia".

- Justicia → "Lucharé por un país más equitativo donde todos tengan oportunidades".
- Honestidad → "Soy un ciudadano como tú, sin corrupción ni intereses ocultos".
- Cambio → "No más de lo mismo. Soy la nueva opción para un mejor futuro".
- Unidad → "Construyamos juntos un país en el que todos tengamos cabida".
- Firmeza → "Defenderé nuestros derechos con convicción y determinación".

Así, Barack Obama construyó su narrativa alrededor del valor de la esperanza y el cambio con su "Hope" y "Yes We Can", o Andrés Manuel López Obrador la honestidad y la justicia con su "Por el bien de todos, primero los pobres" o su mantra de "No robar, no mentir y no traicionar al pueblo". Frases todas que encapsulan la idea de los valores que representaban sus movimientos.

Y los principios mencionados fueron simplemente ejemplos de los valores más usados. Pero no siempre se tienen que apelar a esos altos valores. Romper con el cliché puede ser bueno y en muchos casos necesario. Incluso han existido movimientos basados en antivalores como la intolerancia o la irresponsabilidad anárquica. El consultor en imagen política debe identificar cuáles son los valores con los que el político se siente más identificado, se puedan cumplir y sustentar, y funcionen para el posicionamiento de imagen pues resuenan positivamente con la ciudadanía en ese momento histórico.

El discurso político

Y no confundas el término discurso, ya que el discurso político no es sólo una pieza de oratoria o un conjunto de palabras pronunciadas en un mitin. Es la construcción lógica y narrativa que estructura toda la percepción de un candidato o gobernante, una arquitectura conceptual que, una vez definida, debe mantenerse en cada uno de los estímulos que se emitan.

El discurso político es la facultad racional con la que se infieren unas cosas de otras, es decir, la manera en que se conectan los antecedentes, principios e ideas de un proyecto político para dar coherencia al mensaje. No es sólo lo que se dice, sino la forma en que todo se comunica dentro de un proyecto político.

Cuando se define un discurso político, toda acción, imagen visual, palabra y estrategia deben responder a esa narrativa central. Una fotografía de campaña, la curaduría de redes sociales, un spot publicitario, la escenografía de un evento y hasta la vestimenta del político, deben estar alineados con el mismo discurso, pues cada elemento refuerza la historia que se quiere contar y proyectar.

Por lo tanto, si un candidato se posiciona como "el hombre del pueblo" o una gobernante como "la mano más firme", sus discursos no sólo deben reflejarlo en palabras, sino en todo lo que les rodea y representa.

El discurso político bien estructurado es un relato continuo, una serie de inferencias que el público puede seguir sin contradicciones. Cuando la narrativa es sólida, cada pieza de la comunicación refuerza la otra, generando una percepción coherente y poderosa. Por el contrario, cuando el discurso se rompe, el político pierde credibilidad.

Por ello, en la imagen política no basta con construir un buen discurso verbal. El verdadero discurso es el que se cuenta en cada imagen, cada video, cada publicación y cada acción. Y sólo aquellos que logran que todo comunique de manera coherente en una misma dirección, son los que realmente pueden moldear la percepción del poder.

El discurso político no es sólo la palabra, sino la construcción de toda la narrativa que genera la percepción del actor político.

EL PARTIDO POLÍTICO

Cada partido político tiene una historia y un posicionamiento en el espectro ideológico. Algunos nacen de movimientos sociales, otros de escisiones de partidos previos y muchos otros de proyectos personales que crecen hasta convertirse en instituciones.

Siguiendo la lógica de la Mercadotecnia de la imagen, un partido político, al igual que una empresa o un producto, debe contar con una identidad clara y diferenciada. La identidad partidista se compone de diversos elementos, pues cada partido tiene un conjunto de fundamentos, símbolos y elementos visuales que lo distinguen, entre los que están:

- Manual de fundamentos: donde queda clara su misión, visión y principios.
- Estilo: cómo expresa su individualidad y qué mensajes y fortalezas les trae.
- Nombre y siglas: que deben ser fáciles de recordar y asociarse con la esencia del partido tal y como aprendimos al hablar de naming.
- Logotipo y colores institucionales: pues la identidad gráfica del partido debe ser clara y coherente como aprendimos en Imagen visual y contar con un Manual de identidad gráfica.
- Eslogan o lema: frases que encapsulan su visión y valores y que sirven de posicionamiento.
- Historia y narrativa: el partido debe contar con un relato que fortalezca su identidad y le permita conectar con los ciudadanos.

Y más allá de su ideología, cada partido debe transmitir valores claros que resuenen con la ciudadanía y promuevan su diferenciación, elementos clave para su posicionamiento en un entorno saturado de opciones políticas. Por lo que un partido debe responder:

- ¿Qué nos hace únicos?
- ¿Por qué un ciudadano debería elegirnos y no a otro?
- ¿Qué estamos ofreciendo que nadie más ofrece?

Si un partido no logra diferenciarse, corre el riesgo de quedar atrapado en la percepción de ser "uno más del montón". Y para iniciar un buen posicionamiento, debemos recurrir a los arquetipos del partido político.

Arquetipos de los partidos políticos

Así como los candidatos tienen arquetipos de liderazgo, los partidos políticos también pueden ser clasificados según sus características ideológicas, discursivas y estratégicas. Basándonos en su orientación ideológica y narrativa, así como en la forma en que se posicionan en la opinión pública, los principales arquetipos de partidos políticos son:

1. El partido progresista:

También llamado reformista o vanguardista, toma como arquetipo base a el visionario y el salvador.

Los partidos progresistas suelen identificarse con valores de cambio, justicia social e igualdad, promoviendo reformas estructurales en los sistemas económicos, políticos y culturales. Su narrativa se basa en la transformación de las estructuras tradicionales para construir una sociedad más equitativa.

Dentro de sus características clave están: defender los derechos civiles, la igualdad de género, la diversidad y las políticas inclusivas. Promueven el papel del Estado como regulador de la economía y garante del bienestar social. Enfatizan en la educación, la salud pública y la protección del medio ambiente. Se oponen a las jerarquías tradicionales y a los privilegios históricos de las élites. Y usan un discurso de justicia y cambio, posicionándose como el partido de las "nuevas generaciones" y de la libertad de expresión y autonomía de desarrollo.

Sus posibles debilidades son ser vistos como demasiado idealistas o utópicos, y en sociedades conservadoras, su agenda puede generar polarización, ya que los sectores más tradicionales pueden acusarlos de querer "destruir las tradiciones".

2. El partido conservador:

Es el guardián del orden y toma de arquetipo base al protector o el patriarca.

Los partidos conservadores se posicionan como defensores de la tradición, la estabilidad y los valores familiares, promoviendo una visión de continuidad y respeto por las instituciones establecidas. Su discurso apela a la seguridad, el orden y la identidad nacional.

Dentro de sus características clave están: defender el libre mercado, la propiedad privada y la reducción del intervencionismo estatal. Promueven valores tradicionales como la familia, la religión y la soberanía nacional. Enfatizan en la seguridad y el respeto a la autoridad. Y suelen tener una base de votantes más vinculada con sectores maduros, de clases medias y altas, y relacionados con la iniciativa privada y el sector empresarial en general.

Sus posibles debilidades son ser percibidos como retrógrados o cerrados al cambio, generar críticas por favorecer a las élites económicas y ser poco atractivos para los jóvenes y las clases populares.

3. El partido de centro

También conocidos como moderados, son conciliadores y toman como arquetipo base a el mediador o el equilibrado.

El partido de centro busca ubicarse entre los extremos, ofreciendo una alternativa pragmática, flexible y equilibrada. Su narrativa se enfoca en la negociación, el diálogo y la estabilidad.

Sus características clave son: la búsqueda de soluciones consensuadas y sin tendencias radicales. La mezcla de políticas de mercado con una regulación estatal moderada. Promueve acuerdos políticos entre sectores opuestos, y se posiciona como una opción racional y no ideológica.

Sus posibles debilidades son que pueden ser vistos como ambiguos o sin identidad clara, lo que puede perder apoyos en tiempos de polarización política.

4. El partido nacionalista

Es el defensor de la identidad y de la patria, y su arquetipo base es el guerrero y el patriota.

Los partidos nacionalistas centran su discurso en la identidad nacional, la soberanía y la defensa de los intereses del país frente a influencias externas. Su narrativa suele enfatizar el orgullo nacional y la autodeterminación.

Sus características clave son: las políticas proteccionistas y de defensa de la soberanía, así como la no intervención de organismos internacionales en asuntos internos. Enfatizan la cultura, la historia y los símbolos patrios, y suelen tener posturas anti migratorias o de restricción de fronteras.

Sus posibles debilidades son la percepción de xenofobia y autoritarismo, así como la división social y la polarización política. Aunque más que debilidad, la usan como fortaleza.

5. El partido populista:

Es el desafiante del sistema y protector del pueblo, sus arquetipos base son el rebelde, el antisistema y el salvador.

El partido populista se posiciona como la alternativa contra el establishment político. Su discurso es disruptivo y se basa en la dicotomía entre "el pueblo" y "las élites corruptas".

Sus características clave son presentarse como el defensor del pueblo usando un discurso emocional y confrontativo. Suele tener a la cabeza a algún líder carismático con un gran poder de persuasión. Y puede tomar elementos tanto de izquierda como de derecha para construir su narrativa.

Sus posibles debilidades son caer en lo demagógico y en el autoritarismo, así como depender demasiado de una sola figura carismática que rebasa a la imagen del partido.

Cada partido político tiene su propio arquetipo, y su éxito depende de qué tan bien pueda construir su narrativa y conectar con su electorado. Un consultor en imagen política debe identificar el arquetipo de su partido, fortalecerlo y asegurarse de que sea coherente en cada uno de sus mensajes y estrategias.

Y si bien vimos los arquetipos de los partidos políticos tradicionales, que son los que buscan captar una base electoral amplia, existen también los partidos de nicho, que se enfocan en un segmento muy específico de la población, generalmente en torno a una causa, identidad o problemática concreta, como los partidos ecologistas, laboristas, LGBTQ+ y hasta los anarquistas.

Siempre debe existir coherencia entre la imagen y posicionamiento del partido político y la de sus representantes.

LA CAMPAÑA POLÍTICA

"Las campañas se ganan por aire, pero las elecciones por tierra". Y el consultor en imagen pública es quien diseña la estrategia para ganar la guerra política antes de que se dispare el primer cañón.

Las campañas políticas son, sin duda, una gran analogía de la guerra, de hecho, el término "campaña" proviene del terreno donde se libraban las batallas militares. Y es que la estrategia es muy similar a la forma en que los generales planificaban sus batallas:

El candidato o candidata es el comandante. El equipo de campaña es el ejército. El territorio electoral es el campo de batalla. Los votantes son las ciudades y poblaciones que deben ser conquistadas. La estrategia de comunicación e imagen pública es el armamento. Y el día de la elección es la batalla final.

Y así como los ejércitos se organizaban para lanzar ofensivas en distintas regiones, las campañas políticas se organizan para atacar diferentes segmentos del electorado con mensajes dirigidos, estrategias mediáticas y movilización territorial.

Estrategia, narrativa, control de percepción y movilización de recursos. La analogía militar en las campañas políticas es tan fuerte, que muchos de los términos que se usan en campañas políticas hoy en día provienen del lenguaje militar, como:

- "Cuarto de guerra" → es el lugar donde se reúnen los estrategas políticos para tomar decisiones clave.
- "Estrategia de ataque" → son las acciones diseñadas para debilitar al adversario político.
- "Defensa de la plaza" → cuando un candidato intenta mantener su base electoral frente a ataques de la oposición.

- "Bombardeo mediático" → se refiere a campañas de publicidad masiva para influir en la opinión pública.
- "Movilización de tropas" y "Día D" → para referirse a llevar a la gente a votar y al día de la elección.

La diferencia es que mientras, la guerra busca conquistar territorios, la política busca conquistar mentes y corazones.

Y mencionamos que "las campañas se ganan por aire, pero las elecciones se ganan por tierra". Pero, ¿qué significa exactamente "aire" y "tierra" en el contexto electoral?

Aire: es la guerra de percepción y reputación. En el ámbito político, "aire" se refiere a todo lo que influye en la percepción pública de candidatos y partidos a través de comunicación, marketing político, publicidad, propaganda, manejo de medios masivos y plataformas digitales. Es la guerra de la imagen, la reputación y el posicionamiento.

Ejemplos de "campaña por aire" serían los spots de televisión y radio, la publicidad exterior, el manejo de redes sociales y contenidos digitales, el manejo de la prensa y medios de comunicación, la fotografía y vestuario de campaña, los discursos, debates, eventos y apariciones públicas; las encuestas y manejo de la narrativa pública, por nombrar algunas de sus estrategias.

Tierra: es la guerra territorial y la movilización electoral, ya que, aunque la percepción es clave, los votos no se emiten en las encuestas ni en las redes sociales, sino en las urnas. Por lo que la "tierra" es la estructura de movilización electoral, las visitas, recorridos y mítines locales, los operadores políticos, los líderes regionales, la supervisión constante y atención ciudadana, los trámites y registros necesarios para estar en una boleta, la logística para hacer que la gente vote el día de la elección; y en general, todo lo que supone estar en la trinchera 24/7 mientras dura la campaña.

Si bien una excelente campaña en medios ayuda muchísimo, no garantiza que la gente salga a votar. Si no hay una estructura territorial bien organizada, el entusiasmo se queda en el aire, pero los votos no se traducen en victoria.

Y no vamos a entrar en batalla ni vamos a sacar el ego profesional diciendo que una es más importante que la otra. Se pueden poner muchos ejemplos donde una excelente campaña de aire donde las encuestas daban por ganador al proyecto, al final no ganó por un pésimo trabajo de tierra. Y también otras donde confiados en su estructura de tierra, no se hizo campaña de aire, no se asistió a los debates y no se acallaron rumores, generando el triunfo de quien no tenía tan sólida estructura territorial. Por lo tanto, se deben contar con las dos pues ninguna es más importante.

La campaña de aire se enfoca en la percepción y reputación, y la de tierra en la movilización territorial y operación política.

ETAPAS DE UNA CAMPAÑA POLÍTICA

Si bien cada país tiene en sus leyes sus propios tiempos y formas, no existe uno solo en el que las elecciones sucedan de una manera improvisada. Siempre hay etapas, tiempos, procesos y requerimientos bien definidos que se tienen que acatar para contender. Pero sin importar las leyes, procesos y tiempos específicos de cada región, el manejo de toda campaña pasa por tres o cuatro fases que tienen objetivos y estrategias particulares. Esas fases son:

La precampaña

Es el período previo a la campaña oficial y el más importante para nosotros, ya que es donde se investiga y se diseñan todas las estrategias que construirán la imagen del candidato y el partido durante la campaña. A su vez, es donde los responsables al interior de la campaña organizan al equipo y destinan los recursos económicos y humanos que se necesitarán para que las ideas se transformen en realidad.

Nuestros objetivos en esta etapa son:

Reconocer y definir la esencia y estilo del candidato, su plataforma y el partido. Hacer un diagnóstico de percepción basados en la auditoría de la imagen. Definir el posicionamiento, narrativa, mensaje central y discurso de la candidatura basados en mercadotecnia de la imagen. Hacer un plan maestro de imagen pública abarcando las seis imágenes subordinadas. Y capacitar al candidato y personas estratégicas del equipo de campaña en diferentes temas de imagen pública como imagen verbal, entrenamiento en medios de comunicación o imagen digital, entre otros.

La campaña electoral

Es la etapa oficial donde los actores políticos pueden pedir el voto de manera directa. Aquí es donde se ejecuta el grueso de la estrategia de imagen pública y de las otras áreas, y donde la actividad no para.

Es una etapa maratónica y desgastante donde todos los momentos son importantes, sin embargo, hay momentos clave para los especialistas en imagen pública por su trascendencia en la percepción. Y son:

Arranque de campaña: donde se hace un evento de lanzamiento en el minuto uno que se puede hacer campaña, y que sirve como punto de partida de toda la estrategia. Lo recomendable es dar un discurso donde se refuerza el posicionamiento y se coloca el mensaje principal de campaña. A su vez, se pasa el spot principal y se genera un ambiente festivo por lo que es común que haya cantantes o alguna variedad de show especial.

Apariciones en medios de gran visibilidad: donde se dan entrevistas exclusivas individuales a líderes de opinión, que pueden tener un corte serio e informativo, o bien, de diversión para humanizar a los candidatos en programas matutinos de revista o de tipo *Late Night Show.*

Debates: en donde se contrastan ideas que suelen ser de interés para la opinión pública y que pueden cambiar el rumbo de una elección.

Cierre de campaña: donde, al igual que en el arranque, se hace un evento de corte festivo que sirve para el posicionamiento final.

La campaña sin duda es la fase más visible y decisiva, donde los candidatos deben consolidar su mensaje y ganar la confianza del electorado; y los equipos de trabajo hacer que todas las estrategias se conviertan en realidad.

La siguiente fase no existe en todos los países y es la **veda electoral,** que es el periodo previo a la elección donde está prohibida toda actividad proselitista. Por lo que hay que evitar violaciones legales que puedan invalidar votos, pero se debe mantener la percepción positiva sin generar controversias.

Y si bien es la etapa más importante para los de tierra pues se debe fortalecer la operación territorial y la logística para el día de la elección, los de aire deben tener pensadas estrategias de UGC o User Generated Content, en donde la comunidad y sociedad hace el proselitismo que los partidos y candidatos tienen prohibido hacer. Pero es muy importante que se vean como acciones civiles independientes, por lo que el uso de los lobby groups y front groups que aprendimos en el capítulo de Persuasión y propaganda, son fundamentales.

Post-campaña

Después de la elección, la estrategia debe continuar, ya sea en caso de victoria o derrota.

En el caso de ganar: se debe dar un mensaje de agradecimiento, consolidar el liderazgo y comenzar la transición. Siempre manteniendo una imagen de victoria sin generar arrogancia, siendo conciliadores, respetuosos y hasta admiradores del trabajo de nuestros adversarios.

Y en el caso de perder: lo mejor es aceptar la derrota, felicitar al ganador, ponerse a su disposición para trabajar por el bien de la ciudadanía y evitar discursos que desacrediten la democracia convirtiéndose en una oposición legítima. Aunque también está el camino del señalamiento, apelar al fraude y la desacreditación, convirtiéndose en una oposición de choque que deslegitimice al gobierno con miras a una revancha.

Cada caso es diferente y en ambos hay historias que han funcionado en distintas posturas. La radical siendo la postura común de las plataformas populistas, y la de sensatez la de las conservadoras y moderadas.

CONCLUSIÓN

Llegamos al final recordando el espíritu integrador de este capítulo. Es responsabilidad de quien siguió este libro saber que este tema sólo es de verdadero interés si se está capacitado a profundidad en otras áreas de la imagen pública. ¿Pues cómo se va a asesorar en debate si no se tienen conocimientos de Imagen verbal, Dramatización de la realidad, Imagen kinésica o Persuasión y propaganda? ¿O cómo se va a hacer identidad y publicidad política, o manejo de medios de campaña, si no se tienen conocimientos de Imagen audiovisual, Imagen visual y de Relaciones públicas y Manejo de crisis?

Y nos podríamos seguir, por lo que en tus manos está prepararte más y profundizar en el conocimiento si es que tienes miras en este sector, pues sabes que la creación de un plan maestro de imagen pública aplicado a la política no es un tema de mera inspiración.

17
IMAGEN INSTITUCIONAL

Continuamos con el conocimiento integrador, poniéndolo ahora al servicio de las organizaciones que aspiran a tener una sólida reputación. Ya que, actualmente, las instituciones pueden tener unas directrices claras, unos productos o servicios excepcionales, incluso colaboradores con gran talento, pero todos estos aspectos pueden no servir de nada si no son capaces de gestionar su reputación.

El concepto de imagen institucional es amplio y multidimensional, pues no se trata únicamente de logotipos o eslóganes; es la suma de percepciones, experiencias y valores que una organización proyecta y que determinan su reputación. La imagen institucional es el intangible más poderoso, pues define cómo es percibida la organización por sus colaboradores, clientes, inversionistas, medios de comunicación y público en general. Y en un mundo donde la percepción es realidad, la gestión estratégica de la imagen institucional se convierte en un elemento clave para la supervivencia y el éxito de cualquier empresa u organización.

La imagen institucional es la percepción que tienen los diferentes públicos sobre una organización. Y esta percepción se genera a partir de una serie de estímulos verbales y no verbales que esa entidad emite, ya sea de manera consciente o inconsciente.

En palabras de Justo Villafañe, la imagen institucional es "la representación mental que un individuo o grupo se forma de una institución como resultado de su experiencia directa e indirecta con ella". Es decir, no es simplemente lo que una institución dice sobre sí misma, sino lo que los demás interpretan a partir de sus acciones, comunicación y comportamiento.

Y hagamos aquí también una acotación semántica para eficientar el conocimiento: una institución es cualquier cosa establecida o fundada, que funciona como un organismo que desempeña una función de interés público o privado. Por lo que una institución es una asociación de personas regulada por un conjunto de normas en función de determinados fines.

Ya te podrás imaginar la cantidad de instituciones que podríamos poner como ejemplo. Pues cualquier empresa de cualquier rama sería una institución, como también cualquier dependencia u organización pública. Y éstas pueden o no tener fines de lucro, por lo que una asociación civil, una fundación, una cámara y un sindicato, también serían ejemplos de instituciones. Hasta una congregación religiosa, un equipo de futbol, una institución académica o un grupo de personas organizadas de cualquier índole, entran en esta categoría. Por lo tanto, usaremos indistintamente las palabras organización e institución para referirnos a la generalidad de todas ellas y así no tener que estar acotando.

Y si existe esta gran amplitud de instituciones, podemos deducir que quienes las perciben pueden ser igual de amplios, pues podrían ser sus clientes, colaboradores, proveedores, miembros, agremiados, feligreses, alumnos, autoridades y demás nombres que le quieras poner a quien tiene contacto con una institución, por lo que a todas esas personas, les llamaremos stakeholders.

Dejando todo esto en claro, regresemos a las bases, pues si la imagen institucional es la aplicación de la Ingeniería en imagen pública para que las organizaciones puedan tener una buena reputación; el trabajo de consultoría en imagen institucional consiste en investigar, diseñar, producir y evaluar los estímulos verbales y no verbales que darán coherencia al proyecto organizacional, siguiendo el Sistema Íntima y sus etapas. Al final de este capítulo veremos todos los servicios que se incluyen. De momento, es importante limitar nuestra actuación a los terrenos de la percepción y no de la operación de la organización como son sus funciones de recursos humanos, comerciales y administrativas. Somos consultores en imagen y no en negocios u operación empresarial.

Y por supuesto que dentro de los servicios de consultoría también están todas las asesorías personalizadas para alguna situación específica de imagen institucional o para alguno de sus miembros, y por supuesto el manejo de crisis; ya que en tiempos donde la información viaja y se viraliza en segundos, las organizaciones están muy vulnerables a que las problemáticas naturales de su operación, se conviertan en sucesos mediáticos que dañan la reputación.

Y no todo es consultoría, pues veremos que una gran área de trabajo en el sector institucional también es la capacitación, dando herramientas de alto valor a través de seminarios, cursos, talleres y en general la impartición de servicios que empoderan a los equipos de trabajo para ser mejor percibidos en el desempeño de sus funciones. Como pueden ser capacitaciones en imagen verbal para hacer presentaciones efectivas, entrenamiento en medios de comunicación, capacitación en temas de imagen física, protocolo ejecutivo y cualquier otro tema que les permita desenvolverse mejor.

Antes de profundizar, hay dos axiomas de la imagen que son fundamentales en este tema. Y son los que dicen que la imagen de la titularidad permea en la institución y que la imagen de la institución permea en sus miembros.

Estos axiomas son fundamentales ya que la imagen de los stakeholders internos impacta en la percepción de la institución que representan. Por lo que la persona que representa a la institución se deja de llamar como se llama, y se llama ahora como la institución. E igualmente, la reputación de una institución afecta a quienes la conforman. Si una organización es mal percibida, incluso los miembros más íntegros y eficaces dentro de esa organización, enfrentarán resistencia por parte de los stakeholders externos.

Una imagen institucional se construye siguiendo el Sistema Íntima, para así crear percepciones a través de la consultoría y capacitación, para satisfacer las necesidades de los diferentes stakeholders.

Entendidas las bases, veamos cuáles son los pilares que conforman de manera integral la imagen institucional.

ELEMENTOS DE LA IMAGEN INSTITUCIONAL

La imagen de una organización no es algo fortuito ni se construye de la noche a la mañana. Es el resultado de una arquitectura estratégica, en la que cada detalle comunica un mensaje y, cuando está bien diseñada, genera confianza y credibilidad. Por ello, es fundamental comprender los distintos componentes que conforman la imagen institucional y su interrelación en la percepción que generan en los stakeholders.

Los siete pilares fundamentales de la imagen institucional son:

1. LA IDENTIDAD ORGANIZACIONAL

También llamada identidad corporativa, es el ser de la organización, su esencia más profunda y lo que la define desde su origen. Es lo que distingue a una institución de cualquier otra y lo que le da coherencia a su actuar en el tiempo.

A diferencia de otros elementos de imagen institucional que se enfocan en la percepción externa que tienen los stakeholders sobre una organización, la identidad organizacional es lo que la institución realmente es. Y su alineación con la imagen pública determinará el nivel de credibilidad y autenticidad que proyecta.

La identidad organizacional es el conjunto de elementos estratégicos y filosóficos que guían la conducta de la organización y que se reflejan en el resto de los pilares.

Los componentes fundamentales de la identidad organizacional son el manual de fundamentos y el estilo organizacional, de los que hablaremos más adelante.

2. LA CULTURA ORGANIZACIONAL

La cultura organizacional es el conjunto de valores, normas, creencias y comportamientos que definen la manera en que una organización opera y se relaciona con sus miembros y su entorno. Sirve para sustentar la identidad organizacional y es uno de los principales factores que determinan la percepción interna y externa de la institución.

De manera muy reducida y analógica, es el "código invisible" que guía la conducta de sus integrantes.

La cultura organizacional se construye a partir de diversos elementos interrelacionados que influyen en el comportamiento de la empresa y en la percepción que generan entre sus stakeholders. Estos elementos incluyen:

a) Las normas y creencias

Es llevar los valores organizacionales a principios fundamentales que rigen la conducta de una institución y de sus colaboradores, y los códigos de comportamiento que establecen cómo deben actuar los miembros de la organización en distintas situaciones.

b) El compliance

Es la obligación de las empresas de cumplir con las normativas legales, éticas y de autorregulación.

c) Los códigos de ética

Regulan el comportamiento de sus empleados y establecen sanciones para quienes incumplan estos principios.

d) La responsabilidad social, compromiso con la comunidad y el medio ambiente

Abarca las acciones voluntarias que una empresa lleva a cabo para generar un impacto positivo en la sociedad y el mundo.

d) La transparencia

Determina la confiabilidad de una institución ya que se compromete a actuar con honestidad y a rendir cuentas ante sus stakeholders.

No hay que confundir los términos de identidad y cultura organizacional. Mientras la identidad es la esencia conceptual que incluye su manual de fundamentos y estilo, la cultura organizacional es su manifestación viva y dinámica en el día a día.

3. LA IDENTIDAD DE MARCA

Es el conjunto de características tangibles e intangibles que definen cómo una organización se presenta ante sus públicos. Representa la personalidad a través de medios con los que se establece una conexión emocional con los stakeholders.

La identidad de marca está enfocada en la percepción externa que los consumidores y el mercado tienen sobre una organización, por lo que mientras la identidad y cultura organizacional responden a la pregunta ¿quiénes somos?, la identidad de marca responde a ¿cómo queremos que nos perciban?

Y sobre este tema trataron los capítulos de Mercadotecnia de la imagen y de Imagen visual, donde se explica que la identidad de marca se construye a partir de la estrategia de posicionamiento, la identidad visual con su manual de identidad gráfica, y todas las estrategias de identidad verbal y mensajes de marca como el naming y la narrativa.

Por lo que ese conocimiento es fundamental, pues se entiende la importancia de la identidad de marca y se aprende a definirla para diferenciarse de la competencia, construir confianza y lealtad, asegurar la consistencia en la comunicación interna y externa, y lograr la tan deseada coherencia.

4. EL CLIMA ORGANIZACIONAL

El clima organizacional es el ambiente psicológico y emocional que se vive dentro de una institución, y es un factor crucial para la productividad, motivación y sentido de pertenencia.

El clima organizacional se compone de diversos factores que influyen en la percepción y actitud de los stakeholders dentro de la organización, entre los más importantes se encuentran el sentido de pertenencia y engagement; el salario emocional, que es el conjunto de beneficios no monetarios que una institución ofrece a sus miembros para mejorar su bienestar y satisfacción organizacional, el estilo de liderazgo y las relaciones interpersonales, así como las condiciones laborales y el equilibrio vida-trabajo.

El clima organizacional es un pilar fundamental de la imagen institucional, pues un entorno institucional positivo no sólo mejora la productividad y retención del talento, sino que también impacta en la percepción externa de la empresa.

5. LA EXPERIENCIA ORGANIZACIONAL

La experiencia organizacional es el conjunto de interacciones que los distintos públicos tienen con una institución a lo largo del tiempo. Estas interacciones pueden ser directas o indirectas, y afectan la percepción que los stakeholders desarrollan sobre la organización.

A diferencia del clima organizacional, que se centra en la vida interna de la organización y en la percepción de sus miembros, la experiencia organizacional abarca la relación con todos los actores que interactúan con la institución, incluyendo clientes, inversionistas, proveedores y la comunidad en general, donde también están los colaboradores, pero más que en el clima, se centra en su experiencia diaria.

El concepto de experiencia organizacional se basa en la gestión de la experiencia del usuario o *user experience management*, y el *costumer & employee journey* o viaje del cliente o colaborador, que se refiere a todas las interacciones que un público externo o interno tiene con la organización, ya sea desde el primer contacto hasta la postventa, o bien cómo es el día a día laboral. Su objetivo es garantizar que cada punto de contacto con la institución refuerce su reputación y genere una percepción positiva.

Y dentro de la experiencia organizacional, también están los indicadores de desempeño y métricas de evaluación que la miden, para así tener los mecanismos de retroalimentación y mejora continua.

Una experiencia bien gestionada no sólo mejora la satisfacción y fidelización, sino que también fortalece la reputación y la percepción positiva de la marca.

6. LA COMUNICACIÓN ORGANIZACIONAL

Es el proceso mediante el cual una institución transmite información, valores y mensajes tanto a su público interno como externo. Es la herramienta fundamental para construir, fortalecer y gestionar la percepción de la organización.

A diferencia de la experiencia organizacional, que abarca todas las interacciones con la institución, la comunicación organizacional se enfoca en la transmisión estratégica de mensajes. Su objetivo es garantizar que la identidad, cultura, valores y objetivos de la organización, sean comprendidos y percibidos de manera coherente por todos los stakeholders. Así como persuadir a públicos internos y externos a actuar de cierta forma.

La comunicación organizacional se divide en dos grandes áreas:

- La comunicación interna: que se enfoca en los colaboradores y miembros de la institución.
- La comunicación externa: dirigida a clientes, inversionistas, medios de comunicación y sociedad en general.

Ambas son fundamentales para la construcción de una imagen institucional sólida y deben estar alineadas en su mensaje y estrategia.

Para la comunicación externa, cuya función es posicionar la organización en el mercado, construir reputación y gestionar su percepción pública, se vieron los capítulos de Imagen audiovisual, Relaciones públicas y Manejo de crisis, Persuasión y propaganda, y por supuesto los que hicieron mano de la comunicación como Imagen verbal y dramatización de la realidad.

Y el último pilar de la imagen institucional no es otra cosa más que la integración de los otros seis, y es la reputación organizacional.

7. LA REPUTACIÓN ORGANIZACIONAL

Es la percepción consolidada que los distintos grupos de interés tienen sobre una institución a lo largo del tiempo. No se trata de una impresión momentánea ni de una imagen superficial, es el resultado de un proceso de evaluación continua basado en los otros pilares y en la coherencia entre lo que la organización dice y lo que hace.

A diferencia de los otros pilares que pueden cambiar por una campaña de comunicación específica, la evolución de la cultura y clima organizacional, o una crisis puntual, la reputación es un activo intangible de largo plazo que se construye con acciones sostenidas y con la consistencia de los valores y principios corporativos.

Una empresa con buena reputación tiene mayor resiliencia en tiempos de crisis, logra atraer y retener talento con mayor facilidad y obtiene mejores relaciones con todos sus stakeholders.

Y por supuesto que la reputación organizacional también se ve influenciada por muchos otros factores que no están en manos de los expertos en imagen pública, como puede ser la calidad de sus productos o servicios, la satisfacción de sus clientes, sus fusiones y adquisiciones, y hasta las personas en las que deciden poner en sus liderazgos.

La reputación organizacional no se construye de la noche a la mañana. Es el resultado de la interacción de los distintos pilares que conforman la imagen institucional.

EL MANUAL DE FUNDAMENTOS

En el primer capítulo del libro, prometimos retomar este tema sobre el documento que compila la identidad institucional y establece las bases de su esencia. Mencionamos que ¡95 de cada 100 empresas no lo tienen! Por lo tanto, es lo primero que tenemos que hacer al trabajar con instituciones sin importar su magnitud, antigüedad, ni el grado de eficiencia que hayan alcanzado.

Y los elementos que debe incluir son: la visión, los principios y valores, la misión, la filosofía y el lema.

Misión

¿Para qué sirve la organización? Esta pregunta, en apariencia sencilla, obliga a reflexionar sobre el propósito real de la institución, más allá de su giro comercial o su actividad operativa. Y es que la misión es el compromiso de servir, es la declaración que manifiesta ante el mundo cuál es la necesidad humana que la organización satisface. No es simplemente una descripción superficial de sus actividades, es la razón de ser de la institución, el fundamento sobre el cual se basa su existencia y su contribución a la sociedad.

Una vez respondida esta pregunta, podemos continuar con tres preguntas adicionales para perfilar aún mejor la misión:

- ¿Qué hace la organización?

  Dejar explícito a qué se dedica la institución, de manera clara, explicativa y directa. Centrándose en la parte más fría y racional de su ser.

- ¿Cómo lo hace?

  Busca identificar los procesos y métodos que diferencian a la organización de las demás.

- ¿Y para qué lo hace?

  Para explorar el sentido de trascendencia de la organización y para entender cómo la institución contribuye al bienestar de la sociedad o al desarrollo humano.

Estas cuatro preguntas nos ayudarán a estructurar una misión que no sólo comunique qué hace la organización, sino que también transmita su diferenciación y su impacto en el mundo. Recopilada la información de estas respuestas, se debe sintetizar la misión en un enunciado claro, preciso e inspirador. La misión no es un documento extenso ni una lista de objetivos, es una declaración breve, estratégica y poderosa que comunica el propósito fundamental de la institución.

Principios y valores

Una vez detectada la misión, procedemos a encontrar los principios éticos y morales que rigen la toma de decisiones y las relaciones dentro y fuera de la institución. Estas directrices son fundamentales pues guiarán la operación a nivel humanismo, y se convertirán en factores fundamentales para crear más adelante una cultura organizacional.

Consiste en encontrar los valores humanos y los principios morales que deberán guiar la actuación institucional. Y para ello, se debe hacer un ejercicio de introspección para reconocer íntimamente aquello en lo que se cree y guía el comportamiento.

Mientras que la misión responde a la pregunta "¿Para qué existimos?", los principios y valores responden a "¿Cómo nos comportamos?" y "¿Bajo qué estándares éticos actuamos?".

Y no se trata de una lista arbitraria de valores universales, sino de identificar aquellos principios que realmente guían la conducta organizacional y que son un reflejo genuino de su identidad. Un principio que no se cumple en la práctica es una promesa vacía que pone en riesgo la credibilidad institucional.

Para descubrir los principios y valores más auténticos de una organización, una técnica efectiva es la personificación proyectiva, que es la misma técnica que aprendimos en auditoría de la imagen, y que consiste en proyectar características humanas sobre la organización y explorar cómo se comportaría si fuera una persona real, pues recuerda que lo que buscamos es el humanismo.

La clave de esta metodología es hacer preguntas abiertas que inviten a visualizar la institución como un individuo con identidad propia:

- Si la organización fuera una persona, ¿cómo sería? ¿Qué edad tendría? ¿Sería joven y dinámica o madura y experimentada?
- ¿Sería hombre o mujer? ¿O quizás no tendría género definido?
- ¿Cómo se vestiría? ¿Qué estilo de vida llevaría? ¿Cómo hablaría y se expresaría? ¿Formal, relajado, inspirador?
- ¿Qué valores defendería con fuerza? ¿Qué le haría feliz o qué le molestaría? ¿Cómo se comportaría en momentos de crisis? ¿Cómo trataría a los demás?

Cualquier pregunta que ayude a proyectar cualidades humanas, será bienvenida. A partir de estas respuestas, se pueden identificar cualidades y principios fundamentales que definen la esencia ética y moral de la organización.

Estas respuestas, aunque parezcan subjetivas o basadas en prejuicios, revelan información clave sobre la identidad institucional. Pues al hablar de edad podemos encontrar valores asociados a la madurez como: sabiduría, responsabilidad, confiabilidad, ética profesional y respeto por la tradición. O a la juventud como creatividad, disrupción, agilidad y flexibilidad. Lo mismo en cuanto a género, estilo de vida o cualquier otro atributo proyectivo.

Una vez identificadas las características centrales de la organización, se debe bajar a tierra esta información y estructurarla en un listado concreto de valores institucionales y principios éticos.

En un manual de fundamentos sólo deben incluirse principios y valores que realmente se cumplan, ya que es un error común incluir valores que suenan bien, pero que en la práctica no rigen la conducta organizacional. Un valor no es un adorno, sino un compromiso ético.

Visión

La visión representa la aspiración a futuro de la organización. Responde a la pregunta "¿Hacia dónde quieren llegar?" y proporciona un horizonte claro que guía el esfuerzo de todos los miembros de la institución.

Sin una visión bien definida, la organización puede operar de manera eficiente, pero sin un rumbo claro, lo que eventualmente genera desmotivación, falta de cohesión y dificultades en la toma de decisiones estratégicas. Por el contrario, cuando las personas saben que su trabajo contribuye a un objetivo mayor, se genera un sentido de propósito y pertenencia que ayuda al clima organizacional.

Para definir la visión, se recomienda hacer preguntas estratégicas del tipo:

- ¿Cómo imaginas la organización en los próximos 5, 10 o 20 años?
- ¿Qué impacto se desea generar en la sociedad a largo plazo?
- Si la organización lograra todo lo que sueña, ¿cómo se vería en el futuro?
- ¿Cómo nos gustaría que la percibieran las nuevas generaciones?

Y con la respuesta a estas preguntas y otras similares, se formula la visión de manera clara y alcanzable, pero con una dosis de ambición que inspire a toda la organización.

Filosofía organizacional

La filosofía es un extracto breve y contundente que combina la misión y los principios. En pocas palabras, transmite con claridad qué hace la organización y qué expectativas satisface. Encapsulando en una sola línea su propósito y diferenciación.

A diferencia de la misión, que suele desarrollarse en un enunciado más amplio, la filosofía debe ser breve, impactante y fácil de recordar. Por lo que la filosofía no es sólo un elemento interno, sino también una herramienta estratégica de mercadotecnia de la imagen y sirve para el posicionamiento. Es ideal para colocarla en inicios de páginas web y en biografías de perfiles de redes sociales, así como para responder con brevedad a los cuestionamientos de quién es la organización o a qué se dedica, lo que sirve para diferenciarla en un mercado competitivo.

Lema institucional

Es la síntesis total y absoluta del manual de fundamentos. El lema institucional es el resultado final de todo el proceso y que, en muy pocas palabras y de forma memorable, encapsula la esencia y el espíritu de la organización.

Y no hay que confundirlo. Este lema no es un eslogan comercial ni una frase de campaña publicitaria. Su propósito no es vender un producto o servicio de forma inmediata, sino transmitir la identidad organizacional en su forma más pura.

Crear un buen lema institucional es un desafío estratégico y creativo, pues no sólo debe ser muy breve y fácil de recordar, también debe capturar la esencia de la organización sin necesidad de describir explícitamente qué hace, inspirar y conectar emocionalmente con todos los stakeholders y diferenciar a la organización proyectando su identidad única.

Muchas veces, los mejores lemas institucionales son metafóricos o con una alta carga simbólica, para reforzar así su carácter distintivo y memorable. Como el *"Think Different"* o "piensa diferente" de Apple, que expresa su identidad sin necesidad de mencionar nada sobre la tecnología.

O el del Colegio de Imagen Pública, que metafóricamente dice que "Imagen es Poder".

El lema institucional es la joya verbal del manual de fundamentos. Es la frase que condensa la misión, la visión, los valores y la filosofía en una expresión poderosa y memorable; y cuando está bien diseñado, inspirará a todos y fortalecerá la identidad institucional.

EL ESTILO INSTITUCIONAL

En la construcción de la imagen pública de una organización, uno de los aspectos más visibles y determinantes es su estilo. Cada organización tiene un estilo que la define y que influye en la forma en que se proyecta hacia sus públicos; este estilo organizacional debe ser coherente con la identidad de la institución y reforzar su posicionamiento en la mente de los stakeholders.

Como ya sabes, el estilo es la expresión de la individualidad y su categorización se divide en siete, pudiéndose mezclar algunos y otros no. Todos los estilos mandan mensajes, tienen fortalezas y pueden caer en riesgos. Por lo que, sin necesidad de volver a repetir un tema que a estas alturas debes dominar, ten presente que la definición del estilo institucional es fundamental para su posicionamiento, y nos dará una línea para producir todo con coherencia, pues no sólo define la apariencia de los miembros de una organización, también refuerza su narrativa, su tipo de liderazgo, personalidad de marca, y provoca el trato y actitudes que los stakeholders deben adoptar hacia la institución.

Usa la fuerza de lo que proyectan y transmiten los estilos natural, tradicional, elegante, romántico, seductor, creativo y dramático, como una poderosa herramienta de construcción de imagen institucional.

CANALES DE COMUNICACIÓN ORGANIZACIONAL

Definimos que la comunicación organizacional es el proceso mediante el cual una institución transmite mensajes a sus diferentes stakeholders, para así garantizar que la identidad, cultura y marca sean comprendidos y percibidos de manera coherente.

Y podríamos generalizar que este libro se ha tratado de comunicación externa, por lo que demos un espacio para reflexionar sobre la voz de la organización hacia sus miembros, o lo que es lo mismo: la comunicación interna.

Y una comunicación interna efectiva requiere canales adecuados para difundir información. Entre los más utilizados se encuentran:

- La intranet corporativa: que es cualquier plataforma digital donde los miembros de una organización pueden acceder a noticias, documentos, videos y demás recursos internos de comunicación; así como gestionar transmisiones en vivo, la realización de eventos virtuales, la participación en una red social o plataforma de microbloging interna, la activación de un LMS o sistema de capacitación interno, y cualquier otro recurso comunicativo que mediante un usuario y contraseña, el público interno pueda acceder desde cualquier dispositivo ya sea mediante una app o un sitio web.
- Los boletines internos: es el uso de publicaciones periódicas o esporádicas con noticias, avisos, actualizaciones y demás información de relevancia para la organización. Puede hacerse de manera digital con el envío de un newsletter o un mailing; o con publicaciones físicas o en sitio, como comunicados visuales o audiovisuales en elevadores, accesos y hasta baños.
- Reuniones, convenciones y town halls: espacios de convivencia y capacitación, pero sobre todo donde los titulares comunican objetivos, estrategias y mensajes en general a los miembros de la organización.
- Los chats y herramientas colaborativas: es el uso de plataformas externas de comunicación, videoconferencia y trabajo, tipo Microsoft Teams, Google Meet, Zoom o WhatsApp corporativo; en donde se deslizan mensajes aprovechando las sesiones y jornadas de trabajo,

o donde se realizan reuniones y se hacen publicaciones con fines de comunicación organizacional.

En general, la comunicación interna abarca cualquier recurso y canal que fomente las narrativas institucionales y el *employer branding*, que es cualquier esfuerzo comunicativo que hace una organización con el fin de reforzar la identidad corporativa y el sentido de pertenencia a través de la cultura organizacional. Puede ser desde un blog o podcast que algún directivo conduzca y en el que se entreviste y reconozca a miembros de la organización, una revista interna, una ceremonia de entrega de premios y condecoraciones, o el uso de festejos como las comidas de fin de año o el día de la organización, para dar discursos o establecer narrativas que refuercen la comunicación organizacional.

La comunicación interna es el proceso de intercambio de información dentro de una organización a través de medios de difusión propios. Su función principal es mantener informados a los miembros, fomentar la cohesión interna y reforzar el sentido de pertenencia.

CONSULTORÍA Y CAPACITACIÓN EN IMAGEN INSTITUCIONAL

Hemos reflexionado que una sólida reputación a nivel organizacional es la mejor llave para abrir las puertas de la confianza, la credibilidad y establecer relaciones sólidas con todos los stakeholders. Pero esa llave no es gratis, es fruto de un gran esfuerzo y una inversión de tiempo y recursos materiales y humanos.

Y es que una institución puede tener las mejores ideas y la mejor operación, pero si no logra proyectarlas correctamente, su mensaje no tendrá el impacto deseado. La consultoría y capacitación en imagen institucional no sólo construye y gestiona la percepción de una organización, también prepara a sus miembros para desempeñarse mejor en sus labores y enfrentar con útiles herramientas de imagen los desafíos del entorno institucional.

Para cerrar este capítulo, veamos los servicios de consultoría y capacitación que se pueden realizar, para que una vez conocidos los trabajos más demandados, decidas ya sea invertir en ellos, o bien dedicarte a este gran mercado en el que tu conocimiento, experiencia y voluntad, puedan darte una gran área de negocio.

Empecemos mencionando que existen tres tipos de contextos en donde se contratan los servicios de consultoría o capacitación en imagen institucional:

- Durante la fundación de las instituciones.
- Durante la gestión de instituciones ya establecidas.
- Y durante el manejo de crisis.

Enlistemos entonces los servicios que se requieren en estos contextos, pero antes mencionemos que, si bien lo ideal es que un proyecto de imagen institucional sea integral para lograr la coherencia total, es muy probable que alguno de los servicios detallados se imparta de manera independiente. Ya que tal vez una institución sólo desea un diagnóstico para saber cómo está posicionada en temas reputacionales, que requiera únicamente servicios de identidad gráfica, o que un representante de la institución sólo requiera capacitarse en imagen verbal o media training. Por lo que dicho esto, separemos por etapas del Sistema Íntima los trabajos de imagen institucional.

ETAPA DE INVESTIGACIÓN

Reconocimiento y definición de esencia

Se presta el servicio de reconocimiento de esencia y estilo, ya sea de la institución, o de alguno de sus titulares. Cuando es una institución, se hace el manual de fundamentos, y cuando es una persona, se hace el reconocimiento de imagen interna y la definición del personaje. También se define el estilo y se crean lineamientos de cultura y clima organizacional.

Auditoría de imagen institucional

Se ofrece el servicio de investigación de percepción y detección de necesidades de los stakeholders. Se realiza a través de la investigación de mercados con todas las modalidades que se aprenden en el capítulo de Auditoría de la imagen. El producto final entregable es el diagnóstico de imagen pública.

El proceso de auditoría de imagen pública con sus técnicas de investigación también se utiliza para conocer la imagen interna institucional, que es la autopercepción que los miembros tienen hacia su institución y otros titulares. Mediante estas técnicas se mide el clima y la experiencia organizacional.

Existen servicios de auditoría y monitoreo constante de la percepción y la opinión pública, que permiten tomar decisiones y hacer propuestas de consultoría basados en el día a día, así como prevenir posibles crisis o detectarlas de manera oportuna.

En auditoría también se ofrecen servicios de análisis de la competencia para evaluar la imagen y preferencias, y así crear una diferenciación estratégica.

ETAPA DE DISEÑO

Plan maestro de imagen pública

Sin duda el servicio más importante de consultoría. Es el documento rector que guiará todo lo que se va a ejecutar para lograr la reputación organizacional, por lo que de la ruta estratégica general se pasa al posicionamiento específico, y al diseño de las estrategias y tácticas de cada una de las seis imágenes subordinadas.

Vayamos imagen subordinada por imagen subordinada, mencionado los servicios que se pueden ofrecer, pero antes es fundamental el servicio de posicionamiento.

Estrategia de posicionamiento

Es donde se define la identidad de marca, que serán todos los rasgos que se atribuyen a la organización y que la hacen única e irrepetible. Son los lineamientos simbólicos de la identidad de marca que después se convertirán en los elementos físicos, profesionales, visuales, verbales, audiovisuales y ambientales que definen conceptualmente a la organización. El posicionamiento es el lugar que deseamos ocupe la marca institucional en la mente de los stakeholders en comparación con sus competidores a través del racional creativo, y del que parten todos los elementos de branding esenciales como el naming, la paleta de colores y demás elementos de Mercadotecnia de la imagen.

Imagen física

Dentro de los servicios más recurrentes de imagen física, encontramos todos aquellos que generan la percepción de algún miembro o miembros de la institución, como consecuencia de su apariencia personal y lenguaje corporal, haciéndoles servicios de:

- Manuales de diseño de imagen personal.
- Análisis cromométricos.
- Auditorías de guardarropa.
- Personal shoppings.
- Implementación de imagen física.
- Coordinación de styling para eventos, fotografías y video.
- Capacitación general en temas de imagen física.
- Capacitación en lenguaje corporal.
- Asesorías personalizadas para temas específicos.

Imagen profesional

Dentro de los servicios más recurrentes de imagen profesional encontramos:

- Manuales de normas de conducta y apariencia, que son aquellos que contienen los elementos de vestuario y comportamiento a nivel protocolario y donde se especifican hasta los más mínimos detalles.
- Manuales y capacitación para prevención de crisis.
- Capacitación en protocolo ejecutivo.
- Capacitación en protocolos de diversas índoles, como protocolo diplomático cuando hay relaciones entre organizaciones de diferentes culturas, o en protocolo digital o netiquette, donde se dan herramientas sobre el buen uso de la imagen digital en el entorno organizacional. La lista de posibles capacitaciones en protocolos es tan extensa como las necesidades de comportamiento que detectemos en nuestras auditorías.

- Manuales y procesos de costumer y employee journey.
- Finalmente, uno de los servicios más redituables de esta imagen subordinada, los manejos de crisis.

Imagen verbal

Dentro de los servicios más recurrentes de imagen verbal encontramos:

- Capacitaciones en imagen verbal.
- Creación de namings.
- Creación de discursos y elaboración de mensajes clave.
- Capacitación en uso de la palabra persuasiva y negociación.
- Entrenamiento de voceros.
- Storytelling sobre la fundación y posicionamiento organizacional, y creación de textos para sitios web, plataformas y comunicados.
- Cualquier servicio relacionado con narrativa y contenido verbal.

Imagen visual

Dentro de los servicios más recurrentes de imagen visual encontramos:

- Creación de marcas visuales.
- Elaboración de manuales de identidad gráfica.
- Fotografía de retrato para miembros de la institución, fotografía de producto y fotografía arquitectónica.
- Fotocomunicación organizacional.
- Todo lo relacionado con la simbología visual representativa de la institución.

Imagen audiovisual

Dentro de los servicios más recurrentes de imagen audiovisual encontramos:

- Publicidad.
- Propaganda.
- Promoción.
- Publicity.
- Estrategia de imagen digital.
- Gestión de imagen digital.
- Media trainings.
- Producción audiovisual.
- Estrategias de comunicación interna.
- Cualquier trabajo enfocado en incidir en la opinión pública de stakeholders internos o externos.

Imagen ambiental

Dentro de los servicios más recurrentes de imagen ambiental encontramos:

- Diseño de interiores de oficinas y lugares donde interactúan los stakeholders.
- Arquitectura de exteriores enfocada al branding arquitectónico.
- Escenografía y ambientación de eventos.
- Manuales de uso y cuidado de la imagen ambiental que, si bien se contempla dentro de los manuales de normas de conducta, se especifican detalles de uso y cuidado de las instalaciones para procurar la buena imagen ambiental.

Es importante precisar que, dentro de cada uno de estos servicios, a su vez hay una gran cantidad de trabajos que se incluyen dentro de ellos. Ya que, como lo mencionamos en Imagen política, si alguien pensara que no hablamos de un logotipo, es porque probablemente no sepa que eso es parte de un manual de identidad gráfica, o que hacer un anuncio comercial es parte de la publicidad, donde también habría un plan de medios y una estrategia de SEM, o que en la parte de estrategia y gestión digital, entraría desde su posicionamiento web hasta la apertura y manejo diario de redes sociales.

ETAPA DE PRODUCCIÓN

Esta etapa, al ser donde lo diseñado a nivel estrategia se ejecuta, el papel del consultor es de coordinación y supervisión. Y como lo mencionamos en la consultoría política, aquí no está a prueba nuestra creatividad y capacidad estratégica, sino nuestra capacidad de organización, administración de recursos, planeación, liderazgo, trabajo en equipo, resolución de problemas, administración del tiempo y capacidad de trabajar bajo presión, por lo que las habilidades suaves de relaciones interpersonales, son esenciales.

La etapa de evaluación es de medición y sirve para el seguimiento y el control de la percepción. Siempre recuerda que, en el Sistema Íntima, la etapa de evaluación es una nueva etapa de investigación convirtiéndose en un círculo metodológico.

CONCLUSIÓN

Y cerramos entendiendo los servicios que podemos ofrecer, pero también haciendo un recorrido por el amplio conocimiento que se debe conjuntar para dedicarse a la consultoría y capacitación organizacional. La totalidad de estos servicios deberían ser obligatorios durante la creación o gestión de cualquier institución, ya que la diferencia entre mantener o perder la confianza y credibilidad de los stakeholders, radica en la capacidad de construir una imagen institucional sólida, coherente y persuasiva. Y en este proceso, como expertos en imagen pública, somos una pieza clave para lograr el éxito de la reputación organizacional.

Estamos llegando al final de *Imagología*, pero aún nos queda un capítulo final. Un capítulo que se centra en la esencia y el espíritu de todos los que nos dedicamos o interesamos en la ciencia de la imagen, y que será fundamental para nuestro éxito personal y profesional.

Cerremos con el broche de oro de la ética profesional, y desarrollemos nuestra propia imagen como apasionados de la imagen pública.

18
FILOSOFÍA DE LA IMAGEN

IMAGEN CIP

La Ética y La Filosofía deben fundamentar el ejercicio profesional del Consultor en Imagen Pública, ya que la primera pone límites a su gran poder, mientras la segunda le otorga el enfoque humano a su trabajo.

Consultoría en imagen pública, consultor en imagen pública, Colegio de Imagen Pública... C-I-P..., tres letras que engloban la esencia de la profesión y que representan la ciencia y el estilo de vida alrededor de la Imagología.

Hemos dedicado todas estas páginas a cómo investigar, diseñar, producir y evaluar la imagen de alguien más, pero... ¿y nuestra propia imagen como apasionados de la imagen pública?

No podemos excluirnos del juego de la percepción, ya que nosotros también nos debemos a nuestra reputación. Un experto en imagen pública debe abordar la imagen desde una perspectiva integral y ser el ejemplo de lo que predica, pues para ser consultor en imagen pública, tienes que parecerlo y no que necesitas uno. Por eso es que debes ser tu principal cliente. Lógicamente no puedes decir "soy experto en imagen" si tu propia reputación grita lo contrario. La imagen es coherencia y la coherencia da credibilidad.

Y si bien este capítulo está enfocado a todos los que nos dedicamos a esta profesión o desean formarse como expertos en imagen pública, las reflexiones aquí vertidas sirven para cualquier profesión y rol de vida. Ya que vivir desde la óptica de la consultoría fomenta el pensamiento estratégico y desarrolla habilidades necesarias para alcanzar eso que llamamos éxito. Piensa como consultor y sacarás tu máximo potencial.

¿Pero qué es un consultor?

VIVIENDO DESDE LA ÓPTICA DEL CONSULTOR

La palabra *consultor* proviene del latín *consulere*, que significa "dar consejo", y del sufijo *-tor*, que indica "el que ejecuta una acción". Por lo tanto, un consultor es, esencialmente, aquel que da consejos de manera profesional. Pero, ¿qué se necesita para ser un buen consultor? La respuesta, sin lugar a dudas, es la experiencia. Un consultor se distingue por los resultados que logra. Se le contrata, se le paga, se le reconoce y se le recomienda por su capacidad probada para resolver problemas y generar valor.

Al buen profesional se le reconoce por sus resultados, y aquel que no da resultados, pone pretextos y da explicaciones.

Es importante entender que los trabajos de consultoría no tienen una bolsa de trabajo tradicional, por lo que un consultor no sale a buscar empleo, sino que construye su propia reputación profesional basada en resultados tangibles. Por lo tanto, el primer paso para cualquier consultor es demostrar lo que sabe, lo que puede hacer y evidenciar que es de verdad. La primera "paga" de un consultor es su reputación: esa percepción de confiabilidad, capacidad y éxito que deja en cada cliente.

Una vez satisfecho un cliente, la mejor recompensa será la recomendación de boca en boca. Esto no sólo valida su trabajo, también asegura que, con el tiempo, los prospectos comenzarán a llegar por sí solos. Cada cliente satisfecho se convierte en nuestro mejor promotor, recomendándonos con la credibilidad que sólo puede brindar la experiencia vivida. ¡Nuestros clientes son nuestra fuerza de ventas!

No se trata de salir a vender, sino de hacer que te compren. Con cada recomendación y resultado exitoso, los servicios de un consultor se van valorando más, construyendo una carrera que lejos de depender de buscar oportunidades, las crea.

Y la carrera del consultor no termina, hay que seguir persiguiendo el conocimiento y ejecutándolo para seguir creciendo. Como en cualquier profesión, la actualización y la capacitación continua es fundamental para seguir avanzando.

Y es ley de vida que cuanto más aprendemos, más nos damos cuenta de lo poco que sabemos. Es como si cada respuesta nos llevara a diez nuevas preguntas. Pero en lugar de desanimarnos, esta humildad nos impulsa a seguir explorando. Es como si estuviéramos escalando una montaña, y cada vez que llegamos a la cima, descubrimos que hay otra más alta. La vida es también un llamado a seguir adelante, a esforzarnos por alcanzar un nivel más profundo de comprensión y experiencia.

Por lo tanto, al no tener fin, el consultor tiene que ver el éxito en presente y ser feliz en el proceso. Si piensas que el éxito y la felicidad llegarán cuando estés en la cima... ¡nunca los obtendrás! El éxito y la felicidad están en el presente. Ya eres. Ya tienes. Y ya lo conseguiste.

Ahora bien, no estamos diciendo que seamos conformistas o que dejemos de trabajar. ¡Todo lo contrario! Como dijo Antonio Machado y lo cantó Serrat: "Caminante no hay camino, se hace camino al andar". Tienes que construirte como consultor trabajando todos los días. ¡Sí! Aunque suene simplista. La mejor forma de trabajar como consultores... ¡es trabajando!

Por lo que da consejos en donde puedas y capacita a quien se deje. Haz activismo en medios digitales y tradicionales. Da cátedras, imparte conferencias, escribe artículos y hasta libros. Y, además, hazlo sabiendo que tu paga es la experiencia y la reputación. El dinero tarde o temprano caerá si es que estás trabajando. Es como una bola de nieve, al principio es más difícil que se forme y comience a rodar, inclusive a veces tenemos que hacer nevar en lugares donde no nieva. Pero una vez que se han echado a andar las cosas, si existe voluntad, constancia y paciencia, seguiremos dando pasos y trabajando desde la felicidad de dedicarnos a los que nos apasiona. Al final se generará una avalancha que nadie frenará y que traerá abundancia y mucha riqueza humana y material.

¿Ya entendiste por qué vivir desde la óptica del consultor sólo trae cosas buenas?

EL CIP

Ya definimos qué es un consultor, pero ¿qué es un consultor en imagen pública?

Creo que no lo tenemos que definir, pues sería preocupante si llegaste hasta aquí y no supieras que imagen es percepción. Por lo tanto, si un consultor es quien da consejos, un consultor en imagen pública es aquel que aconseja en los terrenos de la percepción.

Somos profesionales especializados en la gestión de la reputación de individuos, instituciones, empresas, productos y servicios en el ámbito público y privado. Nuestra principal función es ayudar a construir y mantener una imagen favorable, auténtica y coherente, a través de estrategias de estimulación verbal y no verbal.

La comunicación moderna a veces puede parecer un laberinto, y en ese laberinto, los consultores en imagen pública somos los que ayudamos a encontrar la salida. Ya que, a mejor imagen, mayores niveles de comunicación. Y a mayor comunicación, mayor conocimiento. Del buen conocimiento se desprende la seguridad, y por lo tanto, la confianza. Y llegando al escalón de la confianza, se nos otorga el mayor atributo que podemos tener, la credibilidad. ¡La buena imagen pública es un camino directo a la credibilidad! Por eso, la demanda de la profesión está en constante crecimiento. Desde el ciudadano común hasta los líderes mundiales, todos deben cuidar la percepción que generan. Vivimos la era de la imagen pública, y la sociedad hoy más que nunca, entiende que es crucial para el éxito o fracaso de todo lo que se emprenda.

Un consultor en imagen pública no inventa lo que alguien debe parecer, revela lo que en esencia ya es, y lo transforma en percepción estratégica para convertir autenticidad en credibilidad.

LA FILOSOFÍA DE LA IMAGEN

Filosofía, en su acepción más general, es el marco de referencia o la actitud del ser humano ante la vida y el conocimiento. Por lo que no confundas la palabra Filosofía con la disciplina académica de corrientes históricas o escuelas de pensadores, sino entiéndela como la forma de mirar al mundo con profundidad y cuestionamientos.

Por lo tanto, la filosofía de la imagen es preguntarnos por el sentido de la profesión y las consecuencias del fenómeno de la percepción. Es el arte de pensar sobre lo que verdaderamente importa dentro del mundo de la imagen, e incluye todo el ejercicio del pensamiento crítico sobre la realidad y la experiencia de ejercer la consultoría en imagen pública. Es el sentido, los valores y la práctica que rebasa el saber hacer algo bien técnicamente, sino de comprender por qué se hace, para qué, con qué consecuencias y desde qué principios.

Es la razón de ser del experto en imagen, el propósito, los valores éticos, las responsabilidades sociales y las implicaciones humanas del ejercicio profesional, y reflexionar sobre el sentido del éxito y la felicidad al ejercer la consultoría en imagen pública. Por lo tanto, mientras que el conocimiento técnico de la Imagología responde al cómo, la filosofía de la imagen responde al por qué y para qué.

La filosofía de la imagen es el alma de la profesión. Es lo que permite que el ejercicio de la imagen pública se convierta en vocación con conciencia y que el éxito no se mida solo en resultados, sino también en congruencia, impacto y sentido humanista. Sin filosofía, la profesión puede volverse rentable pero vacía, e incluso peligrosa; con filosofía, se vuelve significativa y transformadora.

Un CIP no solo genera percepciones, sino que su filosofía es ayudar a los demás a ser mejores y tener más, creando caminos de felicidad.

HABILIDADES CONSULTIVAS

Tener conocimientos no es suficiente para ejercer la consultoría en imagen pública, se necesitan otras habilidades para desempeñarse de manera efectiva; para vendernos y crear nuestra propia marca, y para conducirnos ante los dilemas éticos que esta profesión presenta.

Las habilidades consultivas son las capacidades que permiten comprender las necesidades de los demás, facilitar el alcance de objetivos y aligerar la carga natural que cualquier actividad profesional representa. Por lo que se deben contar con las siguientes habilidades, entre muchas otras, para desempeñarnos de la manera más efectiva y eficiente. Y no podríamos limitarnos a un paquete básico de habilidades para desempeñar cada vez mejor nuestra profesión, por lo que mientras más habilidades sumes a tu arsenal consultivo, más te acercarás a las mieles de la buena reputación profesional.

Comunicación efectiva:

La comunicación es el puente, y si el puente está roto, no hay conexión. Nos dedicamos a comunicar, por lo tanto, las habilidades del lenguaje son fundamentales en nuestra profesión. Vendemos ideas y debemos saber transmitirlas. Imposible imaginar a un CIP que no tenga la destreza y habilidad para transmitir mensajes de manera efectiva.

Asertividad:

Hay que decir las cosas de manera profesional, clara y directa, pero sin ser agresivos. Nuestro trabajo a veces consiste en decir malas noticias o en diagnosticar lo que no está bien. Por lo que siempre piensa que, si vas a señalar algo, es porque tienes la solución.

Y la comunicación asertiva muchas veces no es hablar, sino escuchar. La escucha activa es fundamental para lograr empatía y llegar a los resultados por los que nos están contratando. Pregúntate: ¿Qué necesita mi cliente en este momento? ¿Qué preocupaciones tiene? ¿Qué debo hacer para que se quede satisfecho?

Empatía y sensibilidad:

Empatizar es ponerse en el lugar del otro, entender cómo piensan, sienten y actúan nuestros clientes y el público al que queremos persuadir.

Necesitamos sentir lo que siente el otro, entender su proceso de pensamiento, sus motivaciones y sus reacciones. Esto nos permite conectarnos de verdad.

Cuando logramos esa conexión, podemos hacer las estrategias adecuadas para el resultado adecuado. Además, sería imposible imaginar a un individuo insensible queriendo producir emociones en las audiencias. Y, por si fuera poco, la empatía y la sensibilidad son fundamentales para saber retroalimentar a los clientes y tratar con ellos en los momentos difíciles.

Creatividad

La creatividad es el motor del pensamiento innovador. En imagen pública, significa generar ideas útiles que resuelvan las problemáticas de imagen y cambien la percepción de una persona o institución.

Es el ingrediente que hará que la reputación tenga impacto y sea recordada. En nuestra profesión, la creatividad es tan importante como en la publicidad, el diseño, o tantas profesiones que siempre se relacionan con esta capacidad humana.

Pensamiento estratégico:

Significa analizar situaciones, encontrar oportunidades y crear planes efectivos. El CIP es un estratega, cuenta con herramientas que debe saber administrar. Por eso el proceso de prever, planear, organizar, dirigir y controlar es fundamental en nuestra profesión, como lo serían en profesiones altamente administrativas. Aquí también entraría la buena administración del tiempo.

Vanguardia:

Tener conocimiento de tendencias y herramientas novedosas en las áreas afines a nuestra especialidad es crucial para lograr los mejores resultados con nuestros clientes y sus audiencias.

Discreción:

Somos celosos guardianes de la información de nuestros clientes, y somos más valiosos por lo que callamos que por lo que decimos. Si bien firmamos siempre cartas de confidencialidad, éstas no tendrían que ser necesarias pues nunca violaríamos la intimidad de nuestros clientes.

Además, nuestros clientes son los que tienen que brillar, no nosotros. El ego nos tienta a revelar nuestros trabajos y con quiénes hemos trabajado, sobre todo si son figuras públicas reconocidas. ¡Evitémoslo! Piensa que, si haces bien tu trabajo, él hablará por sí solo y, como ya vimos, tus clientes te recomendarán sin que tengas tú que hablar de ellos.

Mundo y cultura:

Y no hablamos de esnobismo, hablamos de estar inmersos y enterados de los acontecimientos mundiales y de los contextos sociales que mueven al mundo. Tan cultura es saber de historia, como quién es el cantante pop más importante del momento. Además, los acontecimientos diarios son una gran fuente de inspiración y aprendizaje para el CIP. Ya que, si en otra parte del mundo una crisis de imagen se manejó de manera exitosa, o una campaña política fue contundente; inspirarnos y aprender de ello puede ser fundamental para nuestro próximo trabajo.

Formación y educación continua:

La formación académica es el cimiento sobre el que se construye un consultor en imagen pública exitoso, por lo que la formación continua es vital. Cuando los autores de este libro empezamos a trabajar, no existía internet, tampoco las redes sociales, y sobra decir que mucho menos la inteligencia artificial. Cada uno de estos inventos y avances de la humanidad transformaron a la profesión, por lo que mantenernos actualizados es fundamental para seguir creciendo y mantenernos relevantes.

En este mundo en constante evolución, el profesional que no se adapta se estanca. La formación continua es el oxígeno que mantiene viva la creatividad y la innovación en nuestra profesión.

La lista podría seguir, pues como mencionamos, no podemos limitar las habilidades que podríamos tener para crecer.

Recuerda siempre que tu construcción profesional es un proceso continuo e inacabable,

por lo que no te preguntes "¿Cómo le hago?", mejor pregúntate... "¡Qué estoy haciendo!"

ÉTICA APLICADA A LA IMAGEN

Dentro de cada persona hay un compás moral; incluso en los momentos más oscuros, hay un resquicio de ética que nos guía. En nuestra profesión, este compás es crucial.

La consultoría en imagen pública se basa en un poder fundamental: el generar creencias. Instalamos ideas en la mente de las personas, dotamos de credibilidad a proyectos, personas y organizaciones, y utilizamos estrategias para influir en cómo el mundo percibe a los demás. Es un poder formidable, pero con él viene una responsabilidad ineludible: la ética profesional, que es el único límite al poder de la imagen pública.

La manipulación es posible, pero no siempre debe entenderse como algo negativo. Según el diccionario, *manipular* significa transformar una cosa en algo diferente mediante la intervención de un agente. Y así como esa definición no tiene una connotación intrínsecamente negativa, nuestra práctica tampoco debe tenerla. Manipular puede ser un acto de creación y una forma de transformar el mundo para bien.

Pensemos en Miguel Ángel, quien manipuló un bloque de mármol tosco, áspero y amorfo, y lo transformó en la obra escultórica más hermosa jamás creada: el David. Esta magnífica pieza, que ahora se encuentra en la Galería de la Academia en Florencia, requirió conocimiento, creatividad, sensibilidad, esfuerzo y voluntad. Su manipulación no sólo le dio forma al mármol, sino que regaló al mundo una joya atemporal que inspira belleza, admiración y esperanza. Su acto de manipulación creó un polo de riqueza humana y material, que tantos siglos después, sigue generando abundancia.

Sin embargo, la manipulación también puede servir para destruir. Imaginemos un escenario opuesto: un terrorista manipulando su propio conocimiento, creatividad, sacrificio y voluntad para hacer explotar el David. Este acto no sólo destruiría una obra maestra, sino que privaría al mundo de una fuente de riqueza cultural y humana incalculable.

Ahí radica la diferencia fundamental: ¿Qué hacemos con las herramientas y el poder que tenemos? Nuestra misión como consultores en imagen pública debe ser clara: transformar para bien. Seamos esos polos generadores de riqueza humana y material. Creamos, construyamos y demos forma a un mundo mejor. Con cada proyecto, tenemos la oportunidad de demostrar que la manipulación no tiene por qué ser destructiva. Al contrario, puede ser un acto de creación que enriquezca a las personas y a la sociedad.

Utiliza todos los conocimientos de este libro, las habilidades que aprendiste y las estrategias que desarrollarás, siempre para construir, para inspirar y transformar positivamente.

Recuerda siempre que: ¡Imagen es Poder!

EPÍLOGO
¡LA MISIÓN HA SIDO COMPLETADA!

Este libro representa el cierre de un ciclo, pero también la apertura de un nuevo horizonte para quienes deseen adentrarse en el fascinante mundo de la imagen pública. El conocimiento que aquí recabamos —y que aprendimos a fuerza de experiencias, errores, aciertos, estudio y pasión— ha sido cuidadosamente recopilado y compartido con ustedes en estas páginas, garantizando que lo aquí obtenido no es sólo teoría: es un arsenal de recursos que podrán poner en la práctica profesional de inmediato y arrojar resultados positivos dentro del sofisticado campo de la creación y manejo de una imagen pública.

Sé que al llegar hasta aquí, difícilmente quedará alguien que aún se atreva a calificar esta disciplina como superficial, frívola o una simple moda pasajera. Y si acaso se topan con alguien que aún piense así... ¡pídanle que lea *Imagología*! Que descubra lo profundo, científico y estratégico que puede ser el arte de gestionar cómo somos percibidos.

Desde que decidimos dedicarnos a la imagen pública, sabíamos que nos enfrentábamos a un campo tan delicado como poderoso. Un terreno que requiere rigor intelectual, sensibilidad humana y un fuerte compromiso ético. Atreverse siquiera a rozar el mundo del manejo de la percepción implica dominar el saber científico que lo sustenta. Y lo seguimos viviendo día con día donde trabajamos con un único propósito: demostrar el valor real de la imagen pública y su gran utilidad en la vida de personas e instituciones que transitan por un mundo cada vez más competitivo y exigente.

Si alguna vez ha cruzado por tu mente la inquietud de convertirte formalmente en una persona certificada dentro de la imagen pública... ¡te damos la bienvenida! Esta profesión te necesita. Pero también te exigirá. Prepárate. Estudia mucho. Porque entre todos debemos cuidar, fortalecer y dignificar esta apasionante profesión. El Colegio de Imagen Pública es la primera facultad de su categoría en el mundo, y con orgullo, la institución más reconocida en las áreas de la percepción a través de su licenciatura, maestría, doctorado, y diversos programas y certificaciones de educación continua impartidos de manera presencial, a distancia y autónoma. Y puedes confiar que el Colegio de Imagen Pública será tu gran aliado en esta travesía.

El trabajo en los terrenos de la reputación es una aventura constante. Siempre nuevo. Siempre interesante. Emocionante. Compensatorio. Altamente gratificante. Y es que, cuando se trabaja con conocimientos, creatividad, sensibilidad y ética, los resultados son inevitables. Al final del día, descansas con la satisfacción de saber que contribuimos a que alguien o algo esté mejor percibido, más claro, más fuerte, más auténtico y más feliz.

Ésa es, y siempre será, la verdadera misión de un consultor en imagen pública: satisfacer la necesidad primaria de ser bien percibidos, ayudando a los demás a ser mejores, y a tener más.

Te deseamos de todo corazón, porque esa fue nuestra intención, que este trayecto te haya sido interesante, útil y transformador. Que germine esta semilla de conocimiento con mucha abundancia, éxito y felicidad.

¡GRACIAS POR LEER *IMAGOLOGÍA*!

Víctor Gordoa y Alvaro Gordoa

Esta obra se terminó de imprimir
en el mes de septiembre de 2025,
en los talleres de Diversidad Gráfica S.A. de C.V.
Ciudad de México